誤読日記

斎藤美奈子
Saito Minako

朝日新聞社

誤読日記

たのしい誤読生活のおくり方

本は誤読してなんぼです。深読み、裏読み、斜め読み。さまざまな読み方が世間では知られておりますが、さらに一歩先を行く誤読の方法をご紹介いたしましょう。

◆**見取《みど》り読み**　「見取り」とは「選り取り見取り」の「見取り」で、歌舞伎や人形浄瑠璃などでは人気のある場面だけを並べて上演することをいいます。観客の側からいえば「おいしいとこ取り」です。どんな本にも見せ場があります。そこだけ集中的に読みましょう。

◆**脱線読み**　どんな本にも「ここが見せ場だ」な箇所はありますが、そこが必ずしもおもしろいとは限りません。そんなときはレールから降りて、書き手が意図せぬ別の場所を探してみましょう。意外なところに見せ場が隠れているやもしれません。

◆**見立て読み**　本には一応それぞれの所属ジャンルがありますが、指示におとなしく従う必要はありません。発想を変えてみましょう。すると、エッセイが実用書として読めてしまったり、文芸書の思いがけない使い道が見つかったりします。

◆**やつし読み**　自分には関係のない本だと思っても、ある立場に「なりきる」ことで楽しく読める場合があります。嫁いびりめいた本は嫁のつもりになって読む、などです。

◆**鳥の目読み**　「この本は何なの」と思ったら、本から目を10メートルくらい離してみましょう。すると、まわりの景色が目に入り、謎が急に解けたりします。
◆虫の目読み　「つまんない本だな」と思ったら、虫眼鏡で気になる部分を拡大してみましょう。すると、秀逸なフレーズが目にとまり、得したような気分になれます。
◆探偵読み　人はいいかげんな生き物なので、1冊の中で矛盾が起きていたり、前半のアリバイが後半で崩れていることがよくあります。探偵ごっこを楽しみましょう。
◆クロスオーバー読み　1冊でラチが明かない場合は、他の本に浮気しましょう。すると、その本の個性（または没個性）が、逆に浮かび上がってきます。
◆ひらめき読み　その本自体はどうってことがなくても、読書の途中で突然アイディアがひらめくことがあります。インスパイアというやつです。企画開発関係のお仕事に携わる方、一発当てたいと考えている方、果報は読んで待て、です。
◆カウント読み　同じような言葉、同じような出来事がくり返し出てくる場合は、数を数えてみましょう。ちょっとしたマニア気分が味わえます。

本書は、以上のような方法をときに駆使し、内容のいかんによらず無理やり170冊あまりの新刊書を読んだ記録です。「おもしろい／つまらない」「役に立つ／立たない」等の○×方式で私たちは本を判断しがちですが、誤読術さえ身につければ、どんな本も無駄にはなりません。誤読は森林資源を有効に活用する、地球にやさしい本の読み方でもあるのです。

目次

3 暮らしの技術、お仕事の知恵

4 出版文化はいとをかし

5　文学をめぐる現象

6 子どもの現実、若者の未来

7 本でニュースをふりかえる

装幀・藤田知子
装画・大高郁子

1

人生の機微はタレント本にあり

消えゆく私小説の伝統はタレント本に継承されていた。

以前、拙著（『読者は踊る』）の中で書いた一文である。この見解にいまも変更はない。

タレント本というジャンルは「有名人や芸能人が自らの知られざる日常や半生を綴った（語った）本」として、すでに定着しているのではないかと思う。

芸能ニュースのネタにはなっても、読書人には軽くあしらわれるタレント本。だが、見方を変えれば、そこには積極的な価値も見いだせる。旧来の伝記に代わる本、としての効用である。いわゆる偉人伝は、戦後日本の読書界、とりわけ小中学生の読書界の花形だった。「本当にいた人の話」には、みんな興味を持つのである。

しかし、時代は移り、野口英世やナイチンゲールに自らを重ね合わせるのは、さすがにむずかしくなってきた。そこでタレント本の登場となる。

タレント本がおもしろいのは、内容よりも、その表現の仕方に、彼や彼女の人となりがあらわれることだ。過去を赤裸々に語る人。自己陶酔にひたる人。エンターテインメントに徹する人。啓蒙に走る人。趣味やライフスタイルをあかす人。

身近なスターである彼や彼女の生き方、考え方は「人はさまざま」であることを学ぶ格好の材料となる。仕事、恋愛、結婚、家族。すべてタレント本の中にあり。

『乙武レポート』乙武洋匡

（講談社・２０００年５月・１５００円／講談社文庫・２００３年７月・４９５円）

「いつかは国会議員」を予感させる新人キャスターの報告書

こないだの選挙はああゆう結果に終わったが、いつ選挙に立っても絶対に勝てる人物、といったら、この人をおいてはいまい。乙武洋匡さんである。『五体不満足』[*1]（講談社文庫）を読んだときから「彼は将来、国会議員だな」と私は勝手に思っていた。デビュー作を４５０万部売っただけでも、比例区何人分の得票数に相当するだろう。政治家の「資質」が問われている昨今、頭脳明晰、言語明瞭、これ以上「資質」に恵まれた人、日本中探してもいないでしょう。

というわけで、新刊の『乙武レポート』を見たときには、わが意を得たりと膝を打った。乙武君もついにその気になったようである。

本は『五体不満足』の続編に近く、大学4年生になった春にＴＢＳテレビ「ニュースの森」のキャスターに抜擢され、スタッフとともにさまざまな取材やインタビューに汗を流した1年間の経験を綴っている。清く正しく元気よく。暗い話は何もない昼間の蛍光灯みたいな読み心地は前著とほぼ同じだが、乙武君、大人になったところもある。前著ではカタカナの「ボク」だった一人称が、こんどは「私」だ。いいねえ、自分の立場がわかってる。その調子で衆議院なら25歳、参議院なら30歳、被選挙権が得られる歳まで地歩を固めていってね。

とか無責任にけしかけるのは嫌みったらしいかしら。だって、そうとでも思わなければ、なんでこんな本が出ているのか、よくわからないんだもの。障害者だからといって特別扱いされるのも、バリアフリーの取材ばかり担当させられるのも嫌だと乙武君はいう。たしかにその通りだろうと思う。でもね、だったらキャスター1年生の経験なんかをいちいち読者に報告するのも変なわけよ。そんなキャスター、どこの局にもいないじゃん。

ただし、彼がスターで、これが次なるステップへの布石となれば、話は別だ。乙武さん本人は、国会議員に立候補しろといってくれる人もいるが、〈みなさんのイメージ通りの聖人君子でない私にはチト難しい〉とか〈「ニュースの森」で得ることができた「伝える」という仕事のおもしろさ。しばらくは、ここから逃れられそうにない〉とか書いている。しかし、放送畑の水が合ってること自体、風がそっちの方向へ吹いている証拠のようにも思われる。タレント系の人を除外しても、キャスターや放送人から政治家に転身した人は少なくない。石原伸晃《のぶてる》、畑恵、小池百合子、小宮山洋子。田英夫はＴＢＳ「ニュースコープ」の初代キャスターだった人だし、パパの地盤を引き継いだ小渕優子さんだって、そういえばＴＢＳのＯＧだ。

なぜそんなに選挙にこだわるのかわからない？　それはね、表紙のせいです。この表紙。[*2] 選挙用のポスターにしか見えません。

（Ｓ／00・7・14）

＊1　2000年6月26日の総選挙のこと。5月に小渕恵三首相が急逝。悪評紛々の森喜朗新首相の元で自民党は大敗、単独過半数を逃すも、自公保で安定多数を確保した。

＊2　ネット書店の検索等で確かめられたし。03年に発売された文庫版の『乙武レポート』では

服も表情もカジュアルな写真に差し替えられてしまったが、元の本にはバシッと決めたスーツ姿で口を真一文字に結ぶ著者の写真がデザインされています。

『ああ言えばこう嫁行く』阿川佐和子＋檀ふみ

（集英社・2000年9月・1500円／集英社文庫・2003年5月・533円）

清純派漫才コンビ。「嫁にもろてー」を上品にいうとこうなります

この本で思い出したのは、ある漫才コンビのことだった。若井小づえ・みどり。関西ではかなり人気があった女性漫才コンビである。ふたりの定番のギャグは、40歳すぎても独身であることをネタにした「だれかわたしを嫁にもろてー」。昨1999年、小づえさんが亡くなって、あの漫才が二度と見られなくなったのは、ほんっと残念。

そこでこの本『ああ言えばこう嫁行く』。前著『ああ言えばこう食う』（集英社文庫）は講談社エッセイ賞も受賞。いまや押しも押されもせぬ人気凹凸コンビ、阿川佐和子&檀ふみの往復エッセイ集である。タイトルからして「嫁にもろてー」だし、中身もしっかり漫才している。

『米朝・上岡が語る昭和上方漫才』（朝日新聞社）によると、やすきよ以来の漫才は「お客さん、知ってはりますか。こいつアホでっせ」「ほんならお前のこともいうたろか」と互いの秘事をお客に向かって暴露しあうふたり漫談であるそうだ。

その伝でいくと、この本のやり口もまさにそれ。
阿川〈なにも私はダンフミが洋服ではダメだと申し上げているつもりはない。ただ、着物を着ると別人になると言いたいだけである〉。檀〈振り袖よりも切実に「着たい」ものが、アガワサワコには、ある。／ウエディング・ドレスである〉
檀〈(百人一首の解釈ひとつでも)大体、アガワはものごとに、愛欲方面のバイアスをかけすぎるのである〉。阿川〈(ホテルでエッチビデオを見ようと)さりげなく切り出すと、尼僧ダンフミは、本気で逆上した。／「やめなさい、アンタッ！」〉
互いにツッコミを入れる、まさにふたり漫談だ。ただし、オトコだ色気だ愛欲だと一見過激なネタをふってるわりには、みょーにレトロというかアナクロというかお上品。
前著『ああ言えばこう食う』によると、ふたりの共通点は、①ともに父親が作家、②ともに慶応大卒、③翔べそうで翔べない、の3つだそうだが、もっとあるよね共通点は。ふたりとも才色兼備な職業婦人。好感度だって抜群だ。ふたりのたぐいまれなる才能は、40歳をすぎても「山の手のお嬢さん」であり続けている点なのである。エッチビデオや百人一首で愛欲だなんだとキャーキャー騒げるって、ちょっとスゴイよ、不惑をすぎて。
ここまで「清純派」をまっとうできれば、それもまた芸のうち。どうせなら、このまま60歳、70歳まで、頭には大きなリボン、衣装は振り袖のオトメチック漫才路線を走り続けていただきたい。

（S／00・10・6）

『凜として…。』花田憲子

〈文藝春秋・2000年11月・1333円〉

相撲部屋の元おかみさんの告白本。じつは熟年男性を震撼させるコワ〜イ本

読んでしまったぜ、花田憲子さんの自伝的エッセイ『凜《りん》として…。』。先週の「週刊朝日」(2000年12月8日号)では〈あまりの辛辣さに、関係者からは親方に対する同情の声さえ上がっている〉と報じられていたけれど、そういう問題かしらん。

未読の人は憲子さんの「告白本」あるいは二子山部屋の「内幕暴露本」と思っているだろう。たしかに二子山部屋は、もう何年もスキャンダルしか報道されていない。宮沢りえとの婚約破棄騒動で貴乃花が顰蹙《ひんしゅく》を買ったのに続き、脱税騒ぎ、貴乃花洗脳騒動、兄弟冷戦。その間ずっと嫁姑の確執が取り沙汰され、とどめの一発がおかみさんの不倫疑惑。家を出ているらしい彼女が親方にも内緒で本を出したとなれば、周囲が騒然となるのも無理はない。*

がしかし、それは関係者にとっての話。二子山部屋の将来など、しょせん他人事である。この本がおもしろいのは、抑制されてはいるものの、普遍的な「妻からの告発状」になっている点なのだ。ここに登場するのは、日本中のどこにでもいそうな熟年カップルの姿である。

〈体調を崩して寝ているときでも、枕元にコードレスホンを持ってきて、／「おい、憲子、電話だぞ」／と置いていく。出てみると、親方宛ての仕事の電話だったことがしばしばです。辛いのをこらえて必死に応対しながら、唖然とするほかありませんでした〉

身に覚えがないですか。あるいはこんな箇所。

〈結婚してから三十年、親方が気を遣ってくれるのは、自分がご機嫌なときだけです。両手いっぱいに荷物を抱えていても、なかなか気づいてくれませんでした。着物姿の私が往復の運転手を務めることも、たびたびありました〉

こんなところに〈「お荷物、お持ちしましょう」／とすっと手を伸ばし〉〈エレベーターに乗るときも、ドアを手で抑えて「どうぞ」と声をかけて下さ〉るような男性が現れたら、グラッときそうな奥様方は大勢いそうじゃないですか。

本書を読む限り、憲子さんはかなり辛抱強い人である。それでも切れるときは切れる。相撲部屋のおかみさんという立場の特殊性にばかり目が向くが、彼女と同世代の妻が読んだら「やだ、ウチの亭主とそっくり」と感じる箇所が多々ありそうだ。

つまり、世の夫たちは「親方に同情」なんかしている場合じゃないのである。欧米流のレディファーストぐらいでコロッといくのもどうかとは思うけど、あなたの妻も同じことを考えている可能性がないとはいえない。憲子さんの言い分を聞いて「何が不満かわからん」と思った男性は熟年離婚をいいわたされる恐れあり。本書を資料に、わが身を省みることをおすすめする。

（S／00・12・15）

＊ 2004年8月、ふたりは正式に離婚。05年5月30日、二子山親方は口腔底がんのため55歳で死去した。通夜には藤田姓に戻った憲子さんも姿を見せ、「『31年間ありがとう』といいまし

た」などの言葉で元夫の死を悼むとともに、不仲が表面化した若貴兄弟の関係修復を訴えた。

『若気の至り』郷ひろみ

（角川書店・2000年11月・1200円）

「はしゃぐ中年」になりはてた、ポスト『ダディ』のうらぶれ感

郷ひろみという人は捨てたもんじゃないと私は思っている。もちろんこの欄だから、本の書き手としてである。離婚の真相を明かすというフレコミで出版された98年の『ダディ』（幻冬舎）は、文章が上手い下手といったレベルを突き抜けて、エンターテインメントしてた。ブンガクしてたといってもよい。私がいまも「心の入れ墨」（というのも郷ひろみが『ダディ』で発明した用語である）として記憶に刻んでいるのは、たとえばこんなフレーズである。〈ぼくを呑み込んでいた不安感や嘔吐感の波は、ぼくをひとり砂浜へ残し、どこか彼方へと引いていた〉（どこからともなく出現する「砂浜」の唐突感）。〈満面の笑みをたたえていた友里恵が般若のお面をつけている〉（比喩であることを一瞬忘れさせる劇的な展開）。

なつかしや、爆笑美麗文。私がいうと皮肉に聞こえるのが問題だが、あの本が衝撃的におもしろかったのは事実で、出版当時からかったのを、いまとなっては反省している。

だから本書『若気の至り』にも、ひそかに期待していたのである。ところが……。

〈ところで、どう？　男のアンクレットって。ドキッとしない？　そうそう、アンクレットって、娼婦の印だったらしいよ。ということは、ボクって男娼？　アハッ！〉

なんじゃこれ。「アハッ！」ってナニ。

〈でも、芸名がレッツゴーヒロミでなかったことはよかったよね。この歳になってレッツゴーヒロミじゃ、吉本行って漫才しなきゃなんないでしょう。アハッ〉

郷ひろみ、ただの「はしゃぐ中年タレント」になり果てていたのだった。この欄だから、もちろん本の書き手としてである。

『若気の至り』が『ダディ』と決定的にちがうのは、しゃべり言葉で書かれている点だ。『ダディ』のよさは、「自分で書いたにちがいない」と思わせる、いいかえれば職業的なライターには書けそうもない破天荒な日本語文章にあったのだ。しかるに本書は、録音テープを元に「郷ひろみのしゃべり」をそのまま再構成した感じ。

あの頃みたいに自分で書く時間はもう捻出できないのだろうか。再婚して幸せを手にした彼に、[*1]『ダディ』の自虐的な味を期待するのはもう無理なのか。

こうなると、10代のアイドル時代の写真を使った表紙も妙に寒々しい。いや、これはこれで「突き抜けている」のかもしれないが、これでは「テレビの郷ひろみ」のまんま。活字ならではの「アチチ[*2]」をもっとやってもらいたかったのにィ。アハッ。

（S／01・2・16）

＊1　2004年4月、郷ひろみは二度目の離婚を発表した。NYでの結婚生活を綴った本をぜ

ひ期待したいところだが、今度は円満離婚だったようだから、『ダディ』の再来はもう無理か。
＊2 「アチチ」の正式名称は「GOLDFINGER'99」。リッキー・マーチンのラテンナンバーをカバーしたこの歌のヒットにより、彼は1999年のレコード大賞最優秀歌唱賞も受賞、人気再燃の渦中にあった。

『石原家の人びと』石原良純（新潮社・2001年2月・1300円／新潮文庫・2003年1月・438円）

父は都知事、叔父は俳優、兄は代議士。華麗なる一族の次男の位置

花田さんちの兄と弟、鳩山さんちの兄と弟など、日本中の衆目を集める兄弟はいろいろいるが、かつての石原兄弟ほど華やかな存在もなかった。長男は作家で政治家、次男は俳優。長男の息子たちも、長じて長男は政治家になり、次男は俳優となった。『石原家の人びと』は、そんな華麗なファミリーの二代目次男が書き下ろした家族の物語である。

思えば、父・慎太郎のベストセラーにも意外に家族物が多かった。1969年の『スパルタ教育』（光文社）しかり、1996年の『弟』（幻冬舎文庫）しかり。あれらを読んだ人なら、ジュニア世代からみた石原家のもうひとつの側面を覗き見してみたくなるのではないか。

ところが（という接続詞も変だけど）、これ、思いのほか真っ当な本なのだ。石原パパの本よ

りいいかも。つかず離れず、対象との距離の取り方がうまいのである。

この大人っぽさは何に由来するのだろうと考えていて思い当たったのは「次男の目」というやつである。それも「四兄弟の次男」という独特の位置。

家長風を吹かせる絶対権力者の父。いるだけで周囲を華やがせる叔父。長男として3人の弟とは一線を画してきた兄。上からの抑圧と下からの脅威。そんな家庭で育った次男は、ちょっと低い目線から〈逗子の街に聞こえる一橋大の秀才、兄・慎太郎。これまた街に聞こえる慶応の不良、弟・裕次郎。一言居士の明治女、祖母・光子〉の旧石原家を「魑魅魍魎の住処」と呼び、そこに18歳で嫁いだ母の心中を思いやる冷静さを持っているのである。

唐突ながら、私は世に数々ある四姉妹の物語を思い出した。谷崎潤一郎『細雪』でも、オールコット『若草物語』でも、次女は上にも下にも気を配り、ときには気を揉むリアリストだった。男兄弟でもやはりそうなのかと思いつつ、男兄弟の物語を思い出そうとしたのだが、「だんご3兄弟」と「おそ松くん」以外に思い出せない。

そういえば、この本にも「だんご3兄弟」の話が出てくる。*

〈♪弟想いの長男。兄さん想いの三男。自分がいちばん次男♪／「♪自分がいちばん次男♪とは、石原家には当てはまらない」と次男の僕が文句をいえば、「最近の団子は三つ。四つ目は串にも刺してもらえない」と四男が憤慨する〉

上には大物の父や兄、下には弟たち。それでもグレず、いじけず、くじけずに彼が育ったのだとしたら、早くに分相応を知り、マイペースを貫く術を身につけたのがよかったのか。著者の俳優としての名声は、同じく次男ながら昭和の大スターだった叔父には及ばない。そこがまた「だんご4兄弟の次男」らしくていいのかも。（S／01・3・9）

＊　こういうところに斎藤の無知無教養が露呈している。男兄弟の物語といったら『カラマーゾフの兄弟』に決まっておろう。カラマーゾフ家の次男イワンは無神論者、『チボー家の人びと』の次男ジャックは社会主義者。そういえば自分の家族をモデルに『ブッデンブローク家の人びと』を書いたトーマス・マンも、『楡家の人びと』を書いた北杜夫も次男である。なるほど、だからこの本の書名も『石原家の人びと』なのかといまごろになって了解しつつ、次男にはやはり「観察者の目」が備わりやすいのかもしれないと勝手に解釈。

『「みにくいあひるの子」だった私』梅宮アンナ（講談社・2001年3月・1300円）

パラサイト・シングルのお嬢さんと恋愛中の男性必読の書

梅宮アンナ『「みにくいあひるの子」だった私』を読んで思い出したのは1990年のベストセラー、二谷友里恵『愛される理由』（朝日文庫）である。

梅宮アンナと二谷友里恵。このふたりって似てませんか。著名な映画俳優のひとり娘として生まれ、何不自由のない少女時代をすごし、自分もなんとなくデビューし、本業ではパッとしないまま同業の男性と恋愛をして有名になり、相手の男は芸能界の古株である彼女の親に気に入られようと懸命に努力したものの、結局はうまくいかずに別れてしまった。経歴のみならず、本から透けて見える彼女らの自己愛の強さ、親離れのできなさもある意味そっくり。

もしもあなたが男性で、親と同居している娘と恋愛中だったら、後学のために本書をぜひ読んでおくといい。経済的にも精神的にもパラサイト・シングルな娘と恋愛するってこういうことなのか……とよくわかる。敵は手強いぞ。なにしろ家族ぐるみだからね。

まず、彼女はあなたを親に紹介したがるだろう。なぜって〈私が付き合う人は、家族ぐるみで迎《むか》えるのがわが家のしきたり〉だからである。浮気なんかしたらもうたいへん。〈「彼の部屋に行ったら、ほかの女の人がいたの。私、別れることにしたから」〉と、彼女は〈さっそく父にも報告〉する。娘が娘なら父も父で、〈父はもう大喜び。／「よーし、よくやってくれた。梨元《なしもと》に電話するぞ」〉と応じるのである。

いつも親に守られてきた彼女は都合のいいときだけ親を利用し、都合が悪いことは親に隠し立てする術にも長けている。父のベンツを壊したときには巧妙に隠すくせに、困ったときは親頼み。男と別れる決意をした彼女は〈「ねえ、パパ、私が帰っても、うちに私の部屋、もうないよね」〉と探りを入れ、結局は〈名実《めいじつ》ともに両親のもとに戻ることにな〉るのだ。*

「みにくいあひるの子」みたいに自分は遠回りして自立した、それが書名の由来というけれど、自立してねーじゃん。『愛される理由』を読んだときには「こんなお嬢と結婚するのか」と郷ひろみに同情したが、この本を読んだ私はすっかり羽賀研二に同情した。
友里恵と別れた郷は『ダディ』で一応のリベンジに成功した。羽賀も対抗本を出すべきだろう。書名はもちろん『「マッチ売りの少女」だった僕』で決まりでしょう。身ひとつで街に出てきたものの、借金はかさむばかり。マッチを擦っては消す火遊びにも興じたが、結局は見捨てられた僕。ハッピーエンドのあひるの物語より、価値があると思いますけどね。（S／01・4・6）

＊ 梅宮アンナはこの本の出版直後、芸能人ではない男性と結婚、1女の母となるも、03年2月に「私の理想の男性はパパ」という名台詞《ぜりふ》を残して離婚した。羽賀とのときと同じような会話が梅宮家ではまたかわされたのだろうか。究極のパラサイト娘というべきであろう。

『できること　できないこと』扇千景

（世界文化社・2001年5月・1400円）

顔がいっぱいありすぎる彼女が、書けること、書けないこと

扇千景は9つの顔を持つ女性である。
①国土交通大臣で、②保守党党首。③元女優で、④梨園の妻。むろん私生活では、⑤母であり、⑥祖母であり、もとはといえば⑦嫁であり、⑧銀行員の娘でもあって、ついでにもひとつ女性週刊誌的な情報を加えれば、⑨中村玉緒の義姉、だったりもするわけである。

③以下はどうでもいいとして、①②には私もそれなりに関心がある。扇大臣、けっこうよくやっているんじゃないですかね。森内閣時代の「成田空港は不便でしょうがない」（という表現だったかどうかは忘れたが）という発言など、よくいった、という感じではなかっただろうか。国の航空行政の失敗を暗に認めたわけだから、むかし三里塚闘争に参加したみなさまも、さぞ溜飲が下がったことであろう（え、それはまた話が別？）。

さて、そんな扇さんの自伝的書物が出た。なにせ9つの顔を持つ女性である。顔写真などをあしらった華やかな本を予想していたのだが、装丁もタイトルも意外に地味。表紙には扇（顔じゃなくて扇子です扇子）の絵がついているだけだし、表題も素っ気なく『できること　できないこと』。ビジネス書などでよく見るタイプの書名である。

事前にワイドショーで仕入れた情報によれば、扇さんと夫の中村扇雀（現鴈治郎）氏は「できちゃった婚」で、彼女は一時シングルマザーになる決意もしたという。また、義妹の中村玉緒さんとの間には確執があり、現在は疎遠であるともいう。

読んでみてわかったこと。この本のなかで、多少なりともおもしろい、というかひっかかりがあるのはその2箇所だけなのだった。あとはすべて自慢話。政界入りの際、彼女を口説きにやってきたのが〈福田赳夫総理大臣、大平正芳幹事長、竹下登先生、安倍晋太郎先生〉という〈安倍先生以外は全員、総理大臣になられた錚々たる御仁〉であったこと。選挙に落ちた1989年は夫の襲名披露に重なったため、周囲に〈「仕組んだんだろ？」〉といわれるほどの好タイミングだったこと。子どもも孫も何の問題もなく育ち、4人の親も〈私に全然負担をかけないで、長患いをすることなく〉逝ったこと。人生つねに順風満帆、つまんねーの。

特につまんねーのは、この本、全体としては自民党礼賛ムードなのに、彼女がなぜ保守党の党首なのかが不明なことだ。たしかその前は小沢一郎の自由党にいたはずで、となれば自民党を離党した経緯だってあるはずなのに、そのへんはまったく語られていない*。

思えば意味深な表題である。地味なカバーを外すと、下から宝塚時代のお姫様風の写真がついたスゴイ表紙があらわれる。顔が9つもあると出せる顔と出せない顔があるのだろう。

（S／01・6・1）

＊ 調べてみたら扇さん、自由党の前は新進党、その前は新生党に所属していたのだった。しかもこの後、保守党は2002年12月に解党して保守新党となり、03年にはその保守新党も解党して自民党に合併、彼女も古巣の自民党に復党した。04年7月からは参議院議長に就任したため無所属。扇さんには「7つの党を渡り歩いた女」という10番目の顔を進呈したい。

『楯』二谷友里恵

（文藝春秋・2001年5月・1143円／文春文庫PLUS・2003年7月・495円）

出版文化史に残る粘着質の表現を味わおう

郷ひろみとの離婚から3年。二谷友里恵が本を出した。『楯《たて》』。と書いただけで、もうおなかいっぱい。発売前から「週刊文春」が詳細なダイジェストを載せ、芸能マスコミはその時点で騒然となり、発売後は当然ベストセラー・ランキングのトップをとり、「週刊文春」には各界著名人の読後評まで載った。これ以上、口を挟む余地はないでしょう。

といいつつ書くのだが、二谷友里恵という女性は、戦後の出版文化史、いや文学史に残る特異な人材ではなかろうか。一生に自著が二度もベストセラーになる。というだけでも並じゃないのに、うち1冊は結婚を書いた本（『愛される理由』）、もう1冊は離婚を書いた本（『楯』）なのだ。職業作家でも芸能人でもないのに、こんな書き手がいるだろうか。自身のプライバシーを題材に、これほど稼いだ一般人っていないよ。両親や元夫の七光りの部分はあるにせよ、これは彼女自身の実力、迫力、いや筆力の賜と見るべきであろう。

内容以上に文章というか表現が、この本はすごいのだ。

〈「友里恵以外の数人の女性と」肉体関係を結んだ、という記述で、「数」と「人」の二文字の間に〝十〟も〝百〟も入っていないし、「数人の女性」の前に、〝友里恵もよく知っている〟や〝友里恵が親身になってよく相談にのっていた〟も、〝友里恵もまじえて皆でよく食事にいってい

た〟も〝子供たちも知っている〟も入っていない〉

『ダディ』の引用に続くこの箇所が、なぜ発売前から話題になったか。郷の発展家ぶりに驚いたというより「ひえー、なんちゅう粘着質な文章だ」とみんなが思ったからではないか。〈例えば、黒猫に前を横切られそうになったとすれば、自分もすかさず九〇度方向転換してネコの進行方向と平行に歩いて不吉を回避する。だが自分では回避したつもりが、実はそのまま車道に飛び出してしまい、そこでもっと大きな災難に出会う、といった事だ〉

これは彼女たちの結婚生活を比喩的に述べた箇所。なんて込み入った比喩なんだ。

〈(マスコミは)パラグラフの中の起承転結の、目を引く〝転〟ばかりを抜き出して、そのあとに必ず無難におとしこむ〝結〟を切り捨てて報道する〉

これは『ダディ』に出てくる友里恵像をおもしろおかしく報道したメディアに対する抗議である。起承転結なんかを出してくるあたり、どーよ。

と、こんなふうに敵をジトッと見すえた粘着質な表現が『楯』には満載なのである。〈私は一応、転んだりした時はただでは起きないように心掛けている〉とも書く彼女。実業家にしておくのはもったいない。作家に転身したらどうか。まだ書くことがあれば、だが。

(S/01・6・15)

『三流』長嶋一茂

（幻冬舎・2001年5月・1500円／幻冬舎文庫・2002年4月・571円）

偉大すぎる父を持ったサラブレッドの悲喜劇

長嶋一茂『三流』を読みながら、2世問題について考えた。

2世といえば、思い出すのは政治家である。国会議員の3割、自民党に限れば4割がいまや世襲議員だそうで、今内閣も、小泉首相はじめ田中外相も福田官房長官も石原行革担当相も2世議員である。野党の側も例外ではなく、鳩山民主党代表も小沢自由党党首も2世議員。米大統領選を争ったブッシュとゴアも、そういえば2世だっけ。

親と同じ職業を選ぶ気持ち、私にはいまいち不可解だが、そういう人は政治家以外にもけっこういる。社長業はもちろん、医者とか学者とか音楽家とか芸能人とか。

世襲の職業人にも、しかし何種類かあると見るべきだろう。家業を継いだだけの「タナボタ型」。親の意向で同じコースを歩まされた「強制型」。幼いころから身近で見てきた親の仕事に憧れて自らそれを選んだ「自発型（またはファザコン／マザコン）型」。

その伝でいくと長嶋一茂は典型的な自発型、というより日本一のファザコン型だ。表面的には〈俺は俺だ〉といいつつ、内心はこう思っていたというのだからたいへんである。

〈親バカという言葉があるけれど、俺の場合はその反対の子バカなのかもしれない。／とにかく物心ついた頃から、親父に憧れ、尊敬し、そして魅了されて生きてきた。／長嶋茂雄の息子であ

るということが、俺の誇りのすべてだった〉

父が偉大すぎるのも、こうなると考えものだ。

一茂の悲劇その1は、彼の野球人生がいちいち父中心に発想されてきた点である。本格的に野球をはじめたのは立教高校入学後。目的は、なんと復讐、親の敵討ちである。この前年、父は巨人の監督を解任された。そこで息子は考える。

〈こうなったら俺が、あいつらを見返してやる〉。

悲劇その2は、彼がなまじ身体と才能と運に恵まれていたことだろう。いっそ箸にも棒にもかからなければよかったのに、〈鍛え上げられた美しい身体、端整な容貌、そして何よりもその圧倒的な筋肉が生み出す胸のすくような大ホームラン……。時々おかす凡ミスさえもが彼のひとつの魅力となった〉という風に周囲には見えたのが過度の期待を抱かせた。〈彼が六大学野球の人気選手だったことは間違いない〉のである。

その勢いをかって、１９８８年、ドラフト1位指名でヤクルトに入団。93年には巨人に移籍するも、いまひとつパッとしないまま、96年には現役引退。3番、サード、背番号3に翻弄されてきたヒーローの息子が結局は「三流」で終わる。あまりに劇的な展開。

ここで唐突に連想するのは、もっか話題の田中眞紀子さんである。超ビッグな父。父の敵討ちめいた政治家人生のスタート。しかも彼女は才能と運に恵まれており、人気だって高い。このまつぶされなきゃいいけど。一茂の轍をふまないようにと祈るばかりだ。*

（S／01・6・29）

＊　小泉政権誕生直後だったこの時期、外相に就任した田中眞紀子の人気は最高潮に達していた。一方の一茂は、その後、それなりの地歩を築いたように思われる。

『馬耳東風』稲垣吾郎

（集英社・２００１年５月・１４００円）

謹慎中の「稲垣メンバー」は芸術青年。これで小さなミスさえなければ

今週号の週刊各誌は米国同時多発テロの続報で埋まっているにちがいない。骨休めに（?）、いまとなっては忘れそうなミニ事件を思い出していただこう。「ＳＭＡＰの吾郎ちゃん」改め「稲垣メンバー」の逮捕劇＊である。

あれ以来テレビから消えた彼の姿をしのんで、こんな本を読んでみた。『馬耳東風』。こうなってみると反省のない表題だが、発売は事件前の２００１年５月。稲垣吾郎初のエッセイ集である。「コスモポリタン」連載中から私はひそかに注目していた。吾郎ちゃん（当時）、なかなかの芸術青年なのである。

〈パリは街自身が美術品のような街。ただ通りを歩いているだけでも、贅沢な美術品を身につけているような、豊かな気分になれる。／そして、メトロ。これは格別におしゃれだ。入り口にガウディの建築物があるかと思えば、暗い構内にはポップなポスターもある〉

メトロの入り口に注目するのだ。ただ者ではない。ガウディの建築物で有名なのはスペインのバルセロナ。パリのメトロの入り口をデザインしたのは別の人（ギマール）ではなかったか……なんて細かいことは気にしない気にしない。

〈最近、青が気になってしようがない。スニーカーも青を買ったし、シャツも、白とさんざん迷ったあげく青を選んだ。（略）／音楽にしても、青い宇宙っぽい曲だったり、青い海を彷彿させるようなやつが妙にしっくりくる。（略）／あのピカソにしたって、青の時代があったのだ。青は知性の色。／なんて僕にぴったりなんだ!!〉

青い靴や服からピカソを連想する。やっぱただ者ではない。ピカソの場合、「青の時代」の青は失意の色、絶望の色ではなかったか……なんて話は不要不要。

〈芸能生活10年、いまだ僕の笑顔の写真が少ないといわれるのはなぜだろう？　べつに自分のビーバーのような小さな歯にコンプレックスを持っているわけではないのだけれど〉

うーんと、ビーバーは「小さな歯」ではなく「大きな歯」の動物ではなかったか。

ごめんなさい。全部、揚げ足取りでした。

タレントのエッセイは本人が書いたかどうかがいつも取り沙汰されるけど、これはたぶん自筆。悪くない本だった。難点があるとしたら、集英社の校正能力であろう。

〈ずっと昔、ガールフレンドがマニキュアを塗っているのを見ていた僕は、彼女がエメラルドグリーンの猫に見えたことがあった〉っていうのも「エメラルドグリーンの瞳の猫」か「エメラルドアイの猫」ですよねえ、たぶん。本人、いいキャラクターなのに、脇が甘かったのかスタッフに恵まれていないのか、事件と本がふと重なってしまった。

(S／01・10・5)

＊　2001年8月24日、渋谷の道玄坂に違法駐車した稲垣吾郎が、道路交通法違反および公務執行妨害で逮捕された事件。「稲垣メンバー」とは、そのときの報道に出てきた表現。翌02年1月に復帰するまで彼は謹慎。その間、SMAPは4人で活動することになった。

『おわらない夏』小澤征良

(集英社・2002年11月・1300円／集英社文庫・2005年6月・533円)

著者は世界的な指揮者の令嬢。内容は(不幸なしの)あの物語

私の友人に「カマトト察知センサー」が異常に発達した女性がいて、彼女に「ちょっとこれ、なんとかしてちょーだいよ」のコメントつきで渡されたのが本書である。カマトト察知センサーが彼女ほど敏感でない私は、かわりに「オッサンの鼻の下察知センサー」が異常に働く癖があり、巷の男たちが「ピュア」だの「心洗われる」だのいってるのを聞き、しかもこの本は売れているのだとも聞き、「そういうことなら」とお引き受けした。

『おわらない夏』は自伝的なエッセイというか小説というか、作者の子ども時代を綴った作品である。この本がデビュー作で、著者は1971年生まれの小澤征良さん。征良と書いて「セイ

ラ」と読む。世界的な指揮者・小澤征爾《せいじ》氏のお嬢さんである。

――とか書かれたら、すっごくイヤだと思うの、ふつうはね。パパがだれであろうと関係ない！ って反発するでしょ、ふつうの子は。だけどセイラさんは反発しないと思うの。だって『おわらない夏』は、彼女がどれほどすてきな家族とすてきな人々に囲まれて、どれほど幸福な子ども時代をおくったかってこと（だけ）を書いた本なんですもの。

あ、それでね。舞台はもちろんチンケな日本じゃないの。マサチューセッツ州のタングルウッドっていう町なの。ここはパパが常任指揮者を務めるボストン交響楽団の夏の音楽祭の本拠地で、セイラさんと小澤家の人々はいつも夏だけここですごすのね。

この家を仕切っている中国人の老婦人ドド。父の大親友で屋根裏部屋に住む彫刻家のタカベェ。中国系アメリカ人で男の子みたいに元気なお姉さんデビー。彼らはみんなセイラちゃんと弟のユキ（っていうのはＮＨＫの朝の連続ドラマ「さくら」で先生役をやってた小澤征悦《ゆきよし》さんのことだと思うわ）を愛してて、キラキラした夢のような日々がすぎていくの。お庭のプール、テラスでのバーベキュー、映画館、小さな冒険、ママのお誕生日パーティ……。

思うんだけど、『おわらない夏』って『小公女』よね。ほら、名前もセイラだし。『小公女』のセイラもお金持ちの令嬢で、パパが大好きで、みんなに羨ましがられる少女だった。だけど彼女は途中でパパが亡くなって、寄宿学校の下働きにされちゃうのよね。

『おわらない夏』は不幸なしの『小公女』で、だから、〈山奥の自然が美しくて、何もかもがいつまでも決して変わらないタングルウッド。／父が待つタングルウッド。／そして私が生まれてからこれまでのすべての夏を全部あわせた時間がつまっているタングルウッドへ〉なんて、遠い目をしていってられんのよ。だいたい、あなたが友達ぶって紹介する大人たちのうちの何人かは、俗世間的には「使用人」っていうんじゃないの？

あ、こんなことといったら、繊細なセイラさんは泣いちゃうか。でも、仕方ないわよね。世間は厳しいの。『小公女』にだって意地悪な先生やクラスメートが出てきたでしょ。それは永遠の少女の宿命。冒頭のカマトト嫌いな彼女や私なんかの意地悪に負けたらだめよん。ファイトよ。

（A／03・2・17）

『パーフェクト十和子スタイル』君島十和子（KKベストセラーズ・2002年12月・1400円）

お洋服屋さんの王子様と結婚したお姫様は、ちょっと薄幸

イラクも北朝鮮も無視して今週は十和子《とわこ》である。君島十和子さん、36歳。

彼女が一躍メディアの寵児になったのは、1995年のことだった。

阪神淡路大震災とオウム真理教事件で揺れたこの年、人々の疲れを癒すかのように、年末のワイドショーの話題をさらったのが、跡目相続にからむ君島ファミリーのスキャンダルだった。2

代目と目された君島明氏（現在は改名して誉幸氏《たかゆき》）の隠し子騒動なども発覚する中、「こんな男のどこがいいんですか？」（実際にはもっと穏当な表現だったと思うが）というレポーターの質問に、明氏と婚約中だった十和子さんは毅然としていい放ったものである。

すべてですぅぅぅぅぅぅぅー。

彼女の姿をテレビや雑誌で見るたびに、思い出すのはエコーがかかったあの声である。すべてですぅぅー。テレビで何度となく流されたから、聞き覚えのある人もいるだろう。

さて、その君島十和子さんの本がこれ、『パーフェクト十和子スタイル』である。単著はこれが2冊目だそうで、前著『エレガンス・バイブル』（双葉社）に続き、彼女のメイクやライフスタイルをたっぷりのカラー写真とともに紹介したエッセイ集だ。

〈メイクで十和子になる〉〈ファッションで十和子になる〉〈食生活で十和子になる〉と章タイトルも超本気。前半は美容術、後半は良妻賢母術。その名も「十和子巻き」なる往年の少女漫画みたいな巻き髪の作り方あり、私物の小物を披露するページあり、得意料理のレシピあり、2人の娘の子育て法ありで、内容も盛りだくさんだ。

〈今、私は36歳です。あと、何年「キレイ」といっていただけるでしょうか〉という書き出しの一文から、〈女優時代には1年先の自分すらつかめなくて、将来の自分を想像するなんて不安で怖かったのに、今は違う。憧れの「コンサバティブでエレガントな大人の女性」になることができるでしょうか。楽しみです！〉という終章までがキラキラしている。

でもね、なんか物足りないの。キラキラはしてっけど、十和子さん、ギラギラが足んないの。そりゃあ美人で元女優で社長夫人で2人の娘にも恵まれて、主婦業とスーパーバイザー業を両立させ、こんな本まで出るんだから、人も羨むパーフェクトミセスの見本にはちがいない。ちがいないのに、彼女を見てると「薄幸」という語がふと浮かぶ。

原因のひとつは服ですよね。これだけファッションへのこだわりを持ちながら、当然あってしかるべき海外一流ブランドへの欲求は遮断し、夫がデザインした自社ブランドを押し着せられてるって、薄幸でしょ。そんな広告塔の役割を彼女が一身に引き受けてるのも、ちょっと薄幸。そこに重なる「すべてですぅぅぅぅぅぅー」の声。巻き髪よりもコンサバティブな、その身の上。そうなの。彼女って広告塔の中に閉じ込められた「人身御供のお姫様」っぽいの。お洋服屋さんの王子様と結婚したのですもの。仕方ないけど。

(A/03・3・31)

『有効期限の過ぎた亭主　賞味期限の切れた女房』 綾小路きみまろ

(PHP研究所・2002年11月・1200円/PHP文庫・2003年12月・438円)

ご存じ中高年のアイドルです。人生、手堅くやってます

ブッシュもフセインも無視して今週はきみまろである。説明は無用だろう。職業は漫談家。メディアで急にモテモテになった「中高年のアイドル」*だ。CDが70万枚、本が20万部。で、売れに売れてるくだんの本がこちらです。ド派手な表紙。著者名ばかりが目立ちます。表紙だけ見ると『綾小路きみまろ』が書名みたいに思えます。

この機に衿を正してシカとご記憶願います。正しい書名は『有効期限の過ぎた亭主 賞味期限の切れた女房』というのです。凝った書名だったのです。きみまろ、あんな顔してインテリなのかもしれませぬ。けれど、タイトル長すぎます。何度読んでも覚えられません。本屋で注文もできません。会話に挟むこともできません。「えーと、なんだっけ、あれ。綾小路きみまろの本」。記憶力、減退しております。老婆は一日にしてならずです。

と、やってみればわかるけど、七五調で文章書くって、意外にむずかしいのです。ましてやそれで、生い立ちを語るのです。人生を語り、来し方行く末を語り、本を1冊でっちあげるのです。スタッフも立派です。並大抵のワザではありません。

本には2つの要素が入ってます。テープから再構成した「爆笑ライブ」が4本と、「生い立ちの記」「芸人への道」「独立の記」と題された「潜伏期間30年」の裏話が3本です。

ライブの内容はだいたいどれも同じです。

〈ボディスーツ 無理して着ればボンレスハム／ボディスーツ 慌ててはいて ホックどこ？／ボディスーツ 脱いだ瞬間痒くなる／お父さん、掻いて、後ろ。お父さんがいなくなったら、誰が掻いてくれるの？ もう、自分の家の柱にこすりつけるしかないです。家が倒れます〉

おなじみ、ボディスーツネタでございます。

先日、女性週刊誌に「『サラリーマン川柳』の盗作ではないか」とつつかれましたが、本人あっさり「はい、パクりました」と認め、サラ川の主催元・第一生命からのクレームも特に来ていないとのことでチョン。きみまろ、愛されているのです。

毒舌が売り物とはいうものの、この人の芸に真性の毒は入っていないのです。アブないギャグといっても、そのままテープやCDや本にして売り出せるような種類のものなのです。だから安心して笑えます。時事ネタ、みごとにありません。

きみまろ、「潜伏期間30年」ではあっても「苦節30年」ではないのです。キャバレーの司会者としては売れっ子で、そこらのサラリーマンより稼ぎもよく、森進一、小林幸子、伍代夏子など要所要所で仕事を認めてくれる人にも恵まれて、とりあえず人生賢くわたってます。マーケティング能力、高いのです。きみまろ、団塊の世代ですから。


（A／03・4・7）

＊その後わかったことがございます。きみまろ、小学生のアイドルでもあったらしいのです。あのCDを買ってくれ、せめて本を買ってくれと親にせがむ子どもが続出。そもそも子どもは「ハゲ」や「三段腹」が好き。加齢にともなう肉体差別ネタが　三度のメシより好きなのです。中高年と小学生、精神年齢いっしょです。これを原点回帰と申します（本当か）。

『PIECES OF PEACE』窪塚洋介（講談社・2003年5月・952円）
『開放区』木村拓哉（集英社・2003年4月・1900円）

クボヅカは宇宙人、キムタクは常識人。パパドル2人、それぞれの生き方

このほど婚約を発表した窪塚洋介の『PIECES OF PEACE』は書店ではビニ本扱いである。お金を出して買った人しか中を開けないよう、しっかり封がしてあるのだ。

現物を手にすれば、その理由がわかる。噂の婚約者の写真が載っていることなど、さしたる問題ではない。総ページ数わずか48ページ（プラス綴じ込みの銀紙が1枚）。うち3行を超す日本語の文字がある、つまりふつうに「読める」ページは12ページだけ（自筆らしき詩みたいなのが4ページ。活字で印刷されたエッセイみたいなのが8ページ）。

これじゃ封もしたくなろう。5分もあれば、隅から隅まで立ち読みできちゃう。

しかし、絵本か写真集みたいなのを想像した人、認識を改めていただきたい。窪塚クンという人は、そんな凡庸なキャラクターではないのである。

デザイン、写真、落書き風の描き文字、そして文章。こんなにシュールな気分に浸れるのは、宇宙人から手紙が来たときくらいだろう。

〈大地と海と太陽の恵み／天の屋根から天の根へ／天の根から天の屋根へ／〃循環〃／自然の呼吸／大いなる生命体／人間もその一部／たかが人、されど人／動物だけど動物じゃないものと

して／〃共存〃／そして自然は人を通して自分の美しさを知る〉

　何かいいたいことがあるんだろうな、ってことはわかる。それだけしかわからないのが辛い。謎の単語はちりばめられてるし、写真の意味は不明だし、摩訶不思議な図は出てくるし、ややエコっぽい右のエッセイにつけられたタイトルは「新世紀　ＮＯＡ　ｐｒｏｊｅｃｔ　36『大麻』という箱舟」。ああ、あっち側に行っちゃいそう……。

　その後で手にとると、木村拓哉『開放区』の、なんと地球の規格に忠実なことだろう。総ページ数３０４ページ。うち3分の2は読むページ（１９９５年から２００３年までのエッセイが65本）。残りのページの写真も全部意味がわかるものである（8年分のポートレートと本人撮影のスナップ）。ああ、よかった。こっち側に帰ってきた……。

　しかし、本音が赤裸々に語られているんでしょと期待した人、残念でした。木村クンのガードはそんなに甘くないのである。見よ、このみごとなはぐらかし方。

〈自分にとって、初めて出会った〃女〃っていったら、やっぱりおふくろ。女性に対する考え方は、かなり影響を受けてると思う〉（「男と女」）

〈俺の〃はじめてのチュー〃は5才のとき。幼なじみのクミちゃんっていう女の子と〃お姫さま、王子さまごっこ〃をしてるときに、冷蔵庫の裏でチューをした〉（「Ｋｉｓｓ」）

　ひと言でいえば、窪塚本は破綻、木村本は無難。正反対に見えるけど、これはイメージ操作の両極端な例なのだ。キレた窪塚、自然体の木村。と見せかけて、そのじつ私生活はひた隠し、尻尾は絶対につかませない。女性タレントが「私語り」に流れるのとは逆に「僕隠し」に走る男たち。まあ2人ともプレ父と父ですからね。* パパドルを売るのは楽じゃないのだ。

（A／03・5・26）

＊ 窪塚洋介が自宅マンションの9階から転落して（飛び降りて？）奇跡的に命をとりとめたのは、翌2004年6月のこと（11月には仕事に復帰）。転落の真相は不明だが、本との整合性は高いなと妙に納得したものである。

『胸懐』TAKURO

（幻冬舎・2003年6月・1400円）

GLAYのリーダーは勤労青年。中学高校の副読本になります。いやマジで

こんな日本語、若い人たちは知らないんじゃなかろうか。『胸懐《きょうかい》』。胸の内、というほどの意味である。辞書には「胸懐を開く」などの用例が載っている。

著者はTAKUROこと久保琢郎《たくろう》、32歳。いわずと知れた人気ロックバンド、GLAYのリーダーである。1999年に幕張メッセで20万人ライブを成功させたとか、2002年には日中国交正常化30周年記念コンサートを北京で開催したとか、華々しい話題の多いGLAY。どうせこの本もちゃらちゃらした自慢話でしょ。と思ったら、大まちがい。

タレント本にも良書と駄書があるのは当然で、これは久々の掘り出し物でした。中学か高校の副読本になります。いや、マジで。この本のよいところ、それはものすごく正統派の青春小説、というか青春ノンフィクションになっている点なのだ。

函館に生まれた琢郎少年は、3歳で父を亡くし、母と姉との母子家庭で育った。家計は苦しく、ある日、電気代の滞納で送電を止められる。FMラジオでポール・マッカートニーの特集を録音したかった6年生の彼は暗闇の中で家中の電池をかき集め、惨めさの中でふと悟るのだ。〈音楽は、僕にとっては、自由の象徴みたいなものだった〉が、同時に〈なんだ、音楽っていうのは、お金がなきゃ聴けないものだったんだ。こんなものは、ただの娯楽品じゃないか。人の生き死にとは何の関係もないただの贅沢品なんだ、と〉。

中学時代にビートルズに魅せられてギターを手にし、高校で現在のGLAYの母体となるバンドを組み、卒業と同時にみんなで上京しようということになる。ここでも彼らはえらく地に足がついている。上京に一番積極的だったメンバーのTERU（この本の中ではテッコと呼ばれる）は、さっさと東京の工場に就職を決めてきて、TAKUROを同じ職場に誘う。かくして彼らは〈赤羽《あかばね》の印刷工場に勤めるために東京へと旅立〉つのである。

なべてこんな調子で「夢を追う勤労青年かくあるべし」な話が目白押し。貧しい時代を知っている世代には涙もの。60年代、歌声喫茶の時代ならいざ知らず、80年代、90年代の若者たちとはとうてい思えない。友情、努力、挫折、失恋、そして成功。王道でしょう青春の。

ロッカーがそんなＰＴＡ御用達みたいでいいのかよ、という意見はあろう。でも、ロッカーは破天荒という発想自体が古くない？　自らに対して醒めている彼は、世界に対しては熱い。この本の冒頭に出てくるのはナチのユダヤ人収容所で死んだ子どもたちの絵の衝撃、巻末に出てくるのはアメリカのイラク攻撃に抗議して彼が出した意見広告だ。

〈誰にも奪えないものがある。／彼らの家族を、／彼らの恋人を、／彼らの親友を、／彼らの故郷の空を、／彼らの思い出の場所を、／彼らの笑顔を、／彼らの希望を、／彼らの夢を、／そして彼らの新世紀を。／ＣＨＩＬＤＲＥＮ　ＩＮ　ＴＨＥ　ＷＡＲ／戦争はすべてを奪ってしまう。／そこに理由はない。／そこに正義はない〉（03年3月19日の新聞に発表）

ＧＬＡＹの曲とおんなじで、コトバそのものはちょっとね。でも、〈少なくともあの時点では、軍事的攻撃だけが唯一の手段ではなかったはずだ〉等の認識は的確。ＴＡＫＵＲＯ、思想的にもジョン・レノンの影響下にあるらしいのだった。どうせなら、その政治意識の高さを発揮して、青少年を鼓舞してほしい気もするけど、政治的ではこの国じゃスターになれない。それがわかっている点もビートルズ世代より大人だったりして。

（Ａ／03・7・28）

『自白』Ｇａｃｋｔ

（光文社・２００３年９月・１３００円）

ベートーベンからヤンキーへ。年齢不詳の彼は昔気質の苦労人

ガクッと来た、とはある女性の意見。ダジャレではない。「イメージが壊れた」の意味。Ｇａｃｋｔ、テレビのバラエティ番組やＣＭで見る範囲では、人工的に作られた独特のキャラクターがちょっとおもしろい人ではある。生身の人間というよりＣＧみたい。その彼の自伝的エッセイが『自白』で、しかし、これを読むと彼がＣＧではなかったことがよくわかる。「衝撃の新事実」もいろいろ出てくる。週刊誌の見出し風に列挙すれば——。

●Ｇａｃｋｔは幼少のみぎりから音楽の英才教育を受けていた！

トランペット奏者を父に持つ彼は３歳からピアノを習わされていた。〈当時の先生は、どの先生も僕をよく叩《たた》いた。腕や肩をバシッと強く叩かれる。「やる気あるの？」と、冷たい声が飛ぶ。僕の反抗心も燃え上がる〉。まるでベートーベンの幼少時代だ。

●Ｇａｃｋｔはヤンキーだった！

そんな彼がなぜか、中学・高校時代は学ラン兄ちゃんに変身。〈上着は長ラン、セミ短、短ラン、極短まで持っていた。（略）僕らの世代のヤンキーは、長ランも短ランも混ざっていて、気分で長さを変えていた〉。ふうむ、ビーバップ・ハイスクールの時代か。

●Ｇａｃｋｔはホストをやっていた。カジノのディーラーもやっていた！

10代のときには、京都で水商売の世界に入り、やがてカジノのディーラーとして大金を稼ぐようになる。〈たとえば、月15万で生活している人がいたとする。（略）／ところが一晩寝て起きると、いきなり100倍、月千500万の収入になっていた——としたら？／物の価値は100分の1。500円の定食は5円の感覚〉。おおお、バブルやなあ。

ほかにも海やバイクや車で十数回死にかけた（！）とか、マダガスカルで決闘をした（!!）とか武勇伝が満載なのだが、もっとも大きな「衝撃の事実」はこれかもしれない。

●Gacktはバツイチだった！

結婚相手はカジノのディーラー時代に知り合った韓国籍の女性。〈籍を入れたのは、彼女のほうから「籍を入れたい」と言ってきたからだった。僕は、／「いいけど、僕は何も変わらない」／と、言った〉。しかし、結婚していた期間は短く、この経験を経た彼は〈僕はもう、結婚はしない〉し〈子供も作らない〉という独身主義者なのである。

Gackt、ありていにいえば「昔気質の苦労人」なのだった。

ただし、こういった事実はすべて断片的に記されているだけで、きちんと構成されていないのが本書の特徴。テンションも低くって「衝撃の事実」の衝撃性は薄めである。年齢不詳といえば聞こえはいいけど、出てくるアイテムの数々から見て、Gackt、意外に歳食ってるのかも。四捨五入したら不惑とか。だいたい「7月4日生まれ。A型」とあるだけで、年齢を伏せているのがあやしい。

（A／03・11・3）

『金曜日のパリ』雨宮塔子

（小学館・2003年11月・1300円）

パリにモラトリアム留学した元女子アナのひとり暮らしレポート

TBSの元人気アナウンサーにして、現在はパリ在住。同じくパリ在住の日本人と結婚し、昨2003年夏には長女も出産した雨宮塔子さんのエッセイ集である。

もっとも本書は渡仏半年目の00年1月から03年3月まで女性誌に連載されたエッセイだから、内容のほとんどはパリでのひとり暮らし報告。「どうやってダンナさまをゲットしたのかしら」なんてミーハーな興味には応えてくれない。あえて探せばこのへんくらい。

〈〝パティスリー・サダハル・アオキ〟。パティスリーの激戦区である6区に、2001年の12月にオープンした日本人パティシエの店。ここのショーケースにはごまや抹茶のエクレア、シュークリームに、96年のシャルル・プルースト杯味覚部門で優勝を果たした〝ヴァランシア〟をはじめ、青木さんの得意とするフルーツを使ったケーキの数々がきれいに陳列され、今日も通りかかった私を誘う〉（「幸せを実感しに、足を運ぶパティスリー」）

で、このパティシエ、青木さんと彼女は後に結婚するわけです。〈……自分がまず心から笑っていないと、人を幸せにすることもできないんだよ。……／悩みを抱えていた一時期、かけられた言葉だった〉とかいっちゃってるから、最初からイイ感じだったのかも。

こういう本にケチをつけても仕方がない。ま、こんなものでしょう。

ただ、日本人女性の留学熱というか海外渡航熱は衰えない。あれは何なんだろうとは思う。たしか進藤晶子《まさ》さんだったと思うけど、局を辞めるに当たって総合雑誌に寄せた手記の中で「女子アナは30歳で商品価値がなくなるといわれた」とかなんとか書いていたことがある。そのくらいの年齢で局アナを辞める人はたしかに多い。女子アナ30歳、転機なんですね。

問題はしかし、その後の身の処し方である。もっと上の世代だと、同じ海外留学でもキャリアアップを目指すわけだが（たとえば田丸美寿々や長野智子）、このごろはそうではない。野球選手と結婚して渡米するとか（たとえばイチロー夫人の福島弓子）、フランス人の富豪と結婚しちゃうとか（たとえば中村江里子）がトレンドらしい。雨宮さんはその中間ぐらいで、だからこの本は売れているのかもしれない。なにせ彼女はいうのである。

〈渡仏前はその目的をよく尋ねられた。公的に挙げた〝美術の勉強のための留学〟というのはわれながら漠然としていると思う。本音を言ってしまえば、ただ行きたいという気持ちだけで来てしまったのだ〉〈私が望むことは〝留学〟ではなく〝遊学〟なのだから〉

キャリアアップに賭けるのはもうダサいし、かといって結婚にも逃げたくないモラトリアム留学。だけど結果的にはパリでの出会いもちゃんとあって、めでたくゴールイン。日本中の「女30歳」が、そりゃあ憧れるでしょうて。　（A／04・1・19）

『no love,no life』常盤貴子

（講談社・2004年2月・1400円）

巷の「負け犬／勝ち犬」論を吹き飛ばすカワイコちゃんエッセイ

同年代の藤原紀香が最近あまりパッとせず、松嶋菜々子は妊娠出産で仕事をセーブしていくだろうことを考えると、常盤貴子という人は役にも作品にも恵まれて、わりといいポジションを獲得しているように見える。大人の女性の支持も高いんじゃないか。

「愛がなければ、生きられない」の副題がついた『no love,no life』はそんな彼女の「初の自伝的PHOTOエッセイ」である。女性タレントのエッセイ集は引きも切らずに出版されるわけだけど、こんな本にもまだ需要があるんだなと思った。*

たとえば「ワンクールの恋人」と題された冒頭の章。

〈連続ドラマを連投していた頃は、ワンクールごとに、違う相手に恋をしていたんですよ。ただしこれは、みんな『片思い』なんです。思いを告げることもなく、収録とともに終わっちゃう恋だけど！／ある連ドラが終わって、次の作品撮りが始まるでしょ、そのたびに、／「あ〜、スタッフ変わっちゃう！　また新しい相手を捜さなきゃ」／なんて一人で焦ってしまったり〉

ふうん、それがあなたの「恋愛」のお話なのね。

〈この時に重要なのが、相手選びですね〉〈カメラマンさんも要注意です。だって、ずーっと見つめられちゃうわけじゃないですか。場合によっては、／「あ、もしかして今、寄りで撮って

る？　キャー、はずかしいっ」／という事になりかねないわけです〉

18歳の女のコでも、もうちっとオトナぶらない？　いまどきさー。すべてがこんな調子で、恋愛観、結婚観、仕事観、生活観などひと通り出てはくるものの、お人形のひとり語りを聞いているよう。写真もセクシーショットどころか全部カワイコちゃん風だ。表紙にわざわざ「女優　常盤貴子」と肩書きが入っているのが意味深である。

①「女優」だから中身はスカスカでもいい。

②「女優」だからこの本の中身も演技かもしれない。

2種類のエクスキューズが考えられるわけだけど、そこまで深読みするほどの本でもないか。

この本に実用的な価値があるとしたら、「負け犬／勝ち犬」とかいってる30代女性の焦燥がばかばかしくなることだろう。

〈一度でいいから同棲は経験しておきたかったたですね。若いコとかに、／「同棲って、どんなものですか?」／って聞かれた時に、／「ああ、同棲はやめたほうがいいよ……。私はオススメしないな」／と返せない自分が悔しいの！〝同棲経験のない女〟って、ちょっとだけ〝大人の女〟として、欠けている気がしませんか?〉〈でも、結婚は、何歳になってもいいけれど、一度はしたいんです。（略）そのうえで、／「結婚って、いいわよ〜」／って言ってみたいんです。同棲で果たせなかった経験を、／「ここで果たしたい！」／というか〉

「不倫、同棲、そして結婚」と題された章のサワリである。女、31歳。このくらいの感覚でも生

きていけるわけです。安心してください。（A／04・3・1）

＊ タレント本の構造改革が起こったのは、1980年の山口百恵の自伝的エッセイ『蒼い時』（集英社）のころからだろうと思われる。それまでのタレント本はファン向けのつくりもの感が強かったが、このころから自らの生い立ちや私生活を率直に語る（少なくとも表面上は）ものが増えてきたのだ。その点、常盤貴子の本は構造改革以前を思い出させたわけです。

『人生の知恵袋』長嶋茂雄

（幻冬舎・2004年1月・1500円）

天然に見える永遠のヒーローは、過剰な気配りの人だった

朝な夕なに病状が報道されるのだから、長嶋茂雄はやっぱり国民的なヒーローなのだ。こんなのって昭和天皇以来では？ というわけで読んでみた。長嶋茂雄対談集『人生の知恵袋』。副題は「ミスターと7人の水先案内人」。過密スケジュールの中で開かれた初のサイン会。しかも50人の応募枠に3000人が殺到したと報道された、あの本である。＊

ラジオの対談をまとめたものらしいのだが、対談相手が豪華絢爛。美輪明宏、五木寛之、渡辺恒雄、森光子、石原慎太郎、樹木希林、日野原重明。豪華というか濃いィというか、「人生の知恵袋」っていうより「歳をとらない秘訣袋」な人選である。

ひとつ発見があった。巷間伝え聞くところによると、長嶋茂雄は天真爛漫《らんまん》な天然の人、という印象がある。しかし、本書を読む限りではむしろ逆。長嶋サン、非常な気配りの人だったのだ。自分は完全に受けにまわり、１００パーセント相手を立てるホストぶり。

長嶋〈出版界では、美輪（明宏）さんのご本が話題になっていて、聞くところによりますと、初版が三万部とか四万部とかお刷りになっている、これは今の出版界では、驚異的な数字だとうかがっているんですが〉

「徹子の部屋」じゃないんだから長嶋茂雄がここまで下手《したて》に出なくても……と思うのだが。相手が相手ともなれば、サービスにもさらに拍車がかかる。

長嶋〈これは僕だけじゃないと思うのですが、石原（慎太郎）さんにはやっぱり総理になってほしいという声がたくさんあると思うんですが。いかがなんですか〉

対談というより長嶋が聞き役のインタビュー集に近い。本人、自己主張をほとんどせず、一から十まで謙虚モード。あまりに口下手なので、相手が逆に気をつかってくれるほどである。

五木（寛之）〈長嶋さんがこういうふうによく本をお読みになるというのは、世間の人たちはどっちかっていうと、そうは思ってないんじゃないですか〉

それでもまだ当人は〈どうでしょう、そうかもしれませんね〉と、どこまでも謙虚。

そんな本書の中で、もっとも浮いているのは「まえがき」である。

〈私は今年、オリンピックの日本代表の野球チームの監督として／アテネへ行ってまいります。

／なんといっても、一発勝負。／それにこれだけたくさんのプロ選手が参加するのは初めてのことです。／（略）／金メダル目指して、全力で戦っていきたいと思います。／私自身もふたたび、船を出航させるときがやってきて胸が高鳴る思いです〉

内容とはまったく関係のない決意表明が、唐突に述べられているのだ。この「まえがき」とリンクする対談はひとつだけ。読売巨人軍オーナー、渡辺恒雄とのやりとりである。

渡辺（恒雄）〈アテネオリンピックのときには、巨人の勝敗は別としてね、金メダルをとることを第一目標にしてやる覚悟ですよ〉

長嶋〈やるからにはチャンピオンを目指さないとだめですよね〉

過剰な気配りと重圧感。これでは心身の負担も軽くなかっただろう。同情に耐えない。にしてもナベツネってイヤなやつ。

（A／04・3・22）

＊ 2004年3月4日、長嶋茂雄が脳梗塞で倒れたと報道される。アテネ五輪チームの代表監督に決まっていたこともあり、日本中が騒然となった。7月にはアテネ行きを正式に断念。五輪では中畑清コーチが代理監督をつとめるも、銅メダルに終わった。長嶋はその後、順調にリハビリを続け、渡辺恒雄はその後、巨人軍オーナーの席を退いた。

『とんがって本気』 加賀まりこ （新潮社・2004年1月・1400円）

「コンサバな生き方はバカを作ると思ってた」の一言にドキッ

女優エッセイにも飽きてきたので、ほんとはパスしようかと思っていた。でもこれは、予想外の収穫だった。女性誌「フラウ」の連載をまとめた加賀まりこ『とんがって本気』。やっぱこの世代の話はちがうわ。恋愛エピソードだって、常盤貴子とは雲泥の差だ。

〈相手はまず私を〝あの加賀まりこ〟としてしか見てはくれない。恋のファーストステップはいつも、相手の中にある〈加賀まりこ〉という標識とフレームを力《リキ》を入れてとっぱずす作業から始めなきゃならなかった。ハリウッド女優のS《シャロン》・ストーンも同じようなことを言っている。／「有名になった女が男女の関係を築いていくのは、とっても困難」／だと〉（「人生の〝風〟は自分で起こす」）

16歳で女優になった人ならではのリアリティーである。ここから彼女の恋の思い出話がはじまるのだが、これがけっこう具体的で、しかも濃密。「未婚の母」騒動、短い結婚生活、40代後半で経験した24歳の男の子との恋愛まで、一個一個が短編映画になりそう。という事実関係もさることながら、さらに注目すべきは、自分を語るときにもハリウッド女優のドキュメンタリーからの引用が入ることである。この世代には教養ってものがあるのだ。

一族のエピソードを語るときだって、ほら、この通り。

〈どうやらこの気質は、母方の祖母から強く受け継いだ隔世遺伝らしい。神田錦町で〈松本亭〉という料亭を営んでいた祖母は、自由民権運動と社会正義のために一肌脱いだ女丈夫だった。眉目秀麗の近衛兵を見初めて入《い》り婿《むこ》として迎えたものの、その男性と3児をもうけて明治の末にさっさと離婚している。封建的なあの時代に自分の手で人生を切り拓いていった女性だったのだ。家には、足尾銅山鉱毒事件で闘った田中正造、幸徳秋水、犬養毅父子など、時の政局を動かす政治家や多くの志士たちが出入りし（以下略）〉（「私の精神を育ててくれたもの」）

わっ、すごいお祖母さま。という事実関係もさることながら、その祖母を評価する目があり、歴史を固有名詞つきで把握してるってのも、すごくない？

女性誌編集部のみなさん、女優さんに連載を依頼する場合はせめて50代以上の人にしてください。するとこのくらいの話が出てきます、というひとつの見本だと思った。世代ではなく個人の問題だといわれればそうだけど、世代も関係なくはないだろう。

〈考えたら日本は20世紀にほんとにあちこちで酷《むご》いことを、最低なことをやってきて、それを次に続く世代に教えていかなかった。だってそうでしょう。20世紀、この世界の中で日本は自分の〝尻拭《ぬぐ》い〟をしてこなかったんだから。ホント、いい加減な国だと思う〉

そうとハッキリいってはないけど、これは「現代史」の話ですよね。

〈コンサバな生き方はバカを作ると思ってた（今だってそう思っている）〉

そーよそーよ、もっといったって！　いまは若いヤツほどコンサバなんだもん。

（A／04・3・29）

『前田義子の迷わない強運哲学』前田義子

（小学館・2004年3月・1200円）

ビジネス界のプリンセス天功です。ご立派な思想の持ち主です

書店ではどこでも平積みだけど謎の本だった。前著『前田義子の強運に生きるワザ』（小学館）とともに売れ行きを伸ばしている『前田義子の迷わない強運哲学』の話である。

お写真を見る限り、叶恭子か君島十和子か、はたまたプリンセス天功かといった印象だが、前田義子《のりこ》さんはバリバリのビジネスウーマンだ。結婚を機に24歳で株式会社フォクシーを設立。現在は同社の代表取締役会長兼オーナーデザイナーであり、ニューヨークに生活の拠点をおく。頻繁に東京と行き来するかたわら社会活動にも従事し、ひとり娘の子育てと両親の介護にも熱心。女性誌などではカリスマ的な人気を誇る女性らしい。

で、読んでみたのだが、正直いって、読むのにかなり難儀した。

〈世間の価値観に振り回されて自分が不幸だと感じる必要はないのに、なぜそう思えない人がいるのかというと、やはり自分なりの幸せ感を持てないからではないでしょうか。自分の中で「何よりも好きなこと」を深く掘り下げていないのだと思います。言えることは、賞賛を浴びたいと

思ってしている努力よりも自分がやりたくて仕方ないことへの努力のほうが間違いなくラクだし、やり続けられるものだということです。実はそのほうが道は近いし、努力の回り道にならない。自分がやりたくてやっているから、万が一（以下略）〉

これは聞き書きをまとめた人の責任なのか。壊れたテープレコーダーに説教されているみたい。後半で彼女は整理整頓の必要性を説いている。だったら文章も整理整頓してくださいよ。

とはいえ、ついてけなかったのは、文章のせいだけでもない。

たとえばＮＹでやっているという娘の母校の理事活動や、ニューヨークシティバレエ団のサポート活動についてひとくさりやった後、彼女は述べるのである。〈ボランティアは私にとって、自立した人間として生涯続けていく活動のひとつでもあるのです〉。

ああ、そうですか。ご立派ざんしたね。

あるいは面接で必ず尋ねるというアルバイトについて〈私が考える学生のいちばん正しいアルバイトは１家庭教師、２本屋の店員、逆にいちばん相応《ふさわ》しくないのは夜のお仕事、お酒を出す仕事〉と述べた後、さらにおっしゃるのである。〈自分の脳細胞にしみ込ませた「おい、ねーちゃん」は将来なんの役にも立たないと私は思います〉。

ああ、そうですか。悪かったわねっ。

彼女はけっしてコンサバティブな女性ではない。でも、ネオリベラリズムというかネオコンサバティブな人ではある。常にリーダーの立場で考える彼女はブッシュや小泉の代弁までするのだ。

〈リーダーがときには覚悟を決めて苦渋の決断をしなければならないこともあります〉

彼女にもう少し語彙力があったら、ノーブレス・オブリージュとかいいだしそうだ。ビジネス界のプリンセス天功。エッセイじゃなく、写真集にしとけばよかったのに。（A／04・4・12）

『上田次郎の　なぜベストを尽くさないのか』上田次郎（学習研究社・2004年6月・1200円）

驚くべき（無）内容。人気ドラマの主人公が書いた天才本

元来バカバカしい本が嫌いではない私だが、この本のバカバカしさは筆舌に尽くしがたいものがある。『上田次郎の　なぜベストを尽くさないのか』。略して『なぜベス』。

著者の「日本科学技術大学教授　上田次郎」とは、人気テレビドラマ「トリック」（テレビ朝日系）の登場人物、そう、あの上田次郎[*1]である。

彼は自称天才物理学者だ。〈物理学を信望し、今やその権威となった私には、怖いものなど何もない。／物理学をもってすれば解明できぬ現象など存在しないことは現在までの私の天才的な頭脳によって証明済みであり、すでにみなさんがご存じのとおりである〉とカマすような人物である。その彼が、〈今回は、ある意味で国民的アイドルとも言える私の、一人の人間としてのプライベートな生き方や考え方、私の人生哲学を書き記した〉のが本書。

番組を知っている人ならわかるはずだが、人生を学ぶのに上田次郎ほど不適格な人物はいない。その彼が自らの人生を語ること自体がパロディというかトリックなのだが、ここで浮上するのは何をもっておもしろがるかというインタレストの問題である。

〈例《たと》えば、牛肉のステーキを口から体内に取り込んだとしよう。噛《か》み砕《くだ》かれたその断片《だんぺん》は、生理学上の法則から人体の下方へと流動する。その時、発生《はっせい》するのが図1にも書き記《しる》した〝肉が摂取《せっしゅ》される力〟である。さらにそれは、私の体内を通過する間に養分などがこし取られ、やがて排泄《はいせつ》物《ぶつ》となって対外へ排出される。それが図1の〝垂直方向に排便される力〟となるわけだが……(以下略)〉(「私が食事中に尽くしたベスト」)

ウンコの垂れ流しにも比すべき果てしないおしゃべり。ちなみに右にいう「図1」とはパンツを下げ、便器に座して食事をする上田次郎の姿(もちろん絵)である。

これをもって爆笑できる人(肛門期のお子様?)のみが本書のよき読者というべきであろう。上田次郎の語りという言語的パフォーマンスだけが存在し、しかるに内容が何もない。これは驚くべき事態である。人はどれほど無意味を求め、無内容を追求しようと思っても、ついつい虚しくなって内容を求めてしまう動物だからである。[*2] しかも並みのバカバカしい本とちがい、『なぜベス』には、字だけはびっちり詰まっているのだ。

〈私はこれまでに、歴史に残る名著《めいちょ》と言われている『どんと来い、超常現象』のパート1からパート3を世に送り出し、続いてこの『なぜベストを尽《つ》くさないのか』も発表することになる。ということは、それらの実績が高く評価され、ノーベル物理学賞より先に、ノーベル文学賞を受賞してしまう可能性があるではないか！〉

宙に浮く自画自賛芸。上田次郎でも阿部寛でもなく、書いた人（がどこかに存在するはずだ）こそ尊敬に値する。

（A／04・7・19）

＊1　「あの」といわれても「?」なあなたはDVDでも見て確かめていただくしかない。演じているのは阿部寛。ちなみにこの本には、〈上田次郎の「青春プレイバック」〉と題し、「メンズノンノ」のモデル時代の阿部寛のポートレイトも挟まっている。

＊2　後に紹介する『トリビアの泉～へぇの本～』（318ページ参照）にも『みんなのたあ坊の菜根譚』（99ページ参照）にさえも内容は存在することを思うと……やっぱ衝撃的。

『東儀秀樹の永遠のオモチャ箱』東儀秀樹

（PHP研究所・2003年8月・1700円）

雅楽界の貴公子のセルフイメージは「星の王子さま」だった？

世の中はいま空前のウォッチ・バブルだ。「〃ゼンマイ〃オヤジは止まらない！」（「レオン」2004年8月号の特集）じゃないけど雑誌は軒並み機械式腕時計の特集を組んでるし、「アエラ」7月12日号にも時計の中綴じ広告が！

さて、このブームがいつからはじまったのかと考えていて思い浮かんだのが、この方、雅楽師の東儀秀樹さんである。彼がブームの火つけ役ではないとしても、彼がブームの象徴的な存在であることはまちがいない。そこで探してみたところ、やっぱり出ていたこんな本。

『東儀秀樹の永遠のオモチャ箱』。エッセイとイラストで綴ったいわゆる「私語りの本」だけれども、モノへの思い入れがたっぷり語られているのがこの本の特徴である。楽器、カメラ、オートバイ、そして旅先で集めたガラクタの数々。

〈バイクは好きである。はまっているわけではないが、やはり晴れた秋の空を眺めていると急に走りたくなったりする〉ってなことから中古のヤマハＸＪ４００Ｄを探す顚末へ。〈普段サーフィンやバンドで遊ぶ友人が首からカメラをぶらさげて現れた。ライカＭ６だった。憧れのライカのその重量感はいとも簡単に僕をフォトグラフの世界に引っ張りこんだ〉ってな話からライカ礼讃へ。ちょっぴりレトロな（そしてメジャーな）メカが東儀さんのお好みなのだ。

当然、時計についてもひとくさりある。

〈人間がゼンマイを巻いてあげて初めてその〝物〟は時計として生き出し、そのお返しに人間に時を教えてくれる。人間が手を休めると、時計も時計でなくなってしまう。あの小さな腕輪の中に時の流れ＝宇宙が入っているのだ。これはもう哲学といってもいいかもしれない〉

フランク・ミュラーの広告コピーではない。れっきとした、エッセイの一節だ。

邪気がないのはわかっているが、読みながらクスクス笑いが抑えられない。何よりおもしろいのは〈僕はこだわり屋である〉という東儀氏自身の自意識のありようだ。

この本の思わぬ収穫は、じつはカメラでも時計でもなく、このくだりだった。

〈先日、友人がコンサートの楽屋に花束を差し入れてくれた。その花束の中にへんなものもいっしょにさし込んであった。でも『星の王子さま』を読んだことのある僕だったからそれが何なのかはすぐにわかった〉。友人からのプレゼントは『星の王子さま』に出てくるゾウをのみ込んだウワバミの形の置き物だったのだ。

〈僕はそのくだりが大好きなので、さっそくその陶器のウワバミのセットをかざり棚になにげなく置いた。そしてそのすぐ上の壁には『星の王子さま』の絵本のその絵のページを貼った〉

東儀さん、あなたのセルフイメージは『星の王子さま』だったのね。だから白いスカーフをなびかせて笛（じゃなくて篳篥《ひちりき》か）を吹いていたのね。「永遠の少年」を気取る魅惑の中年、ウンチクを語る。時計に宇宙を感じる「〝ゼンマイ〟オヤジ」は必読である。


（A／04・7・26）

2

みんな幸せになりたいの

生きるための指針がほしい。こころの安寧を得たい。そして、できれば愛がほしい。そんなとき、人は幸せを呼ぶ本に手を伸ばす。人生論、恋愛論、女性論、男性論、ときに占いや宗教書。まとめて「幸せ探し本」と呼ぶことにしよう。

幸せ探しにも流行があって、たとえば90年代のキーワードは「自分探し」と「癒し」であった。ここではないどこかに幸せがある。いまの自分ではない本当の自分に出会いたい。そんな幻想を胸に、ある人は海外へ渡航し、ある人はボランティア活動をはじめ、ある人は自己啓発セミナーに通い、ある人は精神世界に救いを求めた。

この風潮はいまもバリバリ健在ではあるものの、世紀の変わり目ごろから、微妙な変化も感じられるようになってきた。自分探しには時間がかかる。それよりも手っ取り早くだれかに処方箋を示してほしい。みんな早く解答がほしいのだ。

それに応えるかのように、幸せ探し本も頭を使わずにすむ方向へ流れる。恋愛論は疑似科学と結託し、人生論は宗教色を強めておまじないと区別がつかなくなり、気がつけば「ブタ」や「たあ坊」が人生哲学を語っていた。

なげくなかれ。あれこれ気に病んでいたら、それこそ人生やってけない。混迷の時代。よるべのない自分。人間は弱い動物なのである。

『LOVE論』 つんく

（新潮社・2000年1月・1000円／新潮OH!文庫・2000年10月・448円）

スケコマシ用の言葉読本として役に立つ「NANPA論」

差別的な単語をそうでなく言い換えた言葉を「PC用語」という。「黒人」を「アフロ・アメリカン（アフリカ系アメリカ人）」に、「インディアン」を「ネイティブ・アメリカン（アメリカ先住民）」に変換したりするのが代表的な例だけれども、これは前代未聞の恋愛系PC用語集かも、と思える本にぶつかった。つんく『LOVE論』[*1]である。

この本は「女の容姿や性格を評することば」の言い換えマニュアルになっているのだ。○○ではなく「ブサイクな女」。×××ではなく「おかんな女」。ブサイク、おかんじゃフォローになっていないと思いきや、そこはもちろん抜かりない。言い換えた後には、すかさず欠点を逆手にとった賛辞、というか口説き文句が続くのである。辞書式に整理してみよう。

【禁句】ブス　【言い換え】ブサイク・ファンキー　【用例】意図的にブサイクをやってる女は、かわいいだけの女よりファンキーでかっこいい。

【禁句】オバン・フケ顔・ババくさい　【言い換え】おかんな　【用例】男はみんな大なり小なりマザコンだから、おかんな女には弱いのだ。

【禁句】デブ・ブタ　【言い換え】二の腕が太い・ポッチャリ　【用例】ポッチャリ好きの男（俺のことだけどな）にとっては、二の腕がモチモチしてるとこなんか、たまらない魅力。

【禁句】チビ　【言い換え】プチ・ちっちゃい　【用例】プチな女の子は、何をやっても、けなげで一生懸命そう。それだけで男は胸キュンだ。

女ごころの機微に通じた口八丁のこの甘言。

女性に語りかける口調で書かれてはいるものの、この本は男が持っていたほうが絶対に役に立つ。これ1冊机のひきだしに常備しておけば、この先どんなタイプの女の子に出会っても大丈夫。女の人は自分が欠点と思っている部分をことさらに誉められると「あたしは本当に愛されているんだわ♡」と錯覚する癖がある。その性質を利用した本書は『LOVE論』というより「NANPA論」。隠れスケコマシ読本に選定したほうがいいですね。

その証拠に、この本は、日頃うるさいことをいっている女性にも妙に評判がいいのである。ためしに感想を聞いてみよう。「生きる希望がわいた」「男の人に読んでほしい本だと思った」ってみんないうから。彼女たちは「女を見る目をもっと養え」「つんくを見習え」という意味でこういっているらしい[*2]のだ。たかだかPC、言い換えですむわけである。

まーチョロイってばチョロイけどね。「ドジで泣き虫なそのままの君が好き」っていう大昔の少女漫画の文法が、まだ通用するのである。ありがたいことではないか。（S／00・5・05－12）

＊1　この本のもともとのコンセプトは、プロデューサーの立場から見た「モーニング娘。」の紹介である。詳しくは、拙著『趣味は読書。』（平凡社）をご参照ください。

＊2　たとえば〈目からウロコが落ちました。あの本では容姿とか性格について語られています

が、年齢についても同じようなことが言えるんじゃないかと気づいたんです〉（36歳女性の弁／「アエラ」00年2月21日号）

『自分がわかる、他人がわかる　昆虫&花占い』
メンズノンノ特別編集（集英社文庫・2000年5月・476円）

動物、昆虫、その次は？　占いの最終兵器を考えた

あの「動物占い」がやっと下火になったと思ったら、[*1] 今度はこれか。『自分がわかる、他人がわかる　昆虫&花占い』。「メンズノンノ特別編集」で、占いを担当しているのは「水晶玉子」さんという謎の占い師である。

内容は、予想どおり「動物占い」の二番煎じだが、興味深いのは男女別にキャラを分けた手口である。例によって、この占いは古代中国の「陰陽説」に基づいていますと述べた後、〈ならば男は陽、女は陰。女が大地に根ざして動かない受動的な「花」ならば、男性は能動的に動く「虫」ということになります〉

森進一の歌だったかに、たしかこんなのがあったと思う[*2]けど、お役所でさえ男女共同参画とかいってる時代に、水晶玉子さん、大丈夫なんだろうか。

男は昆虫キャラ（トノサマバッタ、テントウムシ、ミツバチ、アゲハチョウ、カマキリ、ノコギリクワガタ、カブトムシ、ミンミンゼミ……）、女は花キャラ（バラ、チューリップ、ユリ、ガーベラ、サクラ、スイセン、ヒマワリ、ツツジ……）に二分して、最初から別のページを読めと指示するんだから、斬新といえば斬新、アナクロといえばアナクロ。

しかもこの本、昆虫と花の相性ってやつがまた、非科学的なんだ。「アゲハチョウが最後に帰る場所はユリかスイセン」とは面妖な。アゲハが最後に帰る（産卵に訪れる）場所はミカン科の植物であろう。「トノサマバッタはサクラが相手だと落ち着く」とは不可解な。草むらに棲むバッタがサクラの花に取りついて落ち着くわけがねーだろう。「エンマコオロギはチューリップの可愛らしさにメロメロ」にいたっては、季節感もデタラメ。コオロギが出てくる秋口に、チューリップなんか咲いてねえっての。

陰陽説でもなんでもいいが、こういうツメの甘さがヤなのよ、私は。どうせやるならちゃんとやろうよ。とかブツブツいっているうちに忽然とひらめいた。新しい占いの手口をである。動物占い→昆虫占いというサイズの順番からいけば、次は当然「寄生虫&宿主のパラサイト占い」でしょう。そうだよ。パラサイトばやりのいまにぴったりじゃん。

「寄生虫キャラ」は、カイチュウ、ジョウチュウ、ギョウチュウ、ヒル、ダニ、シラミ、ツツガムシ、ジュウケツキュウチュウ、アニサキス、トキソプラズマ、エキノコックス……。寄生される「宿主キャラ」は、ハエ、カ、ブヨ、ネズミ、タニシ、サワガニ、コイ、サバ、サケ、ブタ、ヒト……。「スイセンはお嫁さん候補ナンバーワン」とかいっているより「ジョウチュウのあなたはサケにパラサイトすれば一生安泰」のほうがリアルな気がするけど。　（S／00・6・9）

＊1　1999年に出た『人間まるわかりの動物占い』（ビッグコミックスピリッツ編集部編・小学館文庫）のこと。この本がミリオンセラーになったため、各社から類似書の出版が相次いだ。

＊2　調べてみたら「花と蝶」（川内康範作詞）という歌でした。「♪花がぁぁぁ女かぁぁぁ　男がぁぁ蝶かぁぁぁ」ではじまる1969年のヒット曲です。すんません、古くて。

『相田みつをに学ぶ』松本幸夫　（総合法令出版・1997年12月・1600円）

タクシーの中でも、ラーメン屋でも役立つ「あの人」の思想

相田みつをはご存じだろう。毛筆でしたためられたこんな色紙みたいなやつである。

〈つまづいたって／いいじゃないか／にんげんだ／もの　みつを■〉

最後の■の部分には落款《らっかん》（はんこ）が捺《お》されていると思いねえ。

読書人には概して評判の悪いみつをだが、憎まれ口をたたいている場合ではない。世の中にはみつをのファンが大勢いて、しかもそれは勤め先の社長だったり、取引先の部長だったりするのである。さあ、われわれも、この本で正しいみつをの読み方を身につけよう。＊

そのためのテキストだってちゃんと出ている。『相田みつをに学ぶ』。著者の松本幸夫さんは年齢不詳。ヨガのインストラクターを経て、現在は「ヒューマンパワー研究所」所長。能力開発、メンタルヘルス、社員教育などのプロフェッショナルである（らしい）。

ある日、著者は出版社がイラストレーターを探していると聞き、漫画家志望の青年に「仕事があるんですよ」と持ちかけた。しかし、青年は「結構です」と断った。著者は腹を立てつつ考える。自分は「ありがとうございます」のひと言を期待していなかったか。そうだ、見返りを望んではいけないのだ。みつをの詩にもあるではないか。

〈あんなにして／やったのに／『のに』がつくと／ぐちが出る〉

またある日、著者はタクシーに乗った。「東京駅までお願いします」というと、運転手は「東京駅？」。とてもサービス業とは思えぬ口のきき方をする。著者は腹を立てつつ考える。この運転手は給料は会社が払うもの、お客様のおかげで生活できているとは夢にも思ってないのではないか。それでは話が反対なのだ。みつをの詩にもあるではないか。

〈いいことは／おかげさま／わるいことは／身から／出たさび〉

体験と教訓と詩のとりあわせが微妙にかみあっていない気がするものの、そんなことを気にするようではみつをには学べない。次のは中でも特に秀逸なエピソード。

ある日、著者は家族とラーメン屋へ行った。妻は辛い地獄ラーメン、著者と子どもは醬油ラーメンを注文した。帰りぎわ、カウンターにあったガムを1枚取ろうとすると店員いわく。「それは地獄ラーメンの人だけなんです！」。著者は腹を立てつつ考える。なぜそう教条的に規則にこだわるのだ。もっと柔軟に融通をきかせてもよいではないか。肩の力を抜くことだって長い人生には必要なのだ。みつをの詩にもあるではないか。

〈ぐちをこぼしたって／いいがな／弱音を吐いたって／いいがな／人間だもの〉

こんなに勉強になる本が3年も前に出ていたのだ。世の中にはいろんな思考回路の人がいるものである。そういえば、みつをの詩にもあるではないか。

〈他人の物差し／自分のものさし／それぞれ寸法が／ちがうんだな〉

（S／00・6・23）

＊　相田みつをブームもさすがに去ってしまった感ありだが、興味のある方は『にんげんだもの』（文化出版局／角川文庫）ほかをどうぞ。なお、相田みつをの読解については後に文芸誌も乗り出して、人気のほどを知らしめた（182ページを参照）。

『わたしの結婚。』アエラ特別編集

（朝日新聞社・2000年6月・552円）

気合い入ってます。キャリア女性が求める理想の結婚像

このタイトルを見て誤解した人もいるんじゃないかと思う。「アエラ・フォーウーマン」を謳うアエラ特別編集『わたしの結婚。』。高学歴・高キャリア女性に読者が多いといわれるあの「ア

エラ」が結婚特集の別冊なんか出しちゃっていいのぉ……と。

いやいや、だまされてはいけない。流行のウェディングドレスも豪華な結婚式場も夢のハネムーンも、この本の中にはない。巷の結婚情報誌が掲げる結婚が「ウェディング」「ブライダル」なら、『わたしの結婚。』がいう結婚はズバリ「マリッジライフ」である。

〈働く女性にとって、仕事と結婚生活の両立は今なお難しい問題。「ありのままの私」を理解してくれ、互いに支え合って生きていける「魂の片割れ」は必ずどこかにいるはず〉

おわかりでしょうか。本書は、社会の第一線で働く女性が、仕事も自分も犠牲にせずに幸せな結婚生活を手に入れるにはどうするか、を教える未曾有のガイドブックなのだ。

気合い入ってます、どの記事も。理想の結婚を手に入れるには、まず相手の質が肝心だというわけで〈彼の「結婚力」をチェックする！〉。結婚退職した人のその後をレポートしつつ、退職するのは損だよ～とやんわり示唆する〈わたし、結婚退職しました〉。夫婦別姓を貫くには、事実婚と通称使用のどちらが得かを検証する〈事実婚の仕方、教えます〉。日本の男は話にならん、それならばということで〈国際結婚を選んだ女性たち〉。

いやいや、かゆいところに手が届く（届きすぎる）編集である。

高偏差値な女性にとって、結婚は「狙って取りにいく」ものなんですね。情報を集め、周到な準備をして臨む。このノリは、大学受験や就職戦線を戦ってきた人ならではのものである。「結婚願望はもう古い。これからは計画結婚だ！」って感じだろうか。

しかし、もしも私が男だったら……こんなに面倒くさい女と結婚なんかしたかねーや、と思っちゃうね。さらに私がパート主婦だったら、シラーッとした気分になりそう。

ここが問題。よく考えてみると、この本の情熱は「3高の男をゲットして一生安泰な専業主婦になってやる」と考えるお嬢さんたちと、なんら変わりないのである。方向性が「リベラルな男をゲットして家庭と仕事を両立させてやる」というだけで、理想の結婚を求める真剣さ、ひたむきさ、本気さ、前向きさは同じ。* そこがおもしろいがコワイ。

（S／00・7・21）

＊ この3年後、酒井順子『負け犬の遠吠え』（講談社）や小倉千加子『結婚の条件』（朝日新聞社）が出るにいたって、高学歴キャリア女性の結婚は社会的にも目をひくようになった。ありていにいえば、女性が結婚にこのような高望みをするようになったので、「負け犬」（30代の独身女性）が増えたという話である。

『おとな二人の午後』五木寛之＋塩野七生

（世界文化社・2000年6月・1905円／角川文庫・2003年9月・762円）

「異邦人」の対談から「おとなの会話」の妙技を学ぶ

暑くて仕事をする気がしない。こんなときは冷たい飲み物でも用意して、オシャレな本を読むのが「おとなの贅沢」というものであろう。

よし、セッティングはしたぞ。で、選んだ本はこれ。ベストセラーにもなっている五木寛之&塩野七生の対談集『おとな二人の午後』である。気にはなっていたのだが、もっと暑くなっても寒くなっても困るので、電車などで開くのは敬遠していた物件である。

結論からいうと、非常に勉強になりました。服、靴、カバン、宝飾品から、ワイン、芸術、政治、宗教、教育まで話題は豊富。遺跡をバックに塩野さんが得意の古代ローマ史を講義する場面もあれば、五木さんが得意のロシア文学や蓮如についてひとくさりやる場面もある。

でも、これは避暑向きの、つまり会話の内容を楽しむための本ではない。むしろ「おとなの会話」の仕方を学ぶマナーブック、その実例集と私は見た。

さあ、われわれも、この本で「おとなっぽい会話」の妙手を目指そう。ポイントは3つ。

●ポイント1・セクシーな比喩を駆使しよう。

五木〈イタリアの靴は、靴を履いたり脱いだりするときに、ほんとにセクシーな快楽があるんですよ〉〈女性の微妙な部分に裸足でふれてるような（笑）〉

塩野〈私は洋服だってね、セックスと同様の快感があると思うんだけど〉

五木〈だから、おしゃれというのは不倫と似てる（笑）〉

たかだか靴や服の話でこれである。赤面しちゃってとてもいえません、若造には。

●ポイント2・互いを臆面もなく誉めちぎろう。

塩野〈五木さんのすごいところは、なんていうか、五木さんは時代とともに寝たっていう感じ

がするのよね〉
五木〈塩野さんの文章って、なにを書いても、すごくセクシーなところがある。共産党を書いても、あなたの場合は論理の構造自体がセクシー〉
あなたはセクシーだ、あなたこそセクシーだ、と誉めちぎるのがコツである。
●ポイント3・自分は異邦人だとPRしよう。
塩野〈私は日本人のくせして三十何年も外国にいて（略）アウトサイダーなんですよ〉
五木〈自分は生まれながらの難民だという（意識がある）〉
これだけバブリーな会話をやっておいて、自分は異邦人だ、アウトサイダーだ、在日日本人だもないものだが（異端どころか、おふたりは本流も本流。日本が誇る大ベストセラー作家なんですから）、自分は日本の水に馴染まないとさりげなくアピールするのが、粋なおとなというものである。なにせ本書の副題は「異邦人対談」だ。
こうしてみると、「おとな」って叶姉妹みたいやな。活字でよかった。どこぞのカフェで、初老の男女がこんな会話をかわしていたら、まじまじと顔を見ちゃうところであった。
あーあ、遊んでないで、仕事しよーっと。
（S／00・8・4）

『今日からできる　なりたい自分になる100の方法』
中山庸子

（幻冬舎・1999年11月・1300円／幻冬舎文庫・2003年1月・533円）

魔法グッズで変身を試みる大人版「ひみつのアッコちゃん」

『今日からできる　なりたい自分になる100の方法』という本がミリオンセラーになっているらしい。帯のキャッチコピーが、オドしがきいててステキである。〈21世紀を『このままの自分』で迎えるのですか？〉〈変わりたい女性たちの間で静かなブーム！　すぐに始められる100の方法が確実にあなたを変えていく！〉

そっか、みんな「変わりたい」んだ。てことは、あれでしょうか、この本は大人の女性のための「ひみつのアッコちゃん」なんでしょうか。いや、そうにちがいない。

1から100まである「方法」のうちの、1は〈「なりたい自分になる」と強く決意する〉で、2は〈「なりたい自分」の姿を書き出す〉である。

〈ここで肝心なのは、それ（なりたい自分のイメージ）を書きとめておくためのノート。期間限定、1年後の自分のための最初の投資ですから、ケチらないこと。このノートをケチると、1年後の自分もチープになりかねないので、「こういうノートが欲しかったんだ」と感激できる好みのものを用意して下さい〉

このノートとはつまり「ひみつのアッコちゃん」が持ってる魔法のコンパクトみたいなもので

あろう。コンパクトをパカッと開けて「テクマクマヤコン！」と呪文を唱えれば「なりたい自分」に変身できる、あの魔法グッズである。ノートだけじゃないぞ。ここぞという場面になると、この本には必ず「魔法グッズの効用」が出てくるのだ。

「お金の使い方が上手になる方法」では〈思い切って「お財布を新しく」しましょう。そして、ここで「お金と、よりうまく付き合える自分になる！」と決心するのです〉。

「仕事のできる女になる方法」では〈スケジュール帳は、あなたの私設秘書です。だから、できるだけ上等な「誰に見られても恥ずかしくない」優秀な秘書を採用して下さい〉。

ノートに書き出す、財布は上等なものを使う、上等なスケジュール帳を採用する。

「書き出す」「使う」「採用する」という動詞が用いられているように、どこにも「買え」とは書かれていない。でも結局買うわけですよ、ノートや財布や手帳を。

上等な財布は無駄遣いから足を洗う第一歩だし、上等な手帳は「できる女」への第一歩。この第一歩は「買う」だけだから、めちゃくちゃ楽だし、明日にでもできる。

さよう、女の人はみんな変身がしたいのだ。おもちゃ売り場で魔法グッズを買ってくれとせがんだ過去が忘れられないのである。思えば、この本自体が「買う」だけですむ魔法グッズである。おそるべしアッコちゃん。


（S／00・9・1）

『こんな男とつきあってはいけない』

（アスペクト・2001年3月・1600円）

ゲイリー・S・オーミラー＋
ダニエル・A・ゴールドファーブ著、永井二菜訳

FBI捜査官が教えるアンチ恋愛指南書の隠れた本音

いい男の見つけ方、恋人のつなぎとめ方を説いた恋愛指南書はゴマンとあるが、こういう本は珍しい。ダメ男の見分け方、恋人との上手な別れ方を伝授するアンチ恋愛本だ。

『こんな男とつきあってはいけない』。著者のふたりはともにFBI行動科学課の常任コンサルタントで、犯罪心理学協会会長も歴任したという人物。名前から判断すると、おふた方とも男性のようだが、さて米国のおじさまコンビのアイディアは使えるか。

目次が笑える。訳者と編集者の功績かもしれない。サブタイトルにもある「あなたを不幸にする25タイプ」のネーミングを見ただけで、どんな男かわかっちゃうのだ。Mr.ホラふき、Mr.ルーズ、Mr.知ったかぶり、Mr.不眠不休、Mr.舌先三寸、Mr.パラサイト、Mr.バイアグラ、Mr.バイオレンス……。相手を知るための性格診断テストもついていて、きわめて親切。

がしかし、感心したのはそこまでである。この本、なにか釈然としないのだ。

●理由その1・男のタイプが多すぎる。

25もタイプがあれば当然だが、どのタイプにも該当しない男がいるだろうか。

●理由その2・女ゴコロがわかってない。

仮に25のタイプのどれにも該当しない男がいたとして、問題はそんなやつが魅力的かだ。おじさまコンビ、わかってない。女のコはね、男のダメなとこ、困ったとこ、ワルいところに惹かれるのよ。「あなたを不幸にする」というけれど「なんであんな男を好きになっちゃったのかしら」と嘆くために彼女は恋愛に走るのだ。FBIでは教わらなかったのだろうか。

●理由その3・ダメ男に甘すぎる

肝心の「上手に別れるためのポイント」がいただけない。

〈ホラふき男を糾弾する女性は後を絶たないが、それは大きな間違い。言葉は少ないほどいい〉〈Mr.ホラふきとの別れ方〉。〈非難の言葉は絶対に口にしないこと。自分を責めても、相手を責めてもダメ〉〈Mr.独占欲との別れ方〉。〈別れ話は手短に切り上げるのが正解だ。「私は（略）あなたにふさわしくない」という点を強調すること〉〈Mr.ナルシストとの別れ方〉。

別れる男の前で、なぜそんなにしおらしくしなくちゃいけないのよ。敵が半年くらい立ち直れないダメージの与え方、それでいて彼が自殺したりストーカーに転じる危険を回避できる痛めつけ方、なおかつ自分のプライドが傷つかずにすむ報復の仕方を教えてよ。

でも、そっか、よっくわかりました。この本は心理分析のプロというより「Mr.父親」の立場で書かれたアンチ恋愛本なのだ。『こんな男とつきあってはいけない』とかいっているけど「Mr.父親」の本音はこれだろう。「男とつきあってはいけない」。

（S／01・4・27）

『ダジャレ練習帳』多治家礼

（ハルキブックス・2001年4月・781円）

「湘南ですか、はいショウナンです」。中年のビョーキだっチュウネン

その名も『ダジャレ練習帳』。〈全国民必携・前代未聞のダジャレ教科書!!〉である。

本気なのか冗談なのかわからないのが不気味だが、本書のすさまじさは物量にある。「プライベート編」「ビジネス編」「スクール編」「冠婚葬祭編」と4つのパート、21のシーン別に、1000個以上の例文が怒濤のごとく押し寄せてくるのだ。

▼国内旅行におけるダジャレ……湘南ですか、はいショウナンです
▼告白におけるダジャレ……このダイヤを受け取ってちょうダイヤ
▼祝宴におけるダジャレ……晩餐会に来るのは、みんなバアサンかい!!
▼会議におけるダジャレ……会議の資料がない。どうシリョー
▼社員旅行におけるダジャレ……慰安旅行なのに、イア〜ン
▼予備校におけるダジャレ……模試って、モシかして今日なの？
▼ガソリンスタンドにおけるダジャレ……洗車は私にまかセンシャい

世の中に「しょうもない本」はいろいろあれど、ある意味、これほどしょうもない本はありショウモない。どんな職場にも、なぜかひとりは必ずいる（本当に必ずひとりはいるのである）ダジャレ好き人間。それが必ず中年の男性であるのは、なぜだっチュウネン。

かくいう私も昔ダジャレにハマッたことはある。一度頭がダジャレ工場と化すと、放っておいても脳が勝手にダジャレの山を製造し、30分に一度くらいの割で出荷せずにいられなくなるのである。でも、それ、小学生のころの話だからね。ダジャレをいっていいのはプロの芸人さんと子どもだけ。ドシロウトの下手なダジャレを聞かされて、どうシロウトいうのさ。

という観点からすると、この本の問題点は例文よりも能書きかも。

〈脳味噌を柔らかく解きほぐす効果があるのがダジャレなのです〉（「まえがき」）

本人はそうだろうけど、コミュニケーションの問題としてはどんなモンダイ？

〈家庭の中でなにげなくダジャレを言うことで、家族の中に温かな笑いが生まれ、「いやねえ○○ったら」という、まるでテレビのホームドラマのような一幕を作ることができるのです〉

こんな話を素直に信用はシンヨウに。

ダジャレは一種の生活習慣病。患者が中年に多いのは、ホルモンだかの加減で中年すぎると何かを抑制する力が弱るのが原因ではないか。つまり場の空気を読めなくなる。会話は中断される、座は白ける、そのくせ周囲に笑いは強要する。ダジャレ人間、これ以上はいらなイジョー。

（S／01・6・8）

『女は男のどこを見ているか』岩月謙司
（ちくま新書・2002年9月・720円）

意味不明なキーワード満載の恋愛論？　人生論？　新宗教？

男が女を選ぶのじゃなく、女が男を選ぶ時代になったのか。男性向けの恋愛指南書が流行中だ。ベストセラー・ランキング新書部門のトップを独走中の岩月謙司[*1]『女は男のどこを見ているか』もその口だろう。〈女性が求める「いい男」とはどんな男なのか、女性は男性のどこを見ているのか、彼女たちは男性に何を期待しているのか、そして男性が「いい男」になるためには具体的に何をすればいいのか〉をレクチャーしてくれるというから、期待大。

でも、でもでもでも、だ。混乱のあまり私はめまいを起こしそうになった。これは相当に難解、というかヘンな本なのだ。難解さ（ヘンさ）のほとんどはキーワードの難解さ（ヘンさ）に由来する。本書のキーワードは〈智恵と勇気〉〈「幸せ恐怖症」〉〈英雄体験〉。

〈男性は英雄体験を通して智恵と勇気を獲得し、その智恵と勇気でもって、女性にかけられた〈幸せ恐怖症という〉呪いをとくのです。人はそうやって幸せになっていくのです〉

女は「白雪姫」と同じで、智恵と勇気を持った男に呪いをとかれてはじめて幸せになれるという。古めかしさは棚に上げるとしても、わからないのは「幸せ恐怖症」の正体である。著者によれば、女性には母親よりも幸せになってはいけないという気持ちがあり、それゆえ幸せを回避する不可解な行動に出てしまうというのだが……。実感薄し。そうなの？　ねえ。

百歩譲ってそこまでは認めるとしても、さらにわからないのは「英雄体験」の正体である。著者によれば、英雄体験を経て智恵と勇気を獲得した例は「スタンド・バイ・ミー」や「スター・ウォーズ」のルーク・スカイウォーカーにあるというのだが、映画の登場人物ではない現実の男たちはどうやって「英雄体験」をすればいいのか。それでいいわけ？ ねえ。

でもまだ前半はよい。後半はもっとシュールだ。

キーワードからして〈宇宙の法則〉〈魂をきれいにする〉〈陰徳を積む〉。〈私たちの体は宇宙と同じ法則で動いています。私たちの心もまた、宇宙と同じ法則で動いています〉〈いい男になるには、それだけでは足りません。今度は魂をきれいにする作業が必要です。／そこで、次のステップは「陰徳を積む」、ということです〉

本当に恋愛論？ じゃなくって人生論？ それとも自己啓発本？ もしかして新宗教？ もう泣きそう。[*2] 現実性なし、具体例なし、頭を抱え込むばかりである。しかし、ひとつだけわかったことがある。「女はこんな本を読むような男をそもそも見ちゃいない」。これだったら中谷彰宏や秋元康の即物的な恋愛論のほうが100倍くらい役に立つ。

（A／03・1・27）

＊1　2005年6月現在の発行部数は21万部。

＊2　斎藤、そうとう混乱してます。この本はほんとに驚きの物件だったのだ。人生のワースト5に入れてもよいほどで、驚愕のあまり何人もの友人に薦めてしまったほどである。なお、岩月教授は2004年12月、「準強制わいせつ罪」の容疑で逮捕された。

『嘘つき男と泣き虫女』

アラン・ピーズ＋バーバラ・ピーズ著、藤井留美訳

（主婦の友社・２００３年３月・１６００円／主婦の友文庫・２００４年４月・６６７円）

トイレの便座を下げない男の癖は「狩猟生活」のなごりだった！

表紙のイラストを見ただけで気づいた人も少なくないだろう。驚異のベストセラー『話を聞かない男、地図が読めない女』（主婦の友文庫）の続編である。前著は世界中で７００万部を売ったというが、うち２００万部は日本で売れたというのだから、なんというかかんというか。そんなわけで、『嘘つき男と泣き虫女』も堂々のベストセラー入り[*]である。

これもまたも、前著同様、男脳と女脳のちがいから互いの行動様式を見きわめようと誘う本だが、今度のは「男性研究」に近いかな。たとえば、女性読者の手紙をもとに「女をいらだたせる男の行動」を集めると、次の７つに集約できるという。

①どうして男は、何にでも解決策を出してアドバイスしたがるの？
②どうして男は、リモコンでせわしなくチャンネルを変えるの？
③どうして男は、道に迷っても素直にたずねられないの？
④どうして男は、トイレの便座を上げたままなの？
⑤どうして男は、女の買い物に付きあいたがらないの？
⑥どうして男は、ところかまわずおならをするの？

⑦どうして男は、下品なジョークが好きなの？

これが男の行動のコアなのか……。トイレの便座なんて単にしつけの問題では？　だが著者は、ひるまずその理由を「男の脳の配線」から説明するのである。

〈男はもともと狩猟者であり、動きまわる獲物を倒し、みんなに食べさせることで人類の生存に貢献してきた。獲物だけでなく、食べ物をかすめとったり、家族を脅かす敵を倒すときも、ねらいを正確に定めなくてはならない。こうして男の脳は「視覚・空間」領域が発達した。／標的を正確にねらいうちすることと、問題を解決すること。男の存在理由はその二つに尽きる〉

テレビのチャンネルをひっきりなしに変えるのは〈はるか昔、狩りを終えてねぐらに戻ってきた男たちは、腰をおろしてたき火の炎をじっと見つめていた〉なごり。道を尋ねられないのは狩猟者として〈敗者だと認めるのに等しい〉から。便座を上げっぱなしにするのは〈やぶのなかですませたり、何かを的にしてすませていた〉癖を受けついでいるから。

男はかつて狩猟者だったという話から、「こうして」のひと言で脳の配線とやらに一気に論理を飛躍させる論法は健在なり。懲りませんねえ、この人たちは。

でもさ、農耕民族である日本の男に「狩猟者の血」は薄いはずなんだよな。縄文時代の日本列島では、狩猟採集生活といっても、川でサケを突いたり、森でドングリを拾ったり、海辺で貝を掘ったりの平和的食糧調達法が主だった。民族別の脳のしくみはどうなってんのか。そこをハッキリさせていただきたい。

（A／03・3・3）

＊　２００５年６月現在の発行部数は単行本と文庫の総計で66万部である。

『朝《あした》には紅顔《こうがん》ありて』大谷光真
（角川書店・２００３年４月・１２００円）

法話本ブームの出版界をにらんだ伝統仏教の巻き返し

宗教音痴の日本人は宗教と聞くとネガティヴなイメージを抱きがち。だから、われわれは救われないのである。宗教こそ現代人に欠けていた要素だったのだ。

その証拠に、書籍の世界はもう何年も前から心が洗われる（にちがいない）小話を集めた「法話集」ばやりである。五木寛之氏の一連の本も高森顕徹氏の一連の本もベストセラー街道を驀進中＊。ただし、五木さんの本業は作家だし、高森さんは「浄土真宗親鸞会」というちょっとあやしげな宗教団体の会長である。ありがたさも、中くらいなり、法話集。

もしここにさらなる権威が参入したら……と思っていたら、ついに出ました真打ちが。大谷光真『朝には紅顔ありて』。発売1カ月で20万部突破といわれても驚くにはあたらない。なぜならこの方こそ、仏教界の権威中の権威だからだ。浄土真宗本願寺派の大ボス、西本願寺の第24代ご門主さまである。ありがたさも、一千倍なり、法話集。

音で聞くと「!!」な表題（コーガンて）は「朝に紅顔ありて、夕べには白骨となれる身なり」

〈朝は元気でも夕方には死んで骨になる。人間のはかなさを語った言葉〉から来ているそう。〈打算や物事への執着のない生き方を忘れてはいませんか?〉〈生きていて役に立たない人などいないのです〉〈むなしさを生むのは、単調な日々ではなく、凝り固まったこころです〉といった、目次だけではわからないけど、これをたとえ話、親鸞聖人らの言葉、眼施《げんせ》、和顔悦《わげんえつ》色施《じきせ》、言辞施《ごんじせ》、身施《しんせ》、心施《しんせ》、床座施《しょうざせ》、房舎施《ぼうしゃせ》（以上まとめて「無財の七施《しちせ》」）なんて専門用語つきでいわれれば説得力ひとしおである。もちろん、大きな文字で総ルビつき。

伝統仏教の巻き返しですね、これは。この場合のライバルは五木寛之氏でも高森顕徹氏でもなく、創価学会の池田大作氏、あるいは幸福の科学の大川隆法氏であろう。みんな無視しているけれど、ベストセラーの上位を常にキープしているのって、ほんとは両氏の本なのだ。新宗教のトップの本がそんなに売れているのに、伝統宗教が手をこまねいている法はない。

大谷光真氏は1945年生まれ、1977年に門主に就任。現世利益を退けてきた同派が最近では祈りを認めるようになったとも聞くし、一般書籍界に打って出ても勝算はありだろう。なにしろ浄土真宗本願寺派は、寺数1万を誇る国内最大の仏教教団である。このところの法話本ブームに加え、門信徒（浄土真宗では信者をそう呼ぶらしい）の購買力も見込めるし（公称1000万人）、教団の僧侶なら法話の虎の巻にも使えそうだし。

お家が浄土真宗の人、今年のお盆はご住職の法話に耳を傾けてみよう。この本で読んだ話に出会えるかも（ってなことといってるから救われないんでしょうか）。（A／03・6・9）

＊　五木寛之『大河の一滴』『運命の足音』（ともに幻冬舎文庫）、高森顕徹『光に向かって100の花束』『光に向かって心地よい果実』（ともに1万年堂出版）などのこと。

『魔法の杖』ジョージア・サバス著、鏡リュウジ監訳
（ソニー・マガジンズ・2002年6月・1800円）

パッと開けばそこに啓示が。本の格好をした「読む水晶珠」

もしも「1文字当たりの単価が高い本選手権」があったら、『魔法の杖』はかなりの上位に食い込むのではないかと思う。めちゃめちゃ厚い本だけど（約4センチ）、見開き当たりの文字数は、せいぜい15～50文字。しかし、だれも文句はいうまい。なぜって本書は「読む本」じゃないからだ。本書の使い方（読み方ではない）は以下の通り。

本を両手で持って深呼吸をする。↓精神を集中させ、イエスかノーで答えられるような質問を考える。↓ここだ、と思うところで本をパッと開く。↓そこにあるのが質問に対する答え。

それでは実際にやってみよう。あなたは明日、取引先との面倒な交渉を控えている。はたしてドジることなく大役を果たせるか否か。深呼吸をしてパッと本を開く。

〈戦車のカードが　逆境を乗り越えたあとの勝利を　意味しています〉

よっしゃー、気合いを入れて行こう。

あなたは恋愛のことで悩んでいる。恋人が最近よそよそしいのが気にかかる。はたしてふたりは将来、結婚できるのか否か。深呼吸して本をパッと開く。

〈テイーカップの底には鳥のかたちが——　外の世界に目を開きなさい〉

おおっと。こんな男（女）よりもっといい相手がいるってことかしら。

子どもでも使えるよ。明日は待ちに待った運動会。晴れるか否か。深呼吸してパッと本を開く。

〈剣のキングが出ました　ほかの誰かが決定権をもっています〉

そりゃそうか。お天気だもんね。

どんな質問を考えても、みごとなくらい「それらしい答え」が出てくるのが不思議なところ。どんな答えが出てきても、納得できるような気がするのが、また不思議なところだ。

考えてみれば当然である。そこにあるのはイエスともノーともとれる曖昧な言葉だけ。解釈権は読者にゆだねられているわけで、我田引水、融通無碍《むげ》、状況しだいでどうとでも解釈できるのである。ものはためし。質問をさっきとは逆のシチュエーションに変えてみよう。

あなたは今日、取引先との交渉に失敗した。失地回復できるか否か。

〈戦車のカードが　逆境を乗り越えたあとの勝利を　意味しています〉

そうかそうか、いまを乗り切ればなんとかなるのね。

あなたはとうとう恋人にフラれた。この先、新しい恋に巡り合えるか否か。

〈テイーカップの底には鳥のかたちが——　外の世界に目を開きなさい〉

よーし、元気を出して次を探そーっと。

ほーらね。どう転んでも「よい解釈」になるわけですよ。癒し、励まし、勇気百倍。このポジティブ・シンキングな姿勢こそ、本書の最大のポイントである。

この本は書物占い（ビブリオマンシー）の伝統を継承しているのだという。もともとは聖書を使った占いらしいが、ここでは8つの占い（占星術、タロット、紅茶占い、トランプ占い、ダイス占い、水晶珠占い、手相占い、霊感占い）をフィーチャーし、手軽さを強調する。いわば読む水晶珠。本の形はしてっけど、オモチャですから。おまちがいなく。

（A／03・6・16）

『ブタのいどころ』小泉吉宏

（メディアファクトリー・2003年5月・950円）

仏教系人生哲学本ここにきわまれり。ブタとブッタの掛けあい問答

ブタである。なんや知らんブタなのだ。

なぜブタに人生を学ばなければならないのか。そう考えるだけで人生の不条理を感じるワタシ。だけど売れているのだ、小泉吉宏『ブタのいどころ』。「シッタカブッタ」というブタを主役にした4コマ構成の人生まんが？　哲学まんが？　仏教まんが？　そんなやつです。

ブタのまんがだから「ブタまん」か。このブタ、もともとはダジャレだったのだと思う。シッ

タカブッタと並んで重要なのが「ブッタ」なるお釈迦さんみたいなキャラクターである。ブッタは仏陀、シッタカブッタは「知ったかぶった（やつ）」だよね。

にしてもこの本はテーマがすごい。目次には高尚な語がズラッと並ぶ。競争、理想、他人の目と自分、所有、嫉妬、痛み、鈍感、恐怖心、退屈、我を忘れる、愛とおしゃべり、自分を偽る、嘘、情報、知識、希望、努力1、努力2、自由、神、反省、集団と個人、目標、日々是好日。

なにかもう、ブヒブヒである。1テーマに4コマまんがが4つずつあり、この4つでちゃんと起承転結になる。特に4つめのまんがは、たいていシッタカブッタとブッタの哲学問答だ。

①シ「やっぱり勝ちたいですよぉ…」。ブ「負けるとどうなる?」

②シ「つらいです」。ブ「勝つとどうなる?」

③シ「うれしいです」。ブ「なんだ　勝つも負けるも変わらんじゃないか」

④黙りこむシッタカブッタ（以上「競争」）

もうひとつ、べつのまんがを見てみよう。

①シ「ボクは幸福だよ　なーんにも持ってないもん」

②ブ「だったら捨てちまいなよ」

③シ「何も持ってないのに何を捨てるの?」。ブ「じゃあ持ってりゃいいじゃないか」

④黙りこむシッタカブッタ。

さらに次のページでブッタがつぶやく。「そんな慢心持っていてどうする?」（以上「所有」）

心が救われます、ブヒブヒ。ベストセラー・ウォッチャーの私としては、こういう本（仏教系の人生哲学本）も見慣れちゃったのだが、ブタまんの歴史は意外に古く、発祥は10年前にさかのぼる。最初の１冊は１９９３年の『ブッタとシッタカブッタ』。いまやこのシリーズは、メディアファクトリーのドル箱といってもいいだろう。合計なんと１５０万部。こういう本はみな、競争するな、欲を捨てろと説くけれど、そういってる出版社が競い合って売れ筋の本を目指しているのが不思議といえば不思議。それを競い合って買ってる読者も不可解といえば不可解。

①シ「哲学の本をいっぱい読みました」

②シ「愛や人生についての本もいっぱいいっぱい読みました」。ブ「それなのに悩みにふりまわされているとと…」

③シ「はい…」。ブ「知識をちゃんと知恵に生まれ変わらせたかい？」

④黙りこむシッタカブッタ（以上「知識」）

その前に知識を習得する本を読んだのかい？　君がいう「哲学」や「愛」や「人生」はああゆう本やあゆう本のことではないのかい、ブヒブヒ。ブタまん片手に黙りこむ私であった。

（A／03・6・23）

『百寺巡礼』 五木寛之
『五木寛之の百寺巡礼　ガイド版』 五木寛之監修、講談社学芸局編
（講談社・2003年6月〜・各1500円）

随筆と旅行ガイドの両面攻めで「仏教とカレーうどん」の関係を考える

秋たけなわ。紅葉狩りにでも出かけたいところだが、そんな時間はないという方にこんな本。『百寺巡礼』。「第一巻奈良」に続き、もっか「第二巻北陸」が発売中だ。

『大河の一滴』『人生の目的』『運命の足音』（いずれも幻冬舎文庫）と、人々に心の旅を説いてきた作家がツアコンとなり、こんどは寺々を訪ねる旅に読者をいざなおうというのである。

紀行文または随筆かくあるべし、な書き出しからして旅情たっぷり。〈その日、能登《のと》の海は荒れていた。鳳至郡門前町《ふげしぐんもんぜんまち》の辺りから外浦《そとうら》の海岸ぞいを歩く。しばらくして道を折れると、静かな山里のなかに目印となる大きな茅葺《かやぶ》きの屋根が見えてきた〉

おおお、名文じゃないですか。寺々の由来やゆかりの人物の話や著者の回想などがこの後に続くのだが、特に「五木寛之らしい」のはこんな箇所だろう。

社会科学習の一環で坐禅を組む中学生たちを見て。〈その後ろすがたが非常に印象的だった。こんなふうにして、日本の禅のこころが若い世代に受け継がれていくのだな、と思う〉。

そして、もうひと言。〈子供が親を殺したり、子供が子供を殺したり、集団自殺をしたり、といった茫然と言葉を失ってしまうような事件が次々に起きている。（略）／そんな子供たちに、

あの中学生のような坐禅体験の時間があれば、と思わずにはいられない〉。

寺や仏をただただ眺めるのではないんです。青少年問題を考えたりするんです。サッバッたる世をお嘆きであろう善男善女のツボ、押さえまくりだ。

もっとも実際に旅に出るのなら、これ1冊では足りない。そこで姉妹書の『五木寛之の百寺巡礼　ガイド版』もどうぞ、という仕掛けである。こちらはオールカラーの旅行ガイドで、美しい寺の写真、境内マップ、詳しい解説などで構成。作家の文章はないかわり（ただし写真には境内にたたずむ五木寛之つき）、ブルーガイドにも「るるぶ」にもないコラムもある。「五木さんのおすすめスポット」。ついでに足をのばすといい観光名所や店のガイドだ。

休日には長蛇の列ができる人気うどん店の紹介を「ガイド版」から拾ってみると。〈その客のほとんどが注文するのはカレーうどん八〇〇円。本書の姉妹書『百寺巡礼・第二巻北陸』で、五木さんが瑞龍《ずいりゅう》寺の帰りに食べたというカレーうどんがこれである〉

そして、こちらが「姉妹書」の随筆に出てくる文章。〈インドに端を発する仏教が、日本という島国のあらゆる場所でお寺を存続させていることを思うと、カレーとうどんが絶妙な味わいをかもし出すのもむべなるかな、と言いたいところだ〉

五木寛之、仏教とカレーうどんの関係について思索する……。ホンマかいな。

出版、映像、寺院、旅行業界まで巻き込んだマルチな企画。本についている応募券2枚（2冊分）と切手を送れば、特製の集印帳（スタンプ帳）ももらえます。カンペキです（何が）。

『東京ご利益散歩　七福神巡り』畑中三応子

（平凡社・2003年12月・952円）

（A／03・11・17）

六本木ヒルズも素通りする、ばあさん気分満載の裏路地「東京物語」

東京はいま再開発の真っ最中だ。景観の変貌ぶりはバブル期もしのぐほど。私の仕事場に近い渋谷の散歩コースからも、六本木ヒルズ内に立つボージャクブジンな54階建てのビルにはばまれて、東京タワーが見えなくなってしまった。

当然、東京見物（死語？）のおすすめスポットも変化した。小津安二郎の映画「東京物語」の中で原節子が夫の両親を案内していったのは銀座のデパートや上野の寺だった。それがいまでは、お台場、六本木ヒルズ、汐留《しおどめ》シオサイト？　ケッ、しゃらくせえ。

と思っているヘソ曲がりのあなたに、こんな東京ガイドをすすめよう。『東京ご利益散歩　七福神巡り』。七福神巡りとは七福神（恵比寿、大黒天、毘沙門天、弁財天、寿老人、福禄寿、布袋）をまつった7つのお寺や神社を巡る散歩コースのこと。

原節子どころの騒ぎではない。このコース、発明されたのは文化文政時代というから、歴史だけは古いのだ。お正月の間は御朱印（スタンプ）を押してくれたり、人形をくれたりする。いわば元祖スタンプラリー、ないし元祖オマケ集めである。その七福神巡りのコースをイラストマップと解説つきで紹介したのがこの本で、下町から山手まで全13コースが載っている。

ふつうの東京ガイドとは微妙にちがった場所や豆知識がおもしろい。〈縁日にはマタニティ下着や産着が山積みの露店が立つ。ここだけは少子化社会もどこ吹く風だ〉（水天宮／日本橋七福神）。〈琵琶《びわ》を高くかかげた弁財天は、弦を押さえてつま弾く指先がリアルで、ミュージシャン風だ〉（東覚寺／亀戸七福神）。〈『美少女戦士セーラームーン』に出てくるレイちゃんはこの神社の巫女《みこ》という設定だったので、人気がピークのときはファンが大挙して詰めかけたそうだ〉（氷川神社／港七福神）。

年寄りくさい散歩コースを若者むけにアピールしようと著者も必死だ。

六本木ヒルズも、さりげなくだが登場する。〈櫻田神社をあとにして、六本木ヒルズに足を踏み入れると、江戸からいきなり未来都市に時間旅行したような気分。新しくつくられた道路、「けやき坂」のブランドショップでも眺めながら、六本木駅まで帰ろう〉（港七福神）。

眺めるだけで素通りである。本書が素通りせずに寄り道するのは、カフェでもレストランでもなく、レトロな商店街の中にある、カレーパンだの串だんごだのを買い食いできる店。おみやげにどうぞとすすめられるのは、鼈甲《べっこう》の耳かきに、うぶ毛まで抜ける毛抜き。道草情報は満載なのに、小ジャレたスポットはこれまた横目で眺めるだけ。適度なビンボー感がたまらない。

帯には〈歩けば健康、祈って幸せ、集めて開運〉の文字。明治生まれのバアサンが、関東大震災後の再開発を目の前にしたときみたいな気分になれること請け合い。（A／04・1・12）

『みんなのたあ坊の菜根譚』辻信太郎

（サンリオ・2004年1月・750円）

修身のお子様ランチか離乳食か。原典は中国の人生論だって本当？

人生訓ブームもついにここまできたか、という感じである。『みんなのたあ坊の菜根譚《さいこんたん》』。副題は「今も昔も大切な100のことば」。サンリオのキャラクター「みんなのたあ坊」の絵とともに1ページにひとつずつ、訓示めいたものが印刷されている。

〈何かをしてもらったらありがとうといおう〉〈自分から道をゆずろう〉〈お金や地位より大切なことがある〉〈みんなとなかよくしよう〉

人生訓とも警句とも標語ともつかぬコピー。これに比べりゃ相田みつをは天才だし、ブタまんのほうがまだマシだったかも。似たような内容がくりかえし出てくるのもどうなのか。〈人のきもちの痛みをわかってあげる〉〈相手のきもちになって考えてみよう〉〈いつも人を思いやるやさしさをもとう〉〈人の意見も尊重しよう〉

人のきもちを考えるなら「おなじことを何度もいうのはやめよう」だべさ。

そもそも「菜根譚」とは何なのか。中国明王朝の学者・洪自誠《こうじせい》が〈儒教・道教・仏教の教えの中から、「人は如何《いか》にして生きるべきか」を人々に話し聞かせるために、『菜根譚』という書物にまとめ上げました〉とここでは説明されているけれど、元祖『菜根譚』にも〈何かをしてもらったらありがとうといおう〉とか書いてあるのか。

これも何かの縁である。今井宇三郎訳注『菜根譚』（岩波文庫）と中村璋八＋石川力山訳注『菜根譚』（講談社学術文庫）に当たってみた。

全然ちがった。元は漢文で、たとえば〈父慈子孝、兄友弟恭〉。これを「たあ坊」流に訳すと〈お父さんお母さんを大切にしよう〉〈きょうだいは助けあってなかよくしよう〉になるというのだが、原典には、さらにその先があるのだ（引用は岩波文庫版）。

〈父は慈に子は孝に、兄は友に弟は恭に、縦《たと》い極処に做《な》し到るも、倶《とも》に是れ合当《まさ》の此《かく》の如くなるべく、一毫の感激的の念頭を着け得ず。如《も》し施す者は徳に任じ、受くる者は恩を懐《おも》わば、便ち是れ路人、便ち市道と成らん〉。その意味するところは〈父は子に慈に子は父に孝に、兄は弟に友愛の情を尽くし弟は兄に恭敬の道を尽くす。これらのことを、たとえ理想的な程度にまで行なえたとしても、それは肉親として当然なことで、少しも恩着せがましい心を持つには当たらない。もし施す方で施した恩恵を意識し、受けた方で受けた恩恵を意識したら、それは全くあかの他人で、利益を取り引きする仲になってしまう〉。

趣旨をくむなら「お父さんお母さんを大切にしようとはいちいちいわない」であろう。

こんなお子さまランチみたいな本に目くじらを立てるなといわれそうだけど、だったら『菜根譚』をカタるなよって話である。「菜根のように堅くて筋が多いものをかみしめてこそ真の味わいがわかる」が『菜根譚』の語源という。それをミキサーにかけ、布巾で漉《こ》し、混ぜものをして（元祖『菜根譚』から取った訓示は2割程度という）、本と同じ絵と文言を印刷したシールのオマケまでつける。原本の痕跡はまったくなし。まるで修身の離乳食。しかもこれ、大人にも好評なんだって。ああ、脳細胞までミキサーにかけられそう。（A／04・4・5）

『妻をみなおす』小嵐九八郎

（ちくま新書・2004年3月・720円）

罵詈雑言？　女性賛美？　わけのわからぬ女性論

小嵐九八郎『妻をみなおす』を閉じてから、これは電車の中では読まないほうがいい本だなと思った。電車の中で読めない本とはふつう、声を出して笑ってしまいそうな本を指す。でも、これは逆。体調の悪い人は吐きます、きっと。ひどいことをいっている？　いいのよ、このくらいいってやっても。そういって欲しくて書かれた本にちがいないんだから。

章タイトルを見るだけでも意図は明々白々だ。第1章「醜い女たち」、第2章「女のどこが醜いのか」、第3章「こういう女とはつき合いたくない」……。

まず、世の女たちへの罵詈雑言《ばりぞうごん》から本書ははじまる。〈私は、喫茶店で執筆することが多いが、若い主婦が集まると、話は嚙み合わないとしても、子供の成績自慢、教師への異様な畏怖、居あわせない親の悪口のみである。何とさもしい心情であろう〉。このへんはただのウップン晴らしなので、まともにとりあわないほうがいい。

次にはじまるのは唐突なフェミニズム批判である。編集者に資料でもあてがわれたか、にわか勉強の痕跡がうかがえる。ただし、誤認・誤解が多く、しかも認識が古すぎる。ボーヴォワールなど持ち出して〈この後に続く〝フェミニスト〟は一旦、彼女から訣別すべきであろう〉と提言するが、ボーヴォワールなんかとはみな30年も前に訣別している。〈フェミニストは永田洋子《ながたひろこ》に口を噤《つぐ》んでいる〉というけれど、〈口を噤〉むどころか、70年代ウーマンリブの口火を切った田中美津は「永田洋子は私だ」と叫ぶことから出発したのだ。〈キャサリン・マッキノンと、アンドレア・ドウォーキンの二人が日本のフェミニズムに与えた影響は甚大で〉という認識も、どこから仕入れてきたんだろ。全然甚大ではないと思うけど。

まあでも、いいです、このくらいなら。本書の核心は後半の「女性賛美」の部分らしいのだ。これだけ罵倒しといて「〝いい女〟とは」（第四章）「妻をみなおす」（第五章）もないもんだが、著者が礼賛する女のリストは、聖母マリア、弟橘比売命《おとたちばなひめのみこと》、ジャンヌ・ダルク、ローザ・ルクセンブルク、小学生時代の担任、幼少時のお手伝いさん、文房具屋のお姉さん、小料理屋のママ、担当編集者、そして自分の母に妻。秀吉の妻ねねだクサンティッペだと、埋め草よろしく良妻悪妻名簿を列挙した終盤など、とっちらかっちゃって、もう目もあてられない。〈男は、女特有の非論理性、責任転嫁の感情依存主義、一人よがりの独善性、無反省の性に陥ってはは決してならない〉っていうけど、それはこの本のことだろう。

トンデモ本（略してト本）というのがあるけれど、これに名前をつけるならア本だな。アホのアではない。アルツハイマーのアでもない。あきれたのア、唖然のア。開いた口のア。

ちくま新書は、じつはア本の宝庫である。著者の評価を下げるのが目的としか思えぬ「人身御供コレクション」がそろっているのだ。それについてはまた次回。

（A／04・4・26）

『男が学ぶ「女脳」の医学』米山公啓

（ちくま新書・2003年11月・700円）

どこが医学なんですか？　A子とB子のそのちがい

トンデモ本、略してト本とは、と学会によれば、著者の無知、勘ちがい、非常識、大ボケなどゆえ、意図に反してギャグの域に達してしまったような本を指す。アキレタ本、略してア本はト本未満の物件。ギャグの域にも達していない点がちがう。

ア本の筆頭格は、これまで私にとって岩月謙司『女は男のどこを見ているか』だった（84ページ参照）。しかし、ちくま新書が提供するア本はこれ1冊にとどまらない。

前回とりあげた小嵐九八郎『妻をみなおす』が文科系のア本なら、米山公啓《きみひろ》『男が学ぶ「女脳」の医学』は理科系を装ったア本である。前2著に比べて強烈さではやや劣るが、これに対する感想はひと言ですむ。すなわち――どこが「医学」なんですか? 著者は神経内科のお医者さんらしいのだが、なぜこんな本が書けるのか理解に苦しむ。

「日刊ゲンダイ」連載のコラムに加筆したという本書は、よくある人間関係の指南書だ。各コラムの構成はほとんどどれも同じといっていい。

①問題提起　A子とB子という正反対の性格（または言動）の女を出す。

②理由づけ　ふたりの差を脳（または遺伝子またはホルモン）の働きの差から説明する。

③結論　だからこのように対処せよと提言する。

「理屈っぽい女、アバウトな女」と題された項を見てみよう。

①問題提起　〈世の中にはやたら理屈を言う女がいるものだ。葉子はその典型である〉〈マキの場合は、葉子とはずいぶん違う。机の上はいつも乱雑だし、料理を作るのは喜んでするが、後かたづけは苦手なタイプだ〉

②理由づけ　〈葉子のように理屈が優先するのは、分析的で論理思考が好きな左脳の働きが強い証拠である〉〈マキのような脳は右脳が優位になっていて、直感やカンにしたがって行動する〉

③結論　〈結婚に癒しを求めるなら、マキのような右脳型の女を選ぶべきだ〉

こんな調子で女同士を比較し（例「感じる女、鈍い女」）、男女を比較し（例「道をゆずらない女、待っている男」)、男同士も比較する(例「女を見下す男、崇める男」)。『話を聞かない男、地図が読めない女』の亜流というか、よくある疑似科学本の一種。もはや驚く気もしないが、以上から導ける結論はひとつしかなかろう。

女はいろいろ。男もいろいろ。

ちくま新書のア本は男女問題の分野で炸裂する。* 小谷野《こやの》敦『もてない男』に端を発する路線かもしれないが、水準は下がる一方だ。ちくま新書の信頼性だけでなく、これは筑摩書房の見識にもかかわる。いちいち列挙はしないが、ほかにも怪しげなタイトルがいっぱい。大丈夫か、筑摩。お医者さんに行ったほうがよくないか。

(A/04・5・3−10)

＊ ア本系ちくま新書の最新刊は、たとえば森岡正博『感じない男』。やがて『勃たない男』が出るぞと予言した友人もいた。だれか『懲りない男』という本を書いてくれ。

『斎藤一人の絶対成功する千回の法則』斎藤一人 (講談社・2003年5月・1500円)

日本一のお金持ちが教える「声に出すと儲かる日本語」

11億4849万円。2003年分の高額納税者番付で全国1位になった斎藤一人氏の所得納税額(所得総額ではない)である。1948年生まれの55歳。ダイエット食品「スリムドカン」の販売で知られる「銀座まるかん」の創業者で、93年以来11年連続でベストテン入り。昨03年度までの9年間に納めた国税は138億1910万円というから、累積納税額も歴代1位。わかりやすくいえば「日本一のお金持ち」である。

あやかりたい、って人がたぶん大勢いるのだろう。10万部を売った前著『変な人が書いた成功法則』（講談社＋α文庫）に続き、いま出ているのが『斎藤一人の絶対成功する千回の法則』。カバーには「金運大吉　金持札　札束万来」なんていう札もデザインされて、見るからにご利益がありそうだ。表題は「千の法則」ではない。「千回の法則」である。

〈この世の中には、「思っていることを何回も声に出していっていると叶ってしまう」という法則があります。／では、何回声に出せばいいのか。その数は千回なのです〉

なにやら〈古くから「千」という数字には不思議な力が秘められてい〉て、〈なんでも千回実行すると神様が力を貸してくれる〉ので〈「幸せだなあ」と千回いったころから、さまざまなチャンスが自然にやってくるようになります。これはもう、驚くほど当たり前のようにやってくるのです〉というのである。

究極のオプティミズム。人生論、幸福論は多々あれど、シンプルさではナンバーワンだ。「バランスの法則」（商売繁盛の知恵や金持ちになる方法はまわりの人に教えると3倍の見返りで返ってくる）、「加速の法則」（目標を決めたら紐で結んで引っ張ると、あっという間に達成できる）、「七八点の法則」（完璧主義を捨て78点が満点と思えば、常に22％の改善点があるから人間は進歩する〉など他の「法則」もあるものの、根はあくまでも「千回の法則」だ。

では何と声に出すのか。「われわれは修行するぞ」とかではもちろんない。〈「幸せだなあ」〉〈「やってやれないことはない。やらずにできるわけがない」〉〈「豊かだなあ」〉〈「ありがたいなあ」〉

同じく儲かっていそうな別の斎藤さんを、ふと連想した。本書はつまり「声に出して言いたい日本語」「声に出すと儲かる日本語」なのだ。しかしこれ、いうほど楽じゃねえぞ。「幸せだなあ」と声に出していうんだぞ。家で会社で電車の中でいえますか1000回も。だいいち1000回もどうやって数えるんだ。カウンターがいるじゃんか。とか思っていたら、お金持ちの斎藤さん、〈世の中をナナメに見て、嫌みなことばかりいっている人〉についてひと言。〈そんな人が商売で成功したり、幸せな人生を送れるはずがありません〉

そ、そうですか。いーや、あっしは貧乏でペシミストな斎藤で。

（A／04・6・7）

『スピリチュアル夢百科』江原啓之

（主婦と生活社・2004年5月・952円）

心霊業界のニューウェイブにかかれば、お祓いも「たましいのサプリメント」

世の中にはいろんなジャンルのカリスマが存在するのである。この方もそんなおひとり、江原啓之《ひろゆき》氏。1964年生まれで、職業は「スピリチュアル・カウンセラー」。
あやしげな匂いがぷんぷんするが、いまやテレビや女性誌でひっぱりだこ。ベストセラー『幸運を引きよせるスピリチュアル・ブック』（三笠書房）を筆頭に、『愛のスピリチュアル・バイブル』（集英社）『スピリチュアル生活12カ月』『江原啓之のスピリチュアル子育て』（ともに三笠書房）など、あらゆるジャンルを「スピリチュアル」に横断する。で、この方の新刊が「〝たましい〟を幸福に導く」との副題がついた『スピリチュアル夢百科』である。

睡眠に対する考え方がユニークである。江原さんによれば、世界は「神界」「霊界」「幽界」「現界」の階層に分かれている。幽界（あの世）は〈死後まもないたましいが過ごすところ〉だが、ふだんは現界（この世）にいる〈私たちのたましいも、睡眠中にここへ行っています〉。つまり〈睡眠中、私たちのたましいは肉体の束縛から解放され、生まれる前にいた世界、そして死後に再び帰る世界をのびのびと旅しているのです〉。

よって夢とは何かというと、〈睡眠中に里帰りする私たちのたましいは、単にエネルギー補給をしてくるだけではありません。実はあちらでさまざまな経験をしています。その「経験」が、これから明かしていく「夢」と深く関係しているのです〉。

フロイトも驚く新（珍）解釈。〈睡眠中は誰もが霊能力者に近くなる〉というんだから、寝るのが楽しみになるではないか。かくて夢にも3つのタイプがあるという。

①肉の夢。五感が受ける刺激からくる夢。布団をかけ忘れて寒冷地にいる夢を見るなど。

②魂の夢。日常の悩みやストレスが反映した夢。仕事に追われて試験の夢を見るなど。
③霊の夢。これこそが「霊体の里帰り」。故人との邂逅《かいこう》や予知夢がこれで、ありがたいメッセージだったりするんだって！
みんな勘ちがいしてるけど、心霊業とは、ある種のサービス産業なのである。その点、江原さんが優れたサービスマン＝ビジネスマンであるのはわかった。現代人にマッチした適度な理屈っぽさと、宗教色を排した押しつけがましくない態度。

特に注目すべきはカタカナづかいの技ね。スピリチュアルワールド、ガーディアンスピリット、スピリチュアルトリップ、スピリチュアルミーティング……。霊媒師でも霊能者でもなく「スピリチュアル・カウンセラー」を名乗り、お祓いやお守りも、氏にかかれば「たましいのサプリメント」になる。心霊業もリニューアルの時代。ポジションとしてはポスト宜保《ぎぼ》愛子。ただし、旧弊な「お祓い」ではもう客を呼べない。「心のエステ」感覚ですかね。

ただし、巻末についたオマケ「スピリチュアル夢のお守り札」に馬脚の影あり。枕に縫いつけろというのだが、そこに刺繍されている文字は「顕彰大神通力」（と読むらしい）。グッズの開発だけは遅れてるみたい。霊だからグッズ系は苦手なのだろう。（A／04・6・28）

3

暮らしの技術、お仕事の知恵

ハウトゥー本こそ究極の思想書ではないか、と私は思うことがある。

暮らしまわりの実用書、仕事のためのビジネス書。隣接ジャンルでは人間関係を乗りきるコミュニケーション本。こういう本は「心が慰められました」ではお商売にならない。現実生活の中で役に立って、はじめて価値を持つのである。

私は実用書のエディターをしていたから、この手の本にはけっこううるさい。「うるさい」には「きびしい」だけでなく「好きである」の意味も含まれる。世の中には実用書やハウトゥー本を低く見る人がいて、「ああいうのって読み捨てでしょ」みたいなことをイケシャアシャアというのだが、冗談はよしこさん。大層ぶった思想書などよりよっぽど高度な技術がいるんだからね、ああいう本をつくるのは。

しかしながら、近ごろ、この界隈も「なんでもござれ」になってきた。寓話のような顔をしたビジネス書。おばあちゃんの知恵袋ならぬ愚痴袋。銀座や祇園で出世の秘訣を学んだり、犬に和服の着付けを教わったり、ヤクザに交渉術を学んだり。結局「心が慰められました」で終わりかよ、みたいなのもあり。

ふと周囲を見れば、一億総中流の夢は去り、ひたひたと押し寄せる新たなる格差社会。現実が現実だから、せめて本の中では現実を忘れたい。それが現実かもしれないが。

『少ないモノでゆたかに暮らす』大原照子

（大和書房・1999年9月・1400円）

シンプルライフを実現するのはとっても簡単。すてきなお家を建てるだけ

自慢じゃないが、私の部屋はスゴイことになっている。「部屋が散らかってるコンテスト」があったらまちがいなく優勝である。あんまり買い物はしないほうなのに、それでも増殖するモノと本、モノと本。何かしようとするたびに、部屋中をひっかき回してモノ探し、本探し。

これではいかーん！　よっしゃ、根本的に暮らしを変えるぞ。

というわけで読んでみました、『少ないモノでゆたかに暮らす』。ベテラン料理研究家・大原照子さんがお書きになったベストセラーである。

この本の基本方針は、シンプルライフの実現のために中高年からのシングルライフを奨励している点である（いちばんの邪魔モノはそりゃ家族ですから）。「家族を捨てろ」とは奨励していないが、大原さんご自身の生き方は完全にそうだといっていい。

料理の仕事を中断。大学生の息子とも離れ、40代で英国に単身語学留学。ケンブリッジのフラットで知り合ったボーイフレンドたちとスコットランドへ1か月のキャンプに出かけてシンプルライフに目覚める。4年間の留学生活を終え、東京・青山の自宅に着くやいなや「家を建て替えたい」とひらめく。ビクトリア時代のファームハウスに似た理想の家を実現しようと、英国を再訪して計画を練り、ブリティッシュ・グリーンを基調にしたアンティークな家を建てる。

えーっと、英国に留学しないと部屋は片づかないのでしょうか。

ビクトリア時代のファームハウスを建てられない人はどうしたらいいのでしょうか。

なんて疑問を挟む余地もなく、話はどんどん先に進む。彼女はこの後、57歳で二度目の留学。帰国後、自宅で念願の英国アンティークショップを開くために、トラック2台分の食器・調理器具を処分して「ああ、すっきり」、処分する快感を覚えるのである。

さあ、ここまでくれば、あとは簡単だ。家具、食器、衣類などの不要品を定期的に点検しては処分するだけ。処分先？　あ、それはお友達やアシスタントさん、それに息子の妻が喜んで引き取ってくれますの。おかげで大原邸はいつもすっきり、ピッカピカ。

なるほど、たいへん参考になった。理想のシンプルライフを実現するには、英国風の家を建てるのがいちばんなのだ。「パンがないなら、お菓子をお食べ」じゃないけれど「モノで困っているなら、お家をお建て」の思想に近い。だけど、それだと表題がちがうわよね。「少ないモノと多くのカネでゆたかに暮らす」にしていただかないと。

大原先生の教えに従うなら、こういう本も即刻処分したほうがいいのかもしれない。古書店に売る？　資源回収に出す？「パンがないなら、お菓子をお食べ」の本なんだから、いっそギロチンにかけて裁断する？　ああん、悩みが増えちゃったよ。

（S／00・6・2）

『カツラーの秘密』小林信也

（草思社・2000年6月・1400円／新潮文庫・2004年4月・476円）

ハゲよりも業の深い男性用カツラ。笑いもひきつる一流メーカー告発の書

自慢じゃないが、私はハゲの経験者である。去年のいまごろ、鏡を見ると頭頂部に10円玉大のハゲができていた。「これが噂に聞く円形脱毛症というものか」と感心したのもつかの間、10円玉はみるみる500円玉に成長。運よく半年後には復旧したものの、もしあれが、アマゾンの森林伐採よろしくその後も進行を続けたら、森林保護を考えたかもねえ。

というわけで、私はハゲ関係の本に深い親近感を抱いているのである。

だから当然、こういう本も読むわけですね。『カツラーの秘密』。これはハゲよりさらに業が深い男性用カツラの本である。カツラーとはカツラの愛用者に著者が与えた愛称。著者の小林信也さんは、スポーツライターにして、28歳から15年間カツラをつけているベテラン・カツラーである。本書は一般的には「その間の体験を綴った涙と笑いの書」ってな紹介の仕方になるのだろうが、いやいや笑いごとではありませんでした、私には。

著者がカツラーになったのは、広告でおなじみの育毛相談がきっかけだった。やってきたのは「アドバイザー」という名のセールスマン。ここで3枚100万円のカツラを注文させられてしまったところから、悲劇（外野から見れば喜劇）がはじまる。

新幹線で居眠りできない（背もたれに頭がこすれてカツラがずれる）。野球もゴルフも楽しめ

ない（帽子が脱げるとカツラもいっしょに脱げそうになる）。風と水は最大の敵だから、地下鉄の駅もオープンカーも温泉もサウナも恐怖の対象。カツラがズレないか、浮かないか、バレないかと年中ビクビクしながら、トイレに駆け込んでは頭を直す日々。

読んでるぶんには爆笑するが、マジで考えると、これ、けっこう本気の企業告発本ですよ。誇大広告、欠陥商品、加えてユーザーの弱みにつけ込んだ悪徳商法。この情報が知れわたったら、メーカーの信用はたちまち失墜するにちがいない。

〈開かれた情報がないために、大手のカツラを〝いま手に入る最高の製品〟と信じて買い求める、不便を感じながらも使いつづける。けっして最良でないカツラに多額のお金を支払い、不自由なカツラ人生を送るのが日本の〝カツラー〟の現状〉なのだ。

小林さんご自身は理想のカツラに巡り合い、最後はめでたしめでたしとなるものの、情報の届いていないプレカツラーも多いはず。ちなみに彼がひどい目にあったのは、あのAD社のカツラである。一流ブランドだからといって安心できないことは、雪印の件[*]でも証明済みだ。

牛乳は生活に不可欠だけど、あなたの生活にカツラは関係ない？　そんなことないってば。バレバレのカツラの人は、周囲の人もハラハラさせる。AD社、AN社にとっては黄色ブドウ球菌みたいな本でしょう。

（S／00・7・28）

＊　雪印乳業の信用が失墜、雪印製品が店頭から消えるキッカケとなったのは、2000年6月、低脂肪牛乳の製造ラインで見つかった黄色ブドウ球菌による食中毒事件だった。

『自然のしごとがわかる本』永田さち子＋沼澤将夫（山と溪谷社・2000年7月・1600円）

未知数のプレビジネスをとるか、落日の第一次産業をとるか

これだけ「田舎暮らし」に憧れる人が多いのだ。こんな本が出るのも道理ではある。『自然のしごとがわかる本*』。「天職、見つけませんか?」を合言葉に、自然とかかわる仕事全70種を紹介した異色のガイドブックである。

就職ガイドではないと断っているものの、収入・注目度・安定性・ニーズ・体力・知識の6項目にわたるポイント評価をつけ、問い合わせの連絡先も入って至れり尽くせり。

しかし、いろんな仕事があるものですね。森林インストラクター、パークレンジャー、インタープリター、ログビルダー、ライフセーバー、イルカのトレーナー、ビオトープ管理士、リバーアクティビティのインストラクター、エコツアーガイド、地域エスコーター……。職種名を聞いただけでは、どんな仕事か想像できないものもある。

インタープリターは通訳ではなく〈自然が持っているメッセージを言葉にして伝える人〉。ビオトープ管理士は〈都市空間に、生き物と共生できる場所を創造する〉仕事。地域エスコーターは〈地方の〝元気〟を形にして発信する、地域まるごと案内人〉だそうだ。一見インチキ臭そうに思える職業でも、これで案外、資格試験があったりするのである。

とはいえ、それより何よりこの本が興味深いのは、右のような新興のカタカナ職業とともに、

伝統的な農林水産業が紹介されている点だろう。〈未来の森を守り、育てる仕事〉である林業。〈世界の海を相手に、ガンガン稼ぎまくれ！〉の遠洋漁業。〈豪快さでは、ほかにかなうものなし！〉の近海カツオ一本釣り。〈誰もが目指すポピュラーな農業〉の野菜栽培。〈ほかの作物とうまく組み合わせて収入の安定を〉の稲作農業。

そういうことか。自然にかかわる仕事とは、要するに2種類しかないのである。①まだ生業としてやってけるかどうかわからない夜明け前のお仕事と、②産業構造が変化して、いまや爺さん婆さんしか残ってないような落日の産業と。

後継者不足に悩む第一次産業に、希望に燃えた若者が参入して成功できるなら、そりゃいいよ。でも、それらがなぜ廃れたのかを考えると……ねえ。

この本の思想は〈たとえ収入が少なくても、寒さや暑さが厳しくても、お金では買うことができない、いい顔を手に入れた人たちの姿は、本当にやりたいことを見つけられない私たちに、大きな励ましを与えてくれたように思います〉に尽きている。

気持ちはわかるが、自然に近い仕事はジョブじゃなくてワークである、って考え方は都会人の幻想以外の何ものでもなかろう。産業の空洞化がいわれる今日、農林水産業に続いてヤバくなりかけているのは製造業である。次には町工場を紹介する『ものづくりのしごとがわかる本』なんてのが出てくるのだろうか。

（S／00・9・8）

＊　この本は後に改訂され、2003年には94種の職種を集めた『新・自然のしごとがわかる

本』として出版された。なお、職業案内の本としては、自然にかかわる仕事も、ものづくりの仕事もすべてぶち込んだ『13歳のハローワーク』（328ページ参照）が2004年にヒット。職業ガイドは思わぬ鉱脈だったらしい。

『あのころ、今、これから…』鮫島純子

（小学館・2000年9月・1600円）

マゾヒスティックな快感が味わえる「姑絵本」の決定版

久しぶりにマゾヒスティックな快感を味わった。「姑にいびられる嫁」というのはこんな気分なのではあるまいか。本を読んでいて「説教された」と感じることはときどきあるが、「いびられた」と感じることはめったにない。というわけで、お嫁さん気分を満喫してみたい方におすすめの絵本がこれ。『あのころ、今、これから…』である。

絵と文をお書きになった鮫島純子さんは大正11年、東京生まれ。お母様は華族の出、お祖父様は渋沢栄一という由緒正しい家庭で育ち、軍事色が濃くなるころにご結婚あそばされた。戦中戦後の厳しい暮らしの中で3人の子どもを育て、舅、姑、夫の3人をしっかり介護して看取ったというあっぱれなご婦人である。つまり昭和の妻、母、主婦のお手本みたいな方。姑のキャラクターとして、これ以上は望めないといってよいだろう。

期待にたがわず、ページを開くや否や、ビシビシ鞭がふりおろされる。

たとえば、電車の中での若者たちの行動を比較した項。

昔〈学生は座るのを　よしとせず　格好だけでも　むずかしそうな本を手に〉

今〈腰を前にずらし　股を精一杯ひろげて　ズタ袋を床に　読んでいるのはマンガ〉

そう、この本のポイントは、シチュエーション別に「昔」と「今」を対比させ、絵と文の両方でシバいてくださる点なのである。電車の中のマナーくらいならまだいいが、家事育児がらみだったりしてごらんなさい。快感のあまりウットリしてくる。

離乳食について。昔〈ゆきひら鍋でお粥を炊き　お野菜もお魚もすり鉢ですってペースト状に〉。今〈スーパーマーケットに便利な離乳食が並ぶ〉。

裁縫や編み物について。昔〈布のすり減ったところをやりくり交換して…　一針一針　その子の笑顔や癖を思い描きながら　好みに合わせ縫い上げる　編み上げる〉。今〈バーゲンセールでお好みしだい　サイズピッタリ　お気に入りを素早く見分けて　はい、レジへ〉。

これを読んで、その通りじゃないかと感じた人は根っから姑体質の人である。いわれるほうの身になってごらん。たまんないっすよ、昔は昔はと連呼されるって。

お弁当について。昔〈アルミニウムのデコボコおべんとう箱　梅干しといっても今のような甘いものではなく　お米といっても雑穀　やっと野草を摘んで佃煮にして作ったおべんとう〉。今〈半調理、冷凍、レトルトの種類もいっぱい　便利な食品　チーンでたちまち出来上がり　プラスチックの可愛い花柄のおべんとう箱〉。

で、すかさず一言。〈果たしてどちらが健康にいいかしら〉。

いいわあ、この嫌味ったらしさ。しかも、著者はいかにも姑が口にしそうな注釈も忘れない。

〈昔から伝えられてきたものが、「すべて良い」と頑固に言いたいのではありません〉。

いってるってば、お姑《かあ》さん。

（S／00・9・29）

『いきなり！黄金伝説。超節約レシピ50』（テレビ朝日・2000年8月・750円）

節約料理、粗食のすすめをつきつめれば　やがて行き着くあのレシピ

なんだか粗食ばやりである。『粗食のすすめ』（東洋経済新報社）シリーズが快進撃を続けていると思ったら、こんどはこれが大売れしている。『いきなり！黄金伝説。超節約レシピ50』。テレビ番組の中で「1カ月1万円で生活する」という目標にチャレンジした女性タレントが、実際に手作りした節約料理のレシピ集である。

この手の企画で思い出すのは『セイシュンの食卓』（角川文庫ほか）シリーズだが、あれはどっちかというと、金もケチるが手間もケチる超乱暴手抜き料理。ご飯に納豆とマヨネーズと醤油をぶっかけて混ぜろとか、そんな料理未満の料理が並んでいた覚えがある。

そこへいくと、本書は金はケチるが手間だけは惜しまない。光熱費と食費込みで1か月1万円というのは相当な耐久生活のはずだけれども、料理はけっしてまずそうではない。肉のかわりに食パンの耳を使った「パンミミホイコーロー」は12円。かぼちゃをチンしてつくるイタリア風の「かぼちゃのニョッキ」は19円。「鯛ちらし寿司&うしお汁」なんて豪華メニューも鯛のアラを使い倒して51円。おからで作る「ロールキャベツ&豚天&なんちゃってポテサラ」は3品まとめて72円。使えそうじゃないですか、どれも。

しかし、おもしろい時代ですよね。グルメブームにも飽き、健康食ブームにも疲れてきた人たちが、「粗食」に新しい食の遊びを発見する。飽食の時代も極まれり、である。

もちろんこれは期間限定のゲーム。最終日には〈明日から焼き肉が食べられる〜〉という本音が飛び出す。期間限定じゃなかったら、どうすんだ。というか、せっかくゲームをやるのなら、もっとサバイバル色を出してもいいよね。「かぼちゃのニョッキ」「おからのサラダ」まで到達しているのだから、ことのついでにあと一歩「いもの茎」まで行くとか。

そうなのだ。こういう粗食系の料理本を見ていると、どうして「ああゆう本」をどこの出版社も出さないのだろうかと私は思う。「ああゆう本」とはほかでもない、戦時中の代用食のレシピの復刻版である。古い婦人雑誌を調べていて私もはじめて知ったのだが、すごいよお、その知恵、その意志、その迫力。野菜の皮なんか絶対むかない。量が減るから火を通すのも最小限。少ない米を多く見せる節米料理あり、配給が途絶えた砂糖なしでつくるおやつあり。

どこか出さないかしら、『銃後を守る国防婦人レシピ50』。やっぱりダメ？　ヒンシュクを買う？　残念だわ。倹約になるのはもちろん、リサイクルに貢献し、ダイエットになり、歴史の追体験にもなるという一石四鳥の好企画[*]だと思うんだけど。

（S／00・10・13）

＊　せっかくアイディアを出したのに、だれも乗ってこなかったため、やむなく自分で書きました。拙著『戦下のレシピ』（岩波アクティブ新書）。興味のある方はご賞味ください。

『アタマにくる一言へのとっさの対応術』
バルバラ・ベルクハン著、瀬野文教訳

（草思社・2000年6月・1400円）

「誤読日記」をやっつける法、と思って読んでみたものの……

こういう本が売れているってことは、よっぽど対応に苦慮している人が多いのだろう。『アタマにくる一言へのとっさの対応術』。著者はドイツの女性で「コミュニケーショントレーニング」の専門家だそうだ。この本が教えるハウトゥーは、相手が「アタマにくる一言」を仕掛けてきた場合の対応法。帯には「すぐに役立つ言葉の護身術！」とある。

なるほど、これはいいかも。と一瞬思ったが、もしかして私は「アタマにくる一言」をいっちゃう側？　その可能性もないとはいえない。だとすると、この本は斎藤が「誤読日記」で「アタ

マにくる一言」を発した場合の対応法にもなるわけだな。
これはおもしろい。さあ、あなたもこの本を読んで、「誤読日記」に対抗しよう。
著者が教える賢い対応法は12種類だ。
①黙って身振りで相手にしてないことを示す。カッと目を向ける、会釈するなど。
②話をそらす。「ところで、あなたはチーズが好きですか?」とか。
③ひと言だけ言い返す。「それがなにか?」「ほほう」「言うね」など。
④とんちんかんなことわざを返す。「早起きは三文の得」とか。
⑤毒抜きの問い返し。「くだらないってどういうことですか?」。
⑥譲歩して賛成する。「あなたの言うとおり。それで気が晴れました?」。
⑦譲歩しつつ意を貫く。「もっともです。それでも私は……です」。
⑧ほめ殺し。「あなたのご高説にはただただ感心するばかりです」など。
⑨事実確認。相手のようすを短く伝える。「お怒りのようですね」とか。
⑩対決して謝罪を求める。「その言い方は侮辱です。謝ってください」。
⑪短く端的に怒りを伝える。「それは私に対する個人攻撃ですね」。
⑫ルールを明らかにする。「攻撃はやめて冷静に話し合いましょう」など。
書き写しながら、だんだんアタマにきはじめた。要するにこの本が教える防御法とは「はぐらかし」なのだ。相手の言い分に耳を貸さない。コミュニケーションを閉じてしまえということで

ある。①～⑨は完全にそう。⑩⑪は一応「対決」だけれども、謝罪の要求だけではバカみたい。一見建設的に見える⑫も、相手の怒りを理解しないふざけた対応である。

自分が傷つかずにすむ方法だから仕方がないとはいえ、こういう態度をとるから、よけい「アタマにくる一言」を誘発するのだよ。攻撃側は「はぐらかし」には慣れているから、さほど効かないしさあ。それよりも敵がなぜ「アタマにくる一言」を発しているのかを理解すべきだよ。「アタマにくる一言」を発する側には発する理由があるんですよ。

と畳みかけたら、彼女は返してくるのだろうか。「それがなにか？」。それは護身術にはならないよ。「アタマにきてくれ」と頼んでいるに等しいよ。

（S／00・12・8）

『チーズはどこへ消えた？』
スペンサー・ジョンソン著、門田美鈴訳

（扶桑社・2000年11月・838円）

寓話の醍醐味はどこへ。イソップ物語風を装った新手のビジネス書

年の（世紀の）変わり目でゴタゴタしているうちに、ベストセラーのトップがいつのまにか見ず知らずの本に入れ替わっていた。『チーズはどこへ消えた？』。グルメ関係の本かと思いきや、これはれっきとしたビジネス書。〈世界のトップ企業が、本書を研修テキストにしています〉と

のふれ込みで、ＩＢＭ、アップル、コンパック、ヒューレット・パッカード、ＧＭ、メルセデス・ベンツ、モービル、シェル、コダック、ゼロックス、ネスレ、ペプシコ等、名だたる企業名が帯にずらっと列挙されている。あとアメリカ陸・海・空軍も。

でもこれ、ビジネス書と明記されていなかったら、だれもビジネス書とは思わないだろう。中学校か高校の英語の副読本みたいな小さくて薄〜い本。中身も完全な寓話である。

2匹のネズミと2人の小人が迷路の中に住んでいた。彼らはある日、大きなチーズを見つけ、しばらくは安泰に暮らした。チーズがなくなると、2匹のネズミはまた以前と同じように新しいチーズを探しに出かけた。しかし、2人の小人は古いチーズに固執して、いつまでもくよくよしていた。はたして2匹と2人の運命は……。

と、こんな物語の合間合間に次のような格言がはさまる。

〈古いチーズに早く見切りをつければそれだけ早く新しいチーズがみつかる〉

〈チーズがないままでいるより迷路に出て探したほうが安全だ〉

〈早い時期に小さな変化に気づけばやがて訪れる大きな変化にうまく適応できる〉

なんてわかりやすい比喩。口にくわえた肉を離したくなかったばっかりに、もっと大きい肉を食べ損ねたキツネだったか犬だったかの出てくるイソップ童話みたい。

ただ、この本がイソップと異なるのは、本の最初と最後に、大人の男女がゴチャゴチャ出てきて、物語の寓意は何かを学級会式に語り合うところにある。

〈このチーズは、私たちが人生で求めるもの、つまり、仕事、家族や恋人、お金、大きな家（略）、そういうものを象徴している〉とか。なんという身も蓋もなさ。

でも、勉強になりました。寓話や比喩は通用しない世の中になったのだとしみじみ思った。ここまで手取り足取り解説してもらわないと、もう通じないんだ。「世界のトップ企業」の「研修テキスト」になり得たのは、まさにこの身も蓋もない解説ゆえ。同じ手法を採用すれば、かちかち山や一寸法師や猿蟹合戦もビジネス書として再生するかもしれない。*

（S／01・2・2）

＊　このときは、この本がまさか361万部も売れるとは思っていなかったので、こんな呑気な感想を述べていられたのである。斎藤はこの後、再三『チーズ』に言及しているが、それほどのビッグヒットだったと思っていただきたい。なお、その後の寓話風ビジネス書には、150万部をたたき出した2004年の『Good Luck』（ポプラ社）などがある。

『嫁と姑』永六輔

（岩波新書・2001年1月・680円）

丁々発止の世代間抗争もやっていられるうちが花。嫁姑の最後の姿は

岩波新書からこんな本が出るなんて、いよいよ世紀末という感じである。なあに、世紀はもう変わった？　じゃあ、いいなおそう。前世紀の遺物みたいな新書だわ。

『夫と妻』『親と子』に続く3部作の完結編『嫁と姑』。『大往生』以来、岩波書店きってのヒットメーカーとなった永六輔さんの最新刊だ。

私が「前世紀やなあ」と思ったのはつぎのような嫁姑の対比である。

嫁はデジタル／姑はアナログ　　嫁は動物占い／姑は高島易断
嫁はEメール／姑は速達　　嫁は女子短大／姑は女大学
嫁は電卓／姑は算盤《そろばん》　　嫁はブランド／姑は伝統工芸品
嫁はピクルス／姑はぬか漬　　嫁はメートル法／姑は尺貫法
嫁は海外旅行／姑は八十八カ所巡礼　　嫁はベッド／姑は布団《ふとん》

永さんは「一般論としても納得のいくものだと思って……」というのだけれど、ほんとにそうか。いかにも「いまどき」なのは「デジタル／アナログ」「Eメール／速達」くらい。あとは「とっても昭和」な感じがする。現代のお姑さんは、算盤とも八十八カ所巡礼とも高島易断とも女大学とも尺貫法とも無縁じゃないのか。私が思いつくのは、たとえばこんな対比である。

嫁は自然食品／姑は化学調味料　　嫁は石鹼／姑は合成洗剤
嫁はコンビニ／姑はスーパー　　嫁はパート／姑はパーティー

いまのお姑さんたちは、世の中が便利になる高度成長を経験した人たちだ。もっとナウいし、リッチだし、趣味に社交に旅行にと元気に活動している人が多い。逆にいまのお嫁さん世代はその揺り戻しで自然志向が強く、親世代より相対的に貧乏だ。

そう思うと〈うちの嫁ときたら……／ノーブラで短パン、／あぐらをかいてくわえ煙草。／どうすりゃいいのよ、姑として〉というのは、どう考えてもウーマンリブ華やかなりし70年代のお姑さんの愚痴。昨2000年に亡くなった皇太后を〈皇室がはっきり一夫一婦制となったときのおばあちゃん〉と紹介されても、「えええ、いつの話？」である。

60代、70代のお嫁さんと80代、90代のお姑さんの話ならともかく……。と考えていて気がついた。そうか、これは「そういう世代」のための本なのだ。だからこそ、日本の嫁の8割が姑の介護をするというデータを引いて、永さんはこのように述べるのである。

〈だから、姑は「あんな嫁の世話になりたくない」という言葉を絶対に使うべきではないのだ〉

ガーン。明記されてはいないけど、つまり最後の最後に残る嫁姑問題はコレってこと？

嫁は介護する人／姑は介護される人

しかし、ここまでいくと、もう「嫁と姑」で片づく問題じゃないですよね。永さんの次なる本のテーマは「国と人」でしょうか、やはり。

（S／01・3・2）

『仕事ができる人できない人』堀場雅夫

（三笠書房・２０００年10月・１４００円）

「すべてのビジネス書は恋愛の書に通ず」の説を検証する

２００万部を突破した『チーズはどこへ消えた？』。85万部の『金持ち父さん貧乏父さん』（筑摩書房）。ビジネス書に分類されるだろう本がビジネス書とは思えないほど売れている。「アエラ」２００１年３月12日号の記事を読んで、謎がいっきに解けた気がした。『チーズ～』の出版元の女子社員が「このチーズって、恋愛よね」と漏らしたというのである。若い女性にとって「ビジネス」とは「恋愛」のことなのだ。たしかにどちらの本も、恋愛指南書だと思って読めばそうも読める。何を見ても聞いても「それって恋愛のことよね」と我田引水できる読者がいる。ビジネス書の汎用性は案外と広いのかもしれない。

では、これはどうだろう。堀場雅夫『仕事ができる人できない人』。著者はベンチャー企業の創業者。やはりビジネス書部門のベストセラーになっている本である。

ここまで「仕事モード」に徹した本でも、恋愛本として読めるかどうか。

この本の主張は明快である。努力の時代は終わった。これからのビジネス社会で生き残るには「両極端」であること、つまり「プラスにしろマイナスにしろ、自分の持ち味を極端に活かす」ことが肝要だというのである。恋愛モードで読みかえてみよう。

●出すぎた杭になれ――リストラ候補が２人いた。Ａは自己主張が強いうるさ型。Ｂは寡黙な努力型。会社は必ず切りやすいBを切る。Bの代わりはいくらでもいる。非情なようだが、それが会社だ。出る杭は打たれるが、出すぎた杭は打たれない。

恋愛読み↓アタックあるのみ。二股をかけられて、じっと耐えているようではフラれる。

●熱しやすく冷めやすく――仕事ができる人は努力をしない。努力は義務の裏返し。努力が要るようでは天職とはいえない。逆に熱中の対象がコロコロ変わるのは悪いことではない。熱中できる人間は、天職に出会ったときに力を発揮するからだ。

恋愛読み↓片思いの相手に努力してアピールしてもダメ。浮気っぽいほうが報われる。

●高望みをしろ――課長に抜擢されて「まさか私が」と喜ぶようではダメだ。「今度は部長になってやる」くらいの志を抱き、課長はその過程だと思わなければならない。目標を簡単に達成したら、志が低かったと反省すべきなのである。

恋愛読み↓これはもう読みかえなくてもわかるでしょう。「高望み」ですから。

というわけで、ビジネス書は恋愛指南書として使えることが実証された。ただ、この本の通りにやったら「もてる人」にはなれても同性には嫌われそうだ。「仕事ができる人」になれても同僚には嫌われそう、もともとがそんな感じの本ですから。

（S／01・3・23）

『もしも宮中晩餐会に招かれたら』渡辺誠

（角川oneテーマ21・2001年3月・571円）

家政婦ならぬ元スタッフが見た鹿鳴館もかくやのドタバタ劇

タイトルを見ただけで噴き出しそうになった。『もしも宮中晩餐会に招かれたら』。大丈夫、大丈夫。「もしも」なんて心配している人のところに招待状は舞い込んだりしないから。万一、招待状が来たとしても、それからあわててマナーブックで勉強したんじゃ間に合わない。どっちにしても、どこに読者がいるのか不明な実用書。

本書のキー概念、それは「プロトコール」である。データ通信の設定をするときに出てくる単語と同じだけれども、本書でいうプロトコールとは国際的な儀礼、すなわち〈公的な催しにおいて、世界各国どこの国においても適用される万国共通の規範〉のこと。〈マナーやエチケットが個人個人が自発的に守るべき礼儀作法だとすれば、プロトコールは主催者側が示す国際作法のルールといったもの〉だそうである。

かくして、招待状の読み方、衣装の整え方、車の手配といった下準備から、当日の式次第、饗宴のメニュー、乾杯の仕方、トイレに中座するときの方法まで、役に立つといえば立つ、どうでもいいといえばいえるプロトコールの数々が微にいり細をうがって伝授されるわけである。

ただ、これを実用書とはやっぱり思わないほうがいい。本書のおもしろさは「家政婦は見た」に近い。つまり「宮中晩餐会スタッフは見た」。

宮中晩餐会って、ほとんど鹿鳴館なんですね。はじめて招待された夫妻を仮想読者に設定しているせいか、そのドタバタぶりは明治時代となんら変わらない。〈古今東西、世の常として、着るもので大騒ぎをするのは女性のほうである。舞い上がった奥方は、以前テレビで見た晩餐会の光景を思い浮かべながら、まずデパートのフォーマル・ドレスのコーナーに行ってみる。行ってみると、イメージしているようなものはそういう売り場に出ているものではないことがわかる〉と、ここからはじまるン百万円の出費への果てしない道。

著者の渡辺誠さんは、宮内庁大膳課や東宮御所の主厨を歴任した元料理人。参列者を舞台裏から眺めてきた人らしく、一見非常に親切だが、じつは意地悪。〈基本的には、ドレスコードに沿った範囲内であれば、本人がいちばん安心できるものを着ればいいのである〉と語りつつ、最終的に何が最善策かはけっして教えてくれないのだ。

この本で、いちばん「見てよかった」のはここである。〈宮中料理は全体に、歯ごたえのしっかりしているようなものがない〉、それは〈出席されるのが、どうしても年配の方が多くなるという理由にもよる〉。見た目は華麗だが、その内実は……。宮中晩餐会、それは鹿鳴館であるだけではなく、老人クラブでもあったのだ。

（S／01・5・18）

『戦闘糧食の三ツ星をさがせ！』大久保義信

（光人社・2001年7月・2300円）

世界の紛争地域を歩いて集めた「ミリタリー・グルメ」試食記

戦闘糧食。軍隊の装備としての食糧のことである。腹が減っては戦ができぬ。兵器がどんなに進化しても、兵士が空腹で倒れたら一巻の終わりである。現に太平洋戦争時の旧日本軍は、糧食が不十分で南方の前線で兵士に大量の餓死者を出したのである。

と、書きはじめたものの、そんなにご大層な本でもないか。

大久保義信『戦闘糧食の三ツ星をさがせ！』。副題は「ミリタリー・グルメ」帯の惹句は〈世界初の試食記！〉。ま、要するに軍事ジャーナリストである著者が世界の紛争地帯を歩き、案内役の将兵などに「あなたんとこの糧食を1個いただけませんかねえ」と交渉し、「そんなに腹が減っているのか」と同情されつつ手に入れた糧食を、22か国、27食分＋アルファ、ひたすら試食しては批評を試みるという内容だ。

〈真空パックに入った二枚のクラッカーは、粉っぽいというか、もっさりした口あたりだが、軽い塩味がきいていて、なかなかウマイ〉（アメリカ軍）

〈ポークひき肉はパテの一種なのだろうか。パテよりも肉の繊維が残っているようで、コーンビーフに似た食感である〉（フランス軍）

〈トルテリーニとは、表面に筋の入った大きめのマカロニのようなパスタで、中には肉が詰めら

れている。それに肉とトマト・ソースを合わせてあるのだが、これが美味なのだ〉〈イタリア軍〉

こんなことを書くために（だけじゃないだろうけど）、ボスニア・ヘルツェゴビナへ、アルバニア＆マケドニアへ、コソボへ、東ティモールへ、わざわざ出かけていく情熱。

戦闘糧食に私が興味を持つのは、非常のときに乾パンを食べるのがイヤだからだ。自治体は緊急時に備えてどんな食糧を備蓄しているのか気になるのである。関係者はこういう本で非常食を研究してほしいと思うのである。見たところ、糧食界の3大スターはクラッカー（またはビスケット）、缶詰の肉加工品、そしてココアやチョコ・バーである（だから占領下の日本でも「ギブミー・チョコレート」だったのだ）。高カロリーで腹持ちがよく、保存性と携帯性が高いといった条件を考えると、おのずとそうなるのだろう。

とはいえ、糧食界で異色なのは圧倒的に日本の自衛隊である。いまも昔も主役は米。米＋おかずが基本形なのだ（災害用の備蓄食もそのスタイルにしてね）。あと、緊急用の救命糧食キットに〈がんばれ！元気を出せ！〉〈救助は必ずやってくる！〉と書かれた紙が入っているという話にも感動した。ただし、「ガンバレ食」と呼ばれるこのサバイバルキット、味のないラクガンみたいなやつらしく、隊員には〈こんなに不味《まず》くちゃガンバレない〉と評判という。やっぱ最後は乾パンみたいなやつになってしまうのか。がっかり。

（S／01・8・10）

『「暮らす！」技術』辰巳渚 （宝島社新書・2001年7月・686円）

貧乏くさい節約論を排す「捨てる！」「暮らす！」の先にあるもの

空前のベストセラーにもなった辰巳渚『「捨てる！」技術』（宝島社新書）はおもしろい本ではあったけど、『「捨てる！」技術』というタイトルはちょっとちがうかなと思った。

あの本が受けたポイントは「捨てる技術」というよりも、むしろ「捨てる勇気」を説いた点にある。「〝とりあえずとっておく〟は禁句」「〝仮に〟はだめ、〝今〟決める」といった考え方も、「見ないで捨てる」「その場で捨てる」といったテクニックも、最終的には「捨てられない弱い自分を捨てよう」という心の問題に行き着く。昨今のベストセラーは人生論や精神論が多い。ああみえて、『「捨てる！」技術』も十分、人生論ではあったのだ。

さて、そんな『「捨てる！」技術』の続編が出た。『「暮らす！」技術』。今度の本は、捨てたあとの豊かな暮らしとは何かがテーマである。

たとえば食生活。〝食べる楽しみ〟を開拓するために、著者はこんなことを提唱する。栄養のために食べる考え方は捨てよう・名前で食べる考え方は捨てよう・蘊蓄《うんちく》で食べる考え方は捨てよう・食は文化であると認識する・おいしいものを食べる。

あるいはものの買い方。著者は〝買う〟喜びを大事にしようと提唱する。「ほしいものは買う」という実践編にはこんな項目が並ぶ。ほしいものをリストアップする・ほしいものはその場で買う・ほしいものでなければ買わない・自分のものは自分で買う・人のために買っているものを自分のために買う・理屈をつけたくなったら買わない・衝動買いを自分に許可する・買いだめしない・目で見て買う・〝目的のない〟ものを買う・もらわない。

著者の辰巳渚さんが『「捨てる！」技術』から一貫して主張しているのは、貧乏くさい精神論や節約論に惑わされることのバカバカしさだ。彼女の姿勢や本の内容には私もほとんど賛成する。ただ、なんといったらいいのだろう、前著より広範囲なテーマを扱っている分、パンチがない。別のいい方をすると「人生論」の度合いが上がっているのだ。

というわけなので、もっかの私の心配は、この本がまた売れて第3弾が出ちゃうことである。この路線をさらに拡大再生産したら、第3弾が『「生きる！」技術』になることは必至。*「捨てる！」「暮らす！」まではいいけれど、「生きる！」はちょっとねえ。

なんて、まだ書かれてもいない本のことをいまから心配したら鬼が束になって笑うにちがいないけれど、〈筆者の思いとしては、前著は序章でありこの本が本編なのである〉と著者が張り切って書いているのを見ると、つい老婆心が頭をもたげてくる。『「生きる！」技術』、また売れそうな気がするのが、また恐い。

（S／01・9・7）

＊『「生きる！」技術』というタイトルそのものの本はさすがに出なかったものの、辰巳さんの「技術」シリーズはその後も続々と出版され、『「選ぶ！」技術』（主婦と生活社）、『サラリーマンの「生きる！」技術』（廣済堂出版）、『知力＝疑う技術』（ビジネス社）などがラインナップされ

ている。『サラリーマンの「生きる！」技術』か。微妙ですね。

『プロジェクトX　リーダーたちの言葉』今井彰

（文藝春秋・2001年8月・1238円／文春文庫・2004年3月・514円）

言葉だけではわからない、「泣き」のポイントはここだ！

火曜日夜9時15分。さあ、今夜もあれの時間がやってきた。「♪風のなかのす～ばる～」と唄いあげる中島みゆきの悲壮な声。「そのとき、○○は、言っ、た」というタメが印象的な田口トモロヲのナレーション。感きわまってVTRの合間にふと涙ぐむ久保純子アナウンサー。お父さん頑張れドキュメンタリー、NHK「プロジェクトX～挑戦者たち～」である。

「社畜礼讃番組じゃん」などと文句をいいつつ、見はじめると見てしまうのは、それなりによくできた番組だからだろう。高視聴率に乗って、ビデオや本の売れ行きも好調らしい。

新刊の『プロジェクトX　リーダーたちの言葉』もベストセラー・ランキングに顔を出している。著者の今井彰さんはこの番組のチーフプロデューサー。この本は18人の現場リーダーの言葉を中心に再構成されたダイジェスト版である。帯の惹句にいわく。

〈NHK人気番組の感動が一冊に！　あなたはどの言葉で泣きますか？〉

なるほど「泣く」を前提にしてるんだ。しかし、断言してしまおう。リーダーたちの「言葉」

だけ読んでも泣けないよ。泣きのツボを少しだけお教えしておきたい。

●リーダーの言葉〈「おいみんな、北海道に行くぞ。ここが約束した北海道だぞ」〉

夏休みの家族旅行に出かけたお父さんの台詞《せりふ》みたい。何の感動もない。

【解説】夏休みの旅行ではない。これは青函トンネルが貫通した日に、現場作業員の指揮者だった大谷豊二が発した言葉なのである。キーワードは「みんな」。この「みんな」とは工事中に殉職した6人の仲間のことで、その日、大谷の手には6人の写真が握りしめられていた。仲間の葬儀で大谷は約束したのだ。〈必ず、亡くなった方も私といっしょに北海道に連れて行く〉と。そこで冒頭の言葉を再読すると……はい、納得ですね。

●リーダーの言葉〈「北極でもうまい氷なら売れる。それをやるのが営業マンだ」〉

そりゃ営業マンに酷だろう。北極のシロクマは金を持ってないし。

【解説】これは氷屋さんじゃなく、中小企業だった時代のソニーの話なのである。ヨーロッパ25か国でトランジスタラジオを売ってこいと命じられた営業マン・小松万豊《かずとよ》は、難攻不落の西ドイツを前に呆然とする部下を諭した。〈ドイツでラジオを売るのは、北極で氷を売るのと同じだ。いや、ドイツは北極より寒いと言えるかもしれない〉と。で、冒頭の言葉に連結する。納得ですね。北極とはドイツの暗喩だったのだ。

とまあ、こんな感じで「リーダーたちの言葉」は単独では効果を発揮しない。背景に苦難の歴史と刻苦奮闘の逸話があってこそ意味が出てくる。っていうか意味がわかる。

人間、言葉だけで、そうそう泣けるものではない。泣きたい人には、本とセットで中島みゆきのCDも買っておくことをおすすめする。（S／01・9・14）

『銀座ママが明かす　お金に好かれる人、嫌われる人のちょっとした違い』ますい志保
（アスキー・コミュニケーションズ・2003年1月・1400円）

仕事の癒しに役立つのは「あの姉妹」より「この姉妹」

2003年のビジネス書業界の隠し球は意外に「銀座ママ」かもしれない。

銀座ママとは、銀座で会員制のクラブ「ふたご屋」を経営する双子の姉妹、ますい志保さん&ますいさくらさんのこと。02年には妹のさくらさんによる『銀座ママが教える「できる男」「できない男」の見分け方』（PHP研究所）が大ヒット。それで勢いづいたのか、書店には、ますい姉妹のコーナーまでできていた。

1968年生まれで、お父上は元神奈川県会議員。妹のさくらさんが拓殖大学外国語学部卒、バンクーバーに留学後、丸紅バンクーバー支店を経て帰国した「ママ兼作家」なら、姉の志保さんは高校時代に芸能界入りするも、明治大学文学部在学中に銀座ホステスになったという「オーナーママ兼元女優」である。才色兼備なうえ、閑古鳥の鳴く銀座で店を次々拡張、120人のホ

ステスを束ね、政界・財界・芸能界にファンを多数持つ、経営手腕も抜群なおふたりだ。

そんなますい姉妹のお姉さん、志保さんが、このたび上梓されたのが『銀座ママが明かす　お金に好かれる人、嫌われる人のちょっとした違い』。ビジネスに成功し、金運をつかむにはどうするかを豊富な事例から明かしてくれる（はずの）本である。

アドバイス自体は〈「プライドを捨てるプライド」がチャンスを広げる〉〈「ありがとうございます」の一言が自分の味方を増やす〉等々で案外フツー。ただ、勉強になる箇所もあった。

たとえば、スキャンダルに発展しないための浮気の仕方だ。

〈ルールその1。一度手を出した女性は一生面倒を見る〉

いいですか。これが銀座の常識なんです。あと、店の料金システムの話。〈座って一人五〜六万、ボトルを入れて一〇万というようなお店の七割から八割はツケがき〉くが、ツケはお客についたホステスさんの借金になるため、彼女らが自分で回収しなくちゃいけない。また、銀座は「ぼったくり条例」の指定地域外なので値段は適当、つまり「時価」が認められている。しかし、「ふたご屋」はツケも時価も廃止した。おかげで彼女は「銀座の異端児」視されていると。

なるほど、それなら成功するよね。っていうか銀座のほうがオカシイんじゃねーの？　ますい姉妹、少なくとも叶《かのう》姉妹よりは、現実的でお役立ち度も高そうだ。

しかし、ハウトゥー本というより「癒し系」ですね、この本も。同じビジネス界の成功指南なら、チーズを探すネズミだの、金持ち父さんだのにあれこれ指示されるより、素敵なママに優しく諭されたほうが、なんとなく銀座気分も味わえて「お得」な感じがする。こういう本に実効性など、みなさん、もともと求めちゃいないわけだし。（A／03・1・13）

『しばわんこの和のこころ2』川浦良枝・絵と文（白泉社・2002年12月・1350円）

お茶はいれるわ、着物は着るわ。「お作法犬」の八面六臂

しばわんこって、知ってますか？　いちおう柴犬なんでございます。なんでございますが、そんじょそこらの犬ではない。初登場は昨2002年1月に出た『しばわんこの和のこころ』という絵本。これがヒットし、02年12月に出た続編の『しばわんこの和のこころ2』も絶好調。絵本といっても子ども向けではなく、書店では生活実用書のコーナーにある。

で、このしばわんこちゃん。何がすごいって、人間相手に「和のこころ」を説く。それも自ら実践してみせるのだから、並みの犬ではないことが納得できよう。

第1巻目でも、しばわんこちゃん、すでに犬離れはしていた。「和のおもてなし」と称して床の間にはたきはかけるわ、急須で器用に茶はいれるわ、お正月には火鉢の上で餅を焼くわ、春には花見の席で野点《のだて》に加わるわ、夏ともなれば自らの手ですだれをかけるわ、秋にはすすきを生けて月見をするわ。

〈〝座る生活〟の日本間では、出入りもひざまずく方が謙虚に見えます〉

なんて作法を説く柴犬。「犬が鎮座ましましてるお座敷は、お座敷としてどうなんでしょうか」と感じないではないものの、それでもしばわんこちゃん、この時点ではまだ遠慮というものがあった。箸の持ち方などは、おとなしく人間にお任せしていたし。

しかし、修行を積んで自信が出たのか。2巻目のしばわんこちゃんにもはや遠慮会釈はない。人間度、上がってます。姐《あね》さんかぶりに割烹《かっぽう》着姿《ぎ》で表紙にご登場、である。ページを開けば、さらにびっくり。しばわんこちゃん、「着物こと始め」と称してアンティークの着物屋さんに出かけ、着物の歴史や格を語り、着付けの手ほどきまではじめるのだ。

〈①まずはじめに足袋《たび》をはきます〉

で、はくんだ、足袋を（どうやって）。それだけではない。夏には祭り纏天《ばんてん》にねじり鉢巻きで御輿もかつぐし、チケット持って歌舞伎観劇にも出かけてしまう。

〈一日でわかるヒーロー、悪玉！　歌舞伎メイクっておもしろい！〉

ていうか、あなたのほうがおもしろいよ、しばわんこちゃん。

むろんスヌーピーみたいな先輩格もいる以上、犬が割烹着を着ようが、台所に立って料理をしようが、しゃもじを持って飯を盛ろうが、筆を持って手紙を書こうが、犬の勝手だ。しかし、なぜ犬に日本の伝統文化や歳時記や正しい作法を学ばなくてはいけないのだろう……と考え出した途端、絵本の中に広がるシュールな光景。

柴犬は由緒正しい和犬だし、日本の天然記念物。だから「和のこころ」なんですよね。とはいえ犬は犬である。柴犬は飼いやすい小型犬だが、もともとは山野を駆けめぐっていた猟犬である。野性的だし活動的。ほんとは、ちまちま茶をいれたり、おとなしく歌舞伎を見ているようなキャラじゃないのだ。「和のこころ」なら武道でしょう、君は。

（A／03・3・17）

『ヤクザに学ぶ交渉術』山平重樹

（幻冬舎アウトロー文庫・2002年12月・533円）

指も飛ぶし弾も飛ぶ。「こっちが悪かった」と思わせる脅しのテク

小はご町内のもめごとから、大は国家外交まで、「交渉」はなるほど人間社会の要諦である。しかし、まさかこんな本が書かれ、しかも売れているとは。『ヤクザに学ぶ交渉術』。文庫オリジナルで出版された異色の本。帯には〈現代ビジネスマン必読の一冊!〉とある。

ヤミ金融の取り立て対策か、くらいに思っていたら全然ちがった。

〈カタギは交渉で失敗してもピストルの弾が飛ぶことはまずあるまい。ところが、そうはいかないのがヤクザの世界で、失敗は許されないし、ごめんなさいで済む問題ではなくなってくる。指も飛ぶし、弾も飛ぶ〉と、のっけからコレである。

懐中に忍ばせた辞表ぐらいじゃすまないのがその社会での交渉ごと。この本は、その筋の方々を広く取材してきた著者による、文字通り「ヤクザに学ぶ交渉術」の本なのだ。

そのまんまやないけ。と思いながらも読み進むと、けっこう読ませる。

〈掛けあいの極意は気合いである〉

「掛けあい」とはカタギの世界でいう「話しあい」の意味。2対8、ときには0対10の不利な状況でも、2の正当性を打ち出すのがその道の達人。若い者がよその組の者ともめ、相手を殺してしまった。ところが、ある組長はそれでもすごんだという。

〈「うちの大事な若い衆を長い懲役に行かせなきゃならないような真似をさらしくさって……いったいこの始末はどうつけてくれるんや!?」〉

すると相手はポカンとして〈あれっ、こっちが悪かったんだっけ?〉と思うらしい。

〈役者が一枚上、気合い勝ちといったところだ〉〈ヤクザの掛けあいもビジネスマンの契約も、つまるところはそう大差あるまい。気がついたときには、相手に、あれっ、どうしてこんなふうになってしまってるんだ——と思わしめるほど、終始、こっちのペースで事を進めることが肝心であり、交渉における勝負の分かれ目になるといってもいい〉

原則はそうなんだろうが、ビジネスの場でほんとにこれをやったら、指も弾も飛ばないが、首が飛ぶ覚悟は必要だろう。「脅しのテクニック」と題された後半などは、いちゃもん、因縁、いいがかり、難クセ講座。読んでる間はオモロイが、いざ実行に移そうとしてハタと気づく。

あれっ、どうしてこんな本に説得されそうになったんだ?

さすがだわ。この本自体が巧みな「ヤクザに学ぶ説得術」で書かれているのだ。

そういえば、イラクへの武力行使容認決議案の採決をめぐって大詰めを迎えている国連安保理でも、もっかぎりぎりの「交渉」が続いている。〈最悪を想定して肚《はら》を括《くく》れば突破口は開ける〉〈相手のミスは徹底的に突く〉〈「正義は我にあり」の思い込みが最大の武器となる〉といったこの本の「交渉術」を見ていると、どこかの国の首脳陣を思い出す。やはり「ヤクザ」だったんですかね、あの国も。（A／03・3・24）

『質問力』齋藤孝（筑摩書房・2003年3月・1200円）
『質問する力』大前研一（文藝春秋・2003年3月・1500円／文春文庫・2005年3月・476円）

解答本より質問本。そんな質問力の先生に「ハーイ、質問！」


今年の春はなんだか急に質問ばやりだ。齋藤孝『質問力』、大前研一『質問する力』。ほかに同じタイトルで著者が異なる飯久保廣嗣《いいくぼひろつぐ》『質問力』なんていう本もあって、成功の秘訣はどうも「解答」ではなく「質問」にあるらしい。

齋藤孝『質問力』は、よい質問と悪い質問を質別に腑分けした、なかなか実践的な本だった。が、いくつかの疑問点も浮かんできた。そうだ。せっかく読んだのだ。本書を参考に、質問したいことをここで整理してみよう（カッコ内は本書の教え）。

【質問1】　この本には「よい質問」の例として20以上の対談の引用があります。素晴らしいですね（下調べの成果を示して相手を上機嫌にさせる）。これは『質問力』を書くために資料として集められたのですか。それとも日頃から対談を読むのがお好きなのでしょうか（どうでもいい質問と見せかけた本質的な質問。ほんとは対談に出るのも好きかと聞きたい）。

【質問2】　活字になった対談は、当日の会話をそのまま筆記したものではありませんよね（相づちを期待）。構成者がアレンジし、対談者も筆を入れて、「さも会話がスムーズに流れている」かのように作った文章です（さらに相づちを期待）。現場の雰囲気が本と異なるケースもしばしばですが、そんなご経験はありませんか？（少し横道にそれた質問）。それでも活字で書かれた対談が会話の参考になるものでしょうか（本質的な質問）。

【質問3】　この本はプロのインタビュアーや取材記者の必読図書だと思いました（相手をノセる）。雑誌の対談、講演会、講義、会議などのように、観客を前にして話すときの効果も大きいと思いました（さらにノセる）。しかし、日常的な人と人とのコミュニケーションの中で役立つ局面はあるのでしょうか（本質的な質問）。（「ある」と相手が答えたら）ちょっと例が思い浮かばないのですが、具体的にいいますと？

勘ちがいしないでほしいのだけど、これはほんとに質問してみたいことなのだ。だれか齋藤孝さんにインタビューにでも行く人があったら、ぜひとも聞いてきてほしい。

では、大前研一さんへのインタビューでは何を質問してほしいか。まずはこれですね。

【質問1】　大前さんはこの本で何をおっしゃりたかったのでしょうか。

あ、これじゃ最低の質問か。『質問力』にも抽象的な質問はするなと書いてあったな。

では、せめてこう聞きなおそう。

【質問2】　この本は、なぜ『質問する力』という表題なんでしょうか。

いや、この本にもいろんな話は出てくるんですよ。地価の下落、経済構造の変化、年金、株、郵政民営化、道路公団改革、他もろもろ。しかし、要は「質問する力」があれば日本は失敗しなかった、自分は「質問する力」があったから全部お見通しだった。それだけ（に見える）。

齋藤孝さんにもういっこ聞いてみたい。

【追加質問】　大前研一さんの対談の本はお読みになっていませんか？　（A／03・4・28－5・5）

『祇園の教訓』岩崎峰子　（幻冬舎・2003年7月・1500円）

「へぇ、お〜〜きに〜」と「ほんまにぃ。おぉーきに」の差

「銀座」と同様、表題に「祇園」がつくと、ついグラッと来るのが人情である。『祇園の教訓』が売れているのも、だからさもありなんではある。*

著者は岩崎峰子さん。京都祇園甲部の置屋「岩崎」の跡取りとして、15歳で舞妓デビュー、21歳で芸妓《げいぎ》となり、29歳で引退。その後日本画家と結婚したという方である。自伝的要素の強い前著『芸妓峰子の花いくさ』（192ページ参照）はさほど評判にならなかった記憶があるが、2002年に『Geisha, a Life』をアメリカで出版、英米仏でベストセラー、と著者紹介にはあるから、海外では受けたのかもしれない。

で、本書。副題が「昇る人、昇りきらずに終わる人」であるように、この本は接客業のプロフェッショナルの目から見た人心掌握術のノウハウ本である。

「第一章　お座敷で知った、一流になる人の共通点」「第二章　祇園で通じる一流の人のお金の使い方」「第三章　祇園で出会った一流の生き方、考え方」と、やたら「一流」という語が頻出する。前半はさながら一流企業人、一流学者らの人名録。一流がお好きなんどすな。

とはいえ、ためになる部分もないわけではない。

たとえば、緊張している初対面の相手の気持ちをほぐす法。

〈まず初めに「おぉーおきに」と襖を開けて入り、お客様の前に座ります。／お徳利を持ってお酒をすすめながら、お天気のいい日だったら、「ええお日よりどすね」雨の日なら、「きょうは足元が悪うてえらいことどしたね」などあたりさわりのない話題から話しかけます〉

あるいは、誘いをはぐらかす法。

「今度、食事に行こう」と誘われて〈断る時は、悠長に長く伸ばして、「へえ、お〜〜きに〜」

とニッコリ笑って目をそらせます〉。OKならば〈「ほんまにぃ。おぉーきに。ほな、いつがよろしおす?」〉。さらに自分から誘うときは〈「手帳出して。手帳」／と強引に言います。お客様が／「なんえー?」といぶかしげに手帳を出すと、／「見たいことがありますねぇ」と手帳を出してもらい、／「あっ、ここ空いてる。この日、ご飯食べしてほしい」〉。

凄腕どすな。「手帳出して。手帳」というのんえ。いえまへん、ふつう。せやけど、こんな人心掌握術はみんな祇園の芸妓さんだから通るのんえ。あたしらが真似してもあかんのどす。「おぉーきに」と急にやっても、気持ち悪がられるだけどすえ。

著者は花柳界が誤解されていることに義憤を持っており、それが彼女を本の執筆に向かわせているようなのだ。私が興味深く読んだのは祇園の接客システム、そして制度改革についての個所だった。舞妓や芸妓にも外国語を習わせるべきだ、引退後の処遇を考える必要がある、中卒差別をはね返すために「マイスター制度」を設けろ、などの提案は〈芸妓は自立した職業婦人〉という認識から来る。歴史から遡ってここをきちんと書いたら、ちゃんとした社会史の本になるかもしれへんのに。なんていっても「へえ、お～～きに～」と返されておしまいか。(A／03・9・15)

＊「祇園」の2文字が効いたのか、この本は42万部を記録し、この年のベストテンに入るまさかのベストセラーとなった。

『社長をだせ！』川田茂雄

クレームをつける気分も抑制される「困ったお客様」図鑑

（宝島社・2003年8月・1400円／宝島社新書・2004年10月・648円）

みなさまも一度や二度は「責任者を出せ」とすごんだ経験がおありだろう。え、ない？　それはまた温厚な。「社長を出せ」はともかく「店長を呼んで」くらいの要求なら、私でもしたことがある。お客にとって「責任者を出せ」は「私は苦情をいいたい」の意思表示とほぼ同義。自動的に口をついて出る台詞《せりふ》がまずコレなのだ。

ところが、本書の著者は〈なんと言われようと、「本件につきましては、ぜひ私とお話をさせてください」と頑張り〉、〈その結果は百戦百勝。自分で解決できなかったクレームは一件もありませんでした〉と胸を張るプロのトラブルシューター。『社長をだせ！』。「実録クレームとの死闘」という副題のついた本書は、大手カメラメーカーの社員として幾多のクレームと闘ってきた著者が、自らの経験をもとに語る苦情の実例とその処方箋なのである。

商品がカメラである点が本書のポイント。なにせカメラは機械である。機械に故障はつきもの、操作ミスもつきものだ。しかも目的は写真だから、複雑なトラブルが生じる。海外へ撮影旅行に行ったのに1枚も写っていなかった→出かけ直すから渡航費用を出せ。報告書に添付する写真を失敗した→仕事の評価にかかわる、どうしてくれる！　聞くだに胃けいれんが起きそうなクレームの数々。商品のお取り替えだけではすまないのが「クレーム」なのだ。

しかし、百戦錬磨の著者は負けない。クレームにも「型」があるらしい。金品の要求が目的の「ごね得型」。謝罪を要求する「プライド回復型」。細かい品質にこだわる「神経質型」。相手を教育したがる「新興宗教型」。特別扱いが望みの「特待要求型」。企業を動かしたい「自己実現型」。徹底した解析を望む「真理追究型」。クレーム自体が目的の「愉快犯型」。

〈どんなクレームでも「クレームは企業にとって大変有効なものですから大切に扱わなければならない」ということです〉などと、一見殊勝、一見低姿勢を装いながら、同時にこれは消費者に反省を促す「困ったお客様図鑑」でもあるのだ。

読めば読むほど、どいつもこいつも自分の非は棚に上げ、人の責任ばっかり追及しやがって、クレームつけるお客はロクなもんじゃねーな、という気がしてくる。したがって、少なくとも本書を読んだ直後に「責任者を出せ」とはいい出しにくくなる。おおむね納得しつつも、唯一その一点が私のクレーム心に火をつける。企業がグウの音も出ないような、非の打ちどころのないクレームは1件もなかったのか。もっと賢いお客を出せ！（↑クレーム）。

もっとも「型」にはこんなのもある。

クレームをつけない「泣き寝入り型」。

お客様の大多数はこのタイプ。だからこそ〈お客様が何も言わないからといって、放っておいたら、どんどんそのメーカーから離れていってしまいます〉。現場で役立ちそうな提言もいっぱい。ただし、消費者の側から見ると、どことなく丸め込まれたような気分。円満解決にいたって

も、クレーム処理の後味って、だいたいそんなもんだけど。（A／03・9・22）

『ユダヤ人大富豪の教え』本田健

（大和書房・2003年7月・1400円）

アイディアが資産を産む「ポスト産業社会」の勝ち組マニュアル

『ユダヤ人大富豪の教え』。「銀座」にも「祇園」にも負けないグラッとくるフレーズだ。

この本の著者はしかし「ユダヤ人」でも「大富豪」でもない。20歳のとき、著者はアメリカでゲラー氏という老人（この人がユダヤ人大富豪）に出会う。本書はその彼に教わった「幸せな金持ちになる17の秘訣」を伝授しましょうという本なのだ。

メッセージそのものは口あたりよく、しかもシンプル。

〈お金儲けのことばかり考えている連中より、仕事が大好きでしょうがない人間のほうが成功するのだ〉〈幸せな金持ちになるための秘訣は、自分の大好きなことを仕事にすることだ〉

べつだん珍しい教えではない。が、富豪はもうひとひねり理屈をこねる。

好きなことをやる→お金になれば最高（◎）、お金がなくても好きなことをやれているのでけっこう幸せ（○）。嫌いなことをやる→お金になっても嫌いなことをやっているので少し不幸（△）、お金がなければ最低（×）。

◎か○の人生か、△か×の人生か。答えは明白だろうというのである。

〈世の中には、二通りの人間しかいない。自由な人と不自由な人だ〉

これもそう目新しい発想ではない。しかし、富豪が定義する「自由人」と「不自由人」の例が意表をつく。「不自由人」とは会社員、公務員、大企業の社長や役員、自営業者、中小企業の経営者、自由業（医者・弁護士・会計士）など。社長も医者も弁護士も成功者とはいえないらしい。一方の「自由人」とは、流行《はや》っている店のオーナー、印税の入る作家やアーティスト、特許やライセンスのある人、家賃収入が入る地主など。毎日あくせく働かなければならないのが「不自由人」、何もしなくても豊かに暮らせるのが「自由人」なのだ。

要するにまあ、これは『金持ち父さん　貧乏父さん』と同型の勝ち組マニュアル。「裏資本論」ですね（そう思うと「ユダヤ人大富豪」という語にも凄みが感じられたりして）。「自由人」とは不労所得のある人で、それを昔は「ブルジョアジー」といったのよ。

ただし、モノの生産ではなくサービスが価値を生む現代社会では〈人は人を喜ばせた分だけお金を取れるようになっている〉。だから成功したければ、人にこき使われる会社勤めは短期間でやめ、〈クリエイティブなアイデア〉の力で資産を増やし、それを賢く運用する知恵を身につけなさい、という話になるわけだ。資本の定義も変わったと。

しかし、この種の金持ち本がこうも次々ベストセラーになるのは何なのだろう。背景には不平等感の拡大があるように思われる。一億総中流の幻想が崩れ、勝ち組（金持ち＝自由人）と負け組（貧乏人＝不自由人）に二極化していく新自由主義の時代を反映している、とか。パイが決まっている以上、◎の「勝ち組」になれる人などじつは数パーセントしかいないのだ。「負け組」でも幸せになれる方法はないんですかね。

（A／03・10・6）

『年収３００万円時代を生き抜く経済学』森永卓郎

（光文社・２００３年３月・１４００円）

やがておとずれる「新階級社会」をにらんだ負け組マニュアル

先週は新自由主義経済時代の勝ち組マニュアル『ユダヤ人大富豪の教え』の話だった。

そんなものにはだまされないぞ、と思ったみなさま、お待たせしました。今週はいよいよ負け組マニュアルの登場である。森永卓郎『年収３００万円時代を生き抜く経済学』。２００３年３月の発売以来、この本もロングセラーを続けている。*

金持ちになる方法を説く本はだいたいが甘口で抽象的。一瞬の夢は与えてくれるけれども、早い話がお伽噺《とぎばなし》だ。貧乏本は正反対。辛口で具体的で現実的。

この本はズバリ、小泉内閣の政策批判からはじまるのである。

著者は〈小泉改革の「痛みに耐えればよくなる」は真っ赤なウソ〉だと指摘する。１９９４年まで日本の完全失業率が３％を超えたことは一度もなかった。それがいまや５・５％。３５０万人の失業者が町にあふれ、新卒者の雇用率も下がってフリーターが急増している。他方、税制面では高所得者層への優遇策がとられ、所得格差は広がる一方。不良債権処理をデフレ脱却に優先させているのがそもそもの誤りであり、小泉改革の結果もたらされるのは1％の金持ちが牛耳る新たな階級社会である、その日に備えて生活防衛を図ろう、が本書のメッセージなのだ。

こういうことはまあまあいわれてきたことだけど、この本が新しい（そして売れている）のは、新階級社会のイメージを数字で示し、そこでのサバイバル術を説いている点だろう。

これまでの日本では、大学さえ出れば、安定した所得と雇用が生涯保証されていた。が、新階級社会では所得は3層構造に分かれるという。

①1億円以上稼ぐ一部の大金持ち
②年収300万〜400万円ぐらいの一般サラリーマン
③年収100万円台のフリーター的労働者（パート、派遣社員等を含む）

②に残れればまだいいが、③になる可能性も大。①の勝ち組になれる幻想は捨て、せめて②くらいの生活レベルを確保しようというわけである。年収300万〜400万円といえば、これまでのサラリーマンの平均賃金（700万〜800万円）の約半分。つい悲観的になるけれど、世界標準はもともとこのくらい。十分に生活していける額である。その際参考になるのは、アメリカ型の階級社会（所得と社会的地位が正比例する）ではなく、大陸ヨーロッパ型の階級社会（貴族階級と一般市民の間に分断がある）だという。成功を目指して必死で働くより、ヨーロッパの

一般市民のように、いかに人生楽しくすごすかを考えるほうが得策だ、と。

〈いままでは「負け組」と呼ばれていた人たちこそが、いままでになかった働き方と従来の常識とは違った新しい価値観を築いていく可能性がある〉

あくまでも前向きな発想の転換。だからといって、あんまり励まされた気がしないのは、現実と向き合いたくないせいか。あんたは分相応でイイの、と釘を刺されたような気がするからか。『ユダヤ人大富豪の教え』と、どっちにつこうか。悩むところだ。

（A／03・10・13）

＊ この本はこの後も売れ続け、最終的には25万部を突破した。印税を計算してみると、1500円×10％×25万部＝3750万円。何が年収300万円よ。これではアイディアが金を生むという『ユダヤ人大富豪の教え』が正しいってことになるじゃんか。ちなみに『ユダヤ人大富豪の教え』は39万部。どちらも本としては当然「勝ち組」である。

『重曹で暮らすナチュラル・ライフ』
ピーター・キウロ著、佐光紀子訳

（ブロンズ新社・2002年10月・1400円）

歯磨きから便所掃除までこなすオールマイティの白い粉

友人に「ジュウソウの本が流行ってるみたいよ」と聞かされた。

「ハ？　ジュウソウって何？」

「だから、あの重曹ですよ」

重曹が本になる。しかもそれが流行する。世の中、油断も隙もあったものではない。

本が流行るくらいで、重曹そのものも流行らしい。本屋さんに行ってみたら、重曹本、なるほど平積みになっていた。『重曹で暮らすナチュラル・ライフ』。重曹、そんなにたいしたヤツとは知らなかったよ。この本で紹介されている重曹の使い道はおよそ160種類。この本1冊、そしてこの粉1袋あれば、夢の重曹ライフが満喫できそうだ。

特に威力を発揮するのはハウスキーピング方面だ。まずキッチンね。食器や鍋の油汚れも、ポットや茶碗の茶しぶも重曹ですっきり。ガスコンロも電子レンジもオーブンも重曹でピッカピカ。排水口が詰まったときも重曹。家電製品の手垢にも重曹。リビングにまわって、床、壁、テーブル、椅子、布張りのソファにカーペット。それからお風呂場に移動して、バスタブ、便器、タイルのカビ。すべて重曹でいけてしまう。重曹は家中を縦走するのだ。

消臭効果も重層的だ。冷蔵庫の脱臭剤に重曹。室内、車に重曹。哺乳びんにも重曹。匂いのついた衣類にもペットの粗相にも重曹。ついでに犬も重曹をふりかけて洗っちゃえ。

犬に使えるんだから人間にも使えるわけで、こちらでも重曹は多重奏である。朝は重曹で歯磨き、パパはひげ剃りの前後に重曹水、ママは重曹でスクラブ洗顔、ニキビで悩むお姉さんには重曹ペースト。夜は重曹入りのお風呂でリラックス。角質化したかかとに重曹。フケが出やすい頭に重曹。お口の匂いは重曹水のうがいで息さわやか。虫さされ、水虫、口内炎に重曹。目がかゆければ重曹水洗眼、胃もたれ、胸やけにも重曹だ。

まさに魔法の白い粉。家中に並んでいる合成洗剤を根こそぎリストラに追い込む勢いだ。それに重曹はそもそも「ふくらし粉」。小麦粉を使うお菓子にも欠かせない材料なのだ。

〈エコロジーへの関心が高まるにつれて、化学物質に疑問の目が向けられ、ナチュラルなものが好まれる現代にあって、重曹は世界でもっとも地球にやさしい製品として、活躍の場を広げているのです〉(「Introduction」)

なるほどね。だけど、重曹って炭酸水素ナトリウムのことでしょう。それって「化学物質」じゃないのかしら。化学物質だと思いますけどね。

歯磨きと便所掃除、哺乳びんとおねしょ布団の脱臭を兼務する。それがコイツのおもしろいところである。口腔付近と肛門界隈の分離独立をはかってきた現代人の衛生感覚からすると、この口尻合体感は、エコロジカルっていうよりいっそファンキー。歯磨き用とお掃除用は、容器が別なんでしょうけれど(そうですよね)。

(A/03・12・15)

『上司は思いつきでものを言う』橋本治

（集英社新書・2004年4月・660円）

「それは私の会社のことだ」とだれもが思う上司への対処法

「上司は思いつきでものを言う」といわれ、「それは私の会社のことだ」と思わない人はいないだろうから、売れるべくして売れた本とはいえる。

上司はなぜ思いつきでものをいうのか。上司とは〈つまるところ、「田舎から出て来て都会に職を得、一人前の都会人になった」というような人〉なのだ、と橋本治はいうのである。部下とは〈あなたが出てしまった「故郷」に、今でもまだ住み続ける人〉だと。

たとえば故郷の青年団の若い衆が、彼のところに村おこしのプランを持ってきて「先輩の意見がほしい」といったとしよう。プランは非の打ちどころがないほどよくできていた。

ここから先輩（上司）の態度は2手に分かれる。

①故郷が嫌いな上司の場合（「思いつきでものを言う」第1のパターン）

よくできたプランは故郷をバカにしていた先輩（上司）のプライドを傷つける。気分を害した彼は素直に「素晴らしい」とはいえず、アラ探しをして何かテキトーなことをいう。あらぬイチャモンをつけられた青年団（部下）は困惑するが、それを見た先輩（上司）は「よしよし自分の優位性が保たれた」と思って満足するのである。

②故郷を愛する上司の場合（「思いつきでものを言う」第2のパターン）

よくできたプランは先輩（上司）を感動させる。彼はプランをべたぼめし、ついでに自分がいまでも青年団（部下）の一員であるかのような錯覚に陥る。そこで「ここはこうしたらいいんじゃないか」などと余計なことを口走る。現状と合致しない提案をされた青年団（部下）は困惑するが、先輩（上司）は思いつきを口走り続け、結果的に彼らを裏切るのである。

こうしてみると、思いつきでものをいうのは上司だけでもなさそうである。教師は思いつきでものをいう。親も思いつきでものをいう。書評家も思いつきでものを書く。

こんな上司への対処法として、著者が提言する方法はただひとつ。

〈簡単です。あきれればいいのです。「えぇーっ?!」と言えばいいのです。途中でイントネーションをぐちゃぐちゃにして、語尾をすっとんきょうに上げて下さい。世の中には「大きなあきれ声を出す」という習慣のない人もいます。「えーっ?!」とか「ええーっ?!」とか、「ええ〜〜〜っ?!」という、声を出す練習をしてみた方がいいと思います〉

よし。これからは「ええーっ?!」*で私も対抗するかと一瞬思ったが、考えてみると、私は年中、書評や原稿でこの「ええーっ?!」をやっているのである。そのわりに、効果はあまり感じられない。それとも私自身も思いつきでものを書いている？　そうかも。よく「ええーっ?!」ていわれるし。

（A／04・7・12）

＊　友人にこの「ええーっ?!」を実際に試して成功した人がいる。彼によれば、こちらの通したい案は伏せ、先方の言葉に「えっ？」「ええーっ！」と、まずあきれる。相手はだんだん不安にな

ってくるので、そのタイミングで伏せていた案を出せば、だいたい通るとのこと。もっともこれは、上司と部下ではなく、クライアントとクリエイターの場合なので、あらゆる場面で通用するかどうか責任は持てない。

4

出版文化はいとをかし

活字メディアの周辺で仕事をしていると、「業界的な話題」がいやでも耳に入ってくる。定番中の定番ともいえる「業界的な話題」は「本が売れませんねえ」である。「いやー売れませんね」「ほんっと売れませんね」はもはや時候の挨拶だ。

それ以外には「あの本が売れているらしい」という嫉妬と羨望のまじったベストセラー情報（ただし当該の本はだれも読んでいない）、「だれそれの本は読んだか」という「時の人」情報（たいていは個人的な趣味）、「どこそこの出版社（雑誌）が危ないらしい」という「他人の不幸」情報（他人の不幸はふつうは蜜の味だが明日はわが身なので出版業界では苦いだけ）。まーろくなもんじゃありません。

「業界的な話題」とはしかし、なべてそんなものである。仕事であれ、趣味であれ、あなたもナニガシかの業界に属していることだろう。自分がどの業界に属しているかの判断基準はしごく単純。その業界の愚痴を熱く語れるかどうか、である。建築業界には建築業界の、金融業界には金融業界の、ＩＴ業界にはＩＴ業界の定番の愚痴があるはずで、それで何時間でも話がもつなら、あなたも立派な「業界人」だ。

「業界的な話題」の問題点は他業種の人には「どうでもいい話題」であることだ。それでもついついしてしまう読書業界の周辺話。本好きは救われません。

『作家の値うち』福田和也

（飛鳥新社・2000年4月・1300円）

500冊余の小説作品を点数化した商品ガイドのお値うちは

日本一威勢のいい批評家、福田和也の『作家の値うち』が評判になっている。エンターテインメント系と純文学系、計100名、574冊の文芸書を100点満点で採点する。

文学を採点するという試みは以前にもあって、私が知る限りでは、中上健次が1988年から1年間、「ダ・カーポ」の文芸時評でやったのが最初だったと思う（中上さんはベテラン作家の新作に0点までつけていた！）。その後も、批評家の絓《すが》秀実や渡部直己が文芸誌「すばる」で点数つきの時評を連載していたことがあり[*1]、どれも私は楽しみに読んでいた。

しかし、単行本で一挙公開、しかもエンターテインメントも純文学もまとめて面倒みるぜというのはこれが初のケースだろう。文学だって商品だ。消費者の利益はもちろん、生産者の士気高揚のためにも、商品情報が多いに越したことはない。

しかし、むずかしいんですよねえ、点数で読者を納得させるのは。

石原慎太郎『弟』が82点、金井美恵子『恋愛太平記』が35点。それってどういうこと？　といった個別の反論異論を誘発するだけではない。商品テストはメーカーとつるんでいるのではなかろうな、と消費者に疑われた途端に信頼性は飛ぶのである。「暮しの手帖」の商品テストじゃないけれど、生産者との利害関係を消費者は気にするのだ。

というわけなので『作家の値うち』にも疑惑が浮上しているらしい。厳しいふりして、妙に甘いところがあるのがあやしい。採点者の交友関係が得点に反映しているのではないか。石原慎太郎、宮本輝、筒井康隆といった作家に高得点がついているのは三島賞選考委員への挨拶がわりではないのか（福田氏は三島賞受賞者）、なんて噂が私の耳にも飛び込んできた。

そういうゲスの勘ぐりはよくありません。怒れ、福田和也。

しかし、李下に冠を正さずという諺もある。いっそこの本、ワースト作品のガイドに徹したほうが潔かったのではないか。書名はもちろん『読んではいけない』。「ベストもの」のガイドは各誌紙書評から『このミステリーがすごい！』（宝島社）まですでにある。情報として欠けているのは『このミステリーがひどい！』方面なわけでしょ。評価に不満な人は『「読んではいけない」は嘘である』とか『「読んではいけない」は読んではいけない』とかで批判を展開すれば、市場が活性化して、もっとおもしろいことになったのに。[*2]

と、あれこれ勘案した上で、『作家の値うち』のお値うちはいかほどか。福田さんみたいに私は度胸がないから、厳しい採点はできない。41点かな（え、厳しい？）。企画自体には96点つけちゃうが、数字が目立つだけで、レビュー（作品ごとの紹介文）が意外につまらないのだ。まあ『買ってはいけない』の類書ですから。信頼度もそのくらいと思えばよろしいのでは。

（S／00・5・19）

＊1　中上健次『中上健次全集　15』（集英社・96年）、渡部直己『「電通」文学にまみれて』（太田

出版・92年）、絓秀実『文芸時評というモード』（集英社・93年）を参照。
＊2 『買ってはいけない』（船瀬俊介・金曜日）が1999年にミリオンセラーになった後、これを批判した『「買ってはいけない」は嘘である』（日垣隆・文藝春秋）、『「買ってはいけない」は買ってはいけない』（夏目書房編集部・夏目書房）などが続々と出版され、大きな論争になった。

『新ゴーマニズム宣言SPECIAL 「個と公」論』小林よしのり（幻冬舎・2000年5月・1500円）

これがほんとの「カリスマ」の姿。商売替えをすすめたい

一昨年（1998年）に出版された問題作、小林よしのり『新ゴーマニズム宣言SPECIAL 戦争論』は65万部のベストセラーになる一方、猛烈な批判も浴びた。

それらを受けて刊行されたのが、本書『新ゴーマニズム宣言SPECIAL「個と公」論』。〈漫画は言葉を削る作業〉〈言葉を惜しみなく駆使したら、どうなるかって実験よ〉とご本人がいうように、今回は漫画はなし。全編語り下ろしの文字本である。

読後の私の感想は「よしりんもいよいよカリスマだな」。カリスマ漫画家なんて次元の話ではない。もはや教祖とお呼びしたい。この本自体が「教祖に聞く」の体裁なのだ。側近めいたインタビュアーが「○○という者がこんなことをいっていますが」と注進よろしく水を向ける。ある

いは批判の一部を読み上げる。と、即座にこんな反応が返ってくる。

〈どうしようもないね、そりゃ〉〈あきれたね〉〈やっぱトシとって思考力が衰えてるよね〉〈かーっ、ひどいやつやね〉〈もう話にならないね〉〈幼稚なこと言ってるな〜〉

切り捨てられる〈痴にハマった知識人〉の面子《メンツ》がすごい。浅田彰、田中康夫、宮台真司、福田和也、宮崎哲弥、加藤典洋、野田正彰、野坂昭如、小田実、吉本隆明、姜尚中、田原総一朗、大江健三郎、井上ひさし他多数。あと丸山眞男や司馬遼太郎も。

〈そもそもわしは丸山眞男に始まり、加藤や大江の言ってきた昔ながらの「個の確立」というやつに対するアンチテーゼとして『戦争論』を描いたんだからね〉

だそうで、いやいや、お見それいたしました。

切り捨て方がまたすごい。こいつは『戦争論』をちゃんと読んでいないのじゃないかと教祖はたびたび論難するが、師自身、敵の論文をほとんど自分は読んでいない。インタビュアーが仕込んできた情報を聞いて「どうしようもないね」なぞとクサすだけ。言論人だったら許されないが、教祖だからしょーがない。というか、それが教祖の正しい態度だろう。論敵の研究などは弟子に任せ、自分は椅子にふんぞり返って託宣を下すのが教祖の役目だ。

師にとって漫画という武器はやはり大きかったのだ。武装を解いた漫画家は、まさに裸の王様状態。ここまで舞い上がっちゃったら、もう容易に地上へは降りてこれまい。[*1]

この際だ。いっそ小林善法なぞに改名してほんとに新宗教を立ち上げたらどうか。大川隆法、麻原彰晃、福永法源あたりとならタメを張れる。うまくいけば池田大作クラスの大物になれるかもしれぬ。すでに65万人も信者を獲得しているんだし。「公の華」を設立なさい。[*2]

（S／00・6・16）

＊1　よしりんはしかし、その後また地上に降りてきて、「反米」を説くにいたった。キッカケは米国同時多発テロだった由だが、詳しいことはわからない。

＊2　この年は「法の華三法源」の福永法源が詐欺容疑で逮捕される（5月9日）など、新宗教の活動が目立った。

『闊歩する漱石』丸谷才一

（講談社・2000年7月・1600円）

かういふ藝の見せ方もある。海老天か古今東西文学見本市か

丸谷才一さんの漱石論である。長閑《のどか》といふか暢気《のんき》といふか、これほどご陽気な漱石論は初めて読んだ。『闊歩する漱石』の博覧強記、天衣無縫な筆法は、批評といふより連想ゲームかネットサーフィン。別のいひ方をすれば、海老にたつぷり衣をつけた天ぷらのやう。〈忘れられない小説のために〉といふ『坊つちやん』論を例に取つて説明しませう。

●狸、赤シヤツ、野だいこなど『坊つちやん』の人物は綽名《あだな》で呼ばれる。

右の事実がいはば海老。で、周囲にたつぷり衣がつく。

古い物語では綽名でゆくといふ書き方をよくするといふ例として、丸谷さんが持ち出すのはラブレーの『ガルガンチュワ物語』と、わが王朝文学『源氏物語』である。たかだか綽名の話でラブレーと源氏。みごとな話題の広げ方でせう。

しかし、これは、まだまだ序の口。この本に出てくる数々の衣攻撃の中でも、特に白眉といふべきは、言葉を次々に列挙する技巧、「列記」について記したくだりであらう。

●『坊つちやん』の台詞《せりふ》の中には罵《ののし》り言葉の羅列がある。「ハイカラ野郎の、ペテン師の、イカサマ師の、猫被《ねこつかぶ》りの、香具師《やし》の、モヽンガーの、岡つ引きの……」といふ箇所がそれである。

さて、ここからがお立ち会ひ。かういふ言葉の羅列は諸国の文学にもあるし、日本文学にもあるよといふことを示すために、丸谷さんが引いてくる例が半端ぢやない。

『助六由縁《ゆかりの》江戸桜』の台詞に始まり聖書の「マタイ伝」へ飛び、『古事記』『保元物語』『枕草子』『梁塵秘抄』『万葉集』『平家物語』『閑吟集』『国性爺合戦』『義経千本桜』、そして、いきなり『ハムレット』。さらに列記といふレトリックの起源を述べるために、祝詞《のりと》からインディアンの祭事（ポトラッチ）を経由して、『枕草子』『閑吟集』、能の『舟橋』、近松の『心中天網島』へゆき、しまひにはプルーストの『失はれた時を求めて』、ジョイスの『ユリシーズ』『フィネガンス・ウェイク』までが威風堂々引用されるのである。

どうです。すごいでせう。ここまで来ると、もう『坊つちやん』論だか漱石論だか古今東西文学見本市だかなんだかわかりやしない。

けれども丸谷さんは悪びれもせず、どんなもんだと胸を張る。〈かういふのはみんな日本文学にもあります〉〈かういふ現象はどこの国の文学でもありさうである〉と。

まさか、仰《おつしや》りたいのは、それだけぢやないですよね。連想ゲームか天ぷらだと申し上げた意味、おわかりいただけましたでせうか。外国文学と古典文学の引用のみで膨らんだ気宇壮大な漱石論。いや、これが知識人の仕事、といふものなのだらうけれども。


（S／00・10・20）

『天声人語2000年1月―6月』

（朝日新聞社・2000年9月・1300円）

名コラムの得意ワザは、竹に木を接ぐ「ウルトラ接ぎ木」

天声人語は短い文章のお手本であるという説は本当なのだろうか。

私は前からいぶかしく思ってきた。天声人語には他のコラムにはない特徴がある。戦後の書き手は現在8人目だそうだから、これは書き手というより天声人語欄の癖である。

『天声人語2000年1月―6月』で検証してみよう。天声人語は接ぎ木が好きだ。しかも木に竹を接ぐような「ウルトラ接ぎ木」を平気でやる。
①中接ぎ型（竹が途中で木に変わる）

〈事情がよくわからない段階で、あれこれ推測するのは慎みたい〉

新潟の女性監禁事件にふれた書き出しである。ふむふむと思っていると突然こうくる。

〈民俗学者の柳田国男が『遠野物語』を書いたのは一九一〇年（明治四十三年）だった〉

じつは『遠野物語』にも神隠しにあった女性の話がいくつもあるというのである。

そして、最後にとってつけたようなひと言。

〈幸いにも帰ってきた十九歳の女性の、心身の回復の早からんことを、と願う〉

中接ぎ型の特徴は、結局何がいいたいのかわからないことだ。解放された女性を心配しているのか、それとも単に博識ぶりを披露したかったのか。
②キセル型（木が途中から竹に変わり、ラストでもう一度木に戻る）
書き出しは〈故杉村春子の名演技で知られた『女の一生』（森本薫作）は……〉。

芝居の話だ。そして、しばらく台詞の引用が続いた後、突如こうくる。

〈竹下登元首相が政界を引退する、という報道で、右のせりふを連想した〉

ここから話題はいきなり世襲議員問題に移り、最後に芝居の台詞に戻ってくる。

〈候補者にも言ってみたい。「お前（失礼！）でなければ出来ないと思っている」〉

キセル型の特徴は、文化芸術が世俗的な話のダシに利用されている感が強く残ることである。

竹下登といっしょにされちゃ、杉村春子も浮かばれまい。
③逆転型（最後に突然正体がわかる）

書き出しは〈「人類の敵」「ジャングルの野獣」と検事が告発する〉。元ナチス親衛隊中佐アドルフ・アイヒマンの裁判の話である。もっかその映画が公開中だという話から、ハンナ・アーレントを援用して服従もまた罪なのだと続き、なるほどねと思っていると、最後にひと言。〈これはひとごとではない。警察での不祥事や国旗・国歌の扱いぶりに見るように、日本の社会でもなじみ深い風景である〉

最後まで読まないと意図がつかめないのが、逆転型の特徴である。

接ぎ木の原理はおわかりだろう。竹とは生臭い時事ネタ。木とは風流または高尚な歴史や文学ネタである。天声人語の得意技は何かを「連想した」り「ふと思い出した」りすることだ。特に思い出しやすいのは、東西の古典、詩歌、芝居の台詞、哲人の警句の類。これがみごとに決まらないと仕事した気にならないのかもしれぬ。さあ、今日の天声人語は何型かな。心して読んでみよう。

（S／00・10・27）

『日本の歴史01　縄文の生活誌』岡村道雄

（講談社・2000年10月・1500円）

三内丸山のサラリーマンも会社帰りに縄のれんに行っていた？

網野さん肝煎りの通史ということで、期待している歴史ファンも多いのではなかろうか。講談社「日本の歴史」シリーズ（全26巻）の刊行がはじまった。第1回配本は総論にあたる第00巻・網野善彦『「日本」とは何か』と、第01巻・岡村道雄『縄文の生活誌』*。

これまでの「進歩史観」や「農業中心主義」を厳しく批判。〈男性を中心とする農業にもっぱら焦点をあわせて、社会の歴史をとらえていたために、女性の社会的活動の実態を過小評価してきた〉歴史学の伝統を廃し、〈女性、老人、子供、さらには被差別民の社会の中での役割〉に目を向けるという第00巻の宣言に、私もちょっと興奮した。

ワクワクしながら第01巻『縄文の生活誌』に突入し、さらに興奮した。なぜって、そこには、とうてい歴史の概説書とは思えぬ文章が載っていたからである。

〈さえわたる満天の星の下、ときおり遠くでオオツノジカの啼《な》き声が聞こえる。焚《た》き火の火が消えかかったため、クグは寒気がしてはっとめざめた〉

もしかして、これは小説!?

小説なのだ。いや全編ではない。臨場感を高めるためなのだろう。概説的な記述のあいまに時代と場所と主人公を設定した「物語」が挿入されるのである。右のは13万年前、宮城県馬場壇《ばばだん》を舞台にした物語である。旧石器時代が舞台のお話なんて、めったに読めないぞ。岡村先生、張り切ったのであろう。情感たっぷり。斬新ではないか。

ただ、ここに出てくる物語は、00巻を読んで想像したのとはちょっとちがうのである。なんていうのかな、けっこう家父長的なんだ。旧石器時代の遊動民も、縄文前期の定住民も、縄文中期の三内丸山の一族も、家長は必ず男。妻はいつも料理や家族の世話をしている。

〈今夜は、たらふくナウマンゾウ料理だ。女たちは、肉を干して保存食作りに忙しくなる〉

〈妻のアザミは、今日シシ（夫）が捕ってきた魚を、石組み炉で焼いていた〉

これではまるで、夫は外で働き、妻は家を守る近代家族だ。べつに原始時代は母権制だったとまではいわないが、再現ドラマって要するに解釈でしょ。男女の役割分担ってこんなに固定化していたんだろうか、石器時代から。だいたい登場人物を紹介するのに「クグとその妻と子」はねえべ。妻と子の名前くらいちゃんと書いてくださいよ、先生。

と不平をいうのもこのシリーズに期待していればこそ。ちなみに私はココが好き。

〈男たちは毎晩、オオクマを中心にヤマブドウやニワトコで作った酒を飲み交わし、それぞれの将来のこと、子どもや妻の自慢、これからの氏族の未来などについて楽しく語りあった〉

縄文のお父さんも、会社帰りに縄のれんに行っていたんだ。

（S／00・11・17）

＊ この直後、2000年11月に発覚した遺跡捏造事件によって、『縄文の生活誌』はこの直後、大きな余波に見舞われることになった。詳しくは341ページ参照。

『私の死亡記事』文藝春秋編

（文藝春秋・2000年12月・1524円／文春文庫・2004年12月・562円）

野垂れ死にして遺骨は散骨。ご愁傷さまな雑文集

世に悪趣味な本は数あれど、『私の死亡記事』もそうとう悪趣味な本である。タイトル通り、自分の死亡記事を書かせる企画物だが、たとえばこんなのをどう判断するか。

〈当時六十六歳の黒川紀章が四十年の創作活動を振り返る回顧展であったことからも判るように、黒川は二十歳代にすでに世界に知られる建築家となり、終生トップランナーとして変革へ挑戦しつづけた。その七十六年の生涯は、世界でも希有である。／黒川紀章は自ら、建築家であるまえに、思想家であると語っていた〉

宣伝なのか冗談なのか本気なのか、いずれにしても彼はこれを「自分で書いている」のだ。

みなさまの死に方のイメージにも感動させられる。

〈モンゴルから一人で馬に乗って出ていって、それっきりでした〉（高野孟）。〈ヒマラヤ山麓にて、坐禅の最中、老衰のため死亡。九十歳〉（中村敦夫）。〈レイテ島の海辺に立ち、フィリピン海溝を飽かず眺めている彼の姿が目撃されているが、その後の行方はわからない〉（堀田力）。〈インドネシア・ブル島の山中海抜七百メートルの地点で土地の人間によって倒れているところを発見される〉（山口昌男）

かっこよすぎ。最果ての地での野垂れ死には選ばれたヒーローの最期だぜ。

さらには自らの遺骨の行方について。〈葬儀は行なわず、遺骨は沖縄の海に撒かれる予定〉（荒俣宏）。〈葬儀・告別式は本人の遺志により行わず、静岡県相模湾に散骨される〉（岩見隆夫）。〈荼毘に付された遺骨は、飲み仲間によって関門海峡に撒かれるという〉（佐木隆三）。〈遺骨を粉に砕き、岩木山頂から愛するみちのくの天地目がけて撒いてくれれば本望と語っていた〉（鈴木健二）。〈遺体は荼毘に付されたあと、遺言により立山の弥陀ヶ原に撒骨される〉（辺見じゅん）。〈死体の骨灰は友人の立ち会いのもとに故人がこよなく愛したタンジェ沖合に撒かれる予定である〉（四方田犬彦）。

骨、撒きすぎ。これでは海も山も遺骨だらけになっちゃうぜ。

自らの死亡記事を書くということは、書き手のセルフイメージを公開すること。業績をマジメに列挙したらしたなりに、ふざけた死因などをでっち上げたら上げたなりに、各々の自意識がどうしようもなくにじみ出てしまう。出てくる感想は「やっぱりバカだな」か「意外にバカだな」。つまり、どう書いても「バカじゃなかろか」に見えてしまうのだ。本に掲載されている依頼状には「興味本位からのものではない」とあるけれど、興味本位以外に何がある？

注文に応じて律儀に原稿を寄せた「豪華執筆陣、全一〇二名」の中には、いまごろになって「失敗した」と後悔している人もいるのではないか。まさにご愁傷さまだ。（S／01・2・9）

『ぐるぐる日記』田口ランディ

（筑摩書房・2001年1月・1600円）

シンデレラ・ガールを厚遇した人、冷遇した人

いまや時の人になった田口ランディさんである。次から次へ本は出る。出る本、出る本、評判になる。小説を書けば直木賞候補になる。『ぐるぐる日記』はそんな彼女が1999年5月から2000年6月まで、約1年間の疾風怒濤の生活ぶりを綴った日記だ。*

〈実は私はわりと暇である。暇だからこんなに毎日たくさん日記を書いてしまうのだろう。なんで暇かって、仕事していないからに他ならない。仕事が無いと言うべきかもしれない〉

99年5月にはこう記していた彼女。

ところが、翌月にはあちこちの出版社から仕事が舞い込み、1年後には執筆やインタビューや取材旅行に追われる人気作家になっていた。その間の各社の対応がおもしろい。

〈芝田さんはやおらテーブルの上に梁石日さんの『血と骨』を取り出す。／そして「田口さんなら、この女性版が書けると思います。長編小説を書いてみませんか？」と言うのである〉

これは幻冬舎の編集者。文芸編集者は口説き上手だ。こうやってできたのが彼女の小説デビュー作『コンセント』。その後の経緯はご存じの通りである。

〈そんとき「あんたは書ける人だから、八十枚くらいのものを書いて小説現代新人賞あたりに応募したらどうか」と言われた。「賞をとらないとダメですか？」って聞いたら、「日本じゃあ賞を

とらないで作家になるのは無理だね」と言われたのだ〉

これは2年前の思い出話として出てくるマガジンハウス「鳩よ！」の前編集長。目の前の大魚を逃した、といいたいのだろうか？　そうそう、週刊誌の話もあった。

〈「週刊文春」の人が「連載お願いできませんか？」と突然切りだす。うひゃ〜私ごときがそんな〜。あまりに怖れ多いので御辞退した〉

わっ、謙虚。しかし後の彼女がこうなるとも知らず、18年前にひどい対応をした人もいた。

〈朝日新聞のAさんは、当時は「週刊朝日」の編集長だったような気がする。私はAさんに「私は将来、マスコミの仕事についてみたいなあと思っているんですが」と、相談した事があった。／そうしたらAさんは「絶対に無理だからやめなさい」と断言したのである〉

みなさん、無名の人をぞんざいに扱っちゃいけませんよ。後で何を書かれるかわかったもんじゃありません。

その昔、シンデレラのその後について議論したことがある。お后になった自分のもとに継母と姉が訪ねてきたら、邪険に追い返すのと、過去には目をつぶって手厚く歓待するのとどっちが優越感にひたれるか、というものである。田口さんはどっち派だろう。ていうか、こんな裏話を綴った日記を公開すること自体、たいした復讐だともいえるけど。

（S／01・2・23）

＊　この当時、飛ぶ鳥落とす勢いだった彼女には、その後『コンセント』の盗作問題などが持ち上がった。冷遇した人はホッと胸をなでおろしたりしたのだろうか。

『だれが「本」を殺すのか』佐野眞一

（プレジデント社・2001年2月・1800円／新潮文庫〈上・下巻〉・2004年6月・各667円）

略称「本コロ」。出版不況のただ中で出版関係者が全員読んだと噂された本

『光に向かって100の花束』（1万年堂出版）という40万部も売れている本があって、[*1]ここには本文のほかに、意味不明な七五調の教訓（？）がたくさん載っている。

〈なんのその、百万石も、笹の露〉

〈なぜやめぬ、怨み呪えば、身の破滅〉

先日、某出版社の社員と「なんでああいう本ばかりが売れるかな」と愚痴半分で語り合って別れた後、彼がファクスでジーコジーコと「わが社の教訓」なるものを送ってきた。

【教訓】なんのその、四十万部も、笹の露　【鑑賞】本など何十万部売れても、銀行からの借金にくらべれば、笹の露ほどのものであることだなあ。

【教訓】なぜ売れる、本を真似れば、身の破滅　【鑑賞】貧乏な出版社が売れている本の真似をしても、身の破滅を早めるだけのことであるのだなあ。

なぜ嘆く、かかる自虐が、身の破滅。とはいえこれがシャレではすまぬのが、もっかの出版不況というやつで、よるとさわると最近は「本が売れない」という話ばかり。

おそらく同じような問題意識を共有しているのが、佐野眞一『だれが「本」を殺すのか』である。先の「教訓」を送ってきた某社の社員をはじめ、出版書籍業界の人はみな読んでいるとも噂される本。書店、流通、版元、地方出版、編集者、図書館、書評、電子出版などを串刺しにした、著者の言葉によれば「事件ルポルタージュ」である。本を殺そうとしている戦犯はだれかという視点で書かれており、業界内幕物にはないスリルとサスペンスが仕込まれている。

私も他人事ではいられない。なにせそこでは書評も、本を殺す「戦犯候補」なのである。新聞書評なんかA級戦犯だろうなと思いきや、もっと激しく叱責されている雑誌があった。〈「ダ・ヴィンチ」のうす気味悪さは、本を弄《いら》うだけの「ごっこ」遊びを率先してやっていることに、まったく無自覚なことである〉

きびしー！　全体の論調は冷静で的確であるだけに、ここは特別な印象を残す。

ベストセラー偏重に対する佐野さんの悲憤慷慨はわからぬでもない。でもこれは、世代差の問題ではないかとも思った。「ダ・ヴィンチ」は10代～20代を対象にした書評誌だ。この世代には本もゲームもケータイも等価のメディア。それらと競合するためには、誌面のゲーム化、ごっこ化も避けられず、そこを否定したら本に未来はないだろう。

『だれが「本」を殺すのか』には重要な登場人物が抜けている。「読者」という目には見えない大衆だ。だれがどんな動機で買うと何十万部も売れるのか。その人はほかに何を読んでいるのか。こうした読者動向をノンフィクションの手法で追跡した本が読みたい。*2

【教訓】なんのその、「ダ・ヴィンチ」読者も、笹の露　【鑑賞】書評誌が与える影響など、膨大な本の消費者の前では笹の露ほどのものであることだなあ。

「ダ・ヴィンチ」なんか読まれているだけマシ。週刊誌の書評欄なんて笹の露以下かもしれないんだから。

（S／01・3・16）

＊1　『光に向かって100の花束』は最終的には64万部に達した。
＊2　2002年5月、続編の『だれが「本」を殺すのか　延長戦』（プレジデント社）が出版された。こちらは講演、対談、インタビュー、書評など「本コロ」への反響を集めた本である。

『文藝別冊　相田みつを』

（河出書房新社・2001年3月・1143円）

インテリゲンチャのアキレス腱を盾にとった「攻略本」

相田みつをについては、もう説明の必要はないだろう（71ページ参照）。広大なのか卑小なのかわからないみつをの世界だが、彼の著作が総計600万部も売れているのも事実であり、ついに文芸雑誌が「相田みつを現象」の解明に乗り出した。『文藝別冊　相田みつを』は、批評家、詩人、哲学者、書家など、総勢20名あまりが、それぞれの相田みつを論を綴り、あるいは語った、いわば「相田みつを攻略本」である。

相田みつをは、基本的に大衆受けのする人である。っていうか、ハッキリいえば大衆にしか受けない。そうなので、この攻略本がおもしろいのは、インテリが寄ってたかって「大衆の神様」

を論じる風情になっている点だ。この機にはじめて読んだと告白する人。大衆の側に立ってインテリ批判を展開する人。じつは嫌いだと言外に述べている人。否定するのはインテリの奢《おご》りかもしれないという意識があるから（たぶん）、みな苦しそうである。まー、カボチャの絵がついた武者小路実篤の色紙を論評するようなものですからね。

ただし、そんなインテリのみなさまが一様にシャッポを脱いでしまう領域があったのだ。みつをは書家で詩人で在家の仏教徒だった人だから、攻め入りどころは3つある。①言葉の内容（詩の意味）、②言葉の思想（仏教的な背景）、③言葉の表層（書としての価値）である。

①②はみなさまお得意の分野であり、それなりの論が展開されている。しかし、③の前では、ほとんどの論者が彼の「芸術性」を素直に認めてしまうのだ。

〈相田みつをさんの墨の文字って、いまの書の世界と違い、しっかり相手に記号と分かるようになって、ここだけでも、とてつもない安心さをくれる〉（小嵐九八郎）とか、〈相田みつをの字は味がある、あたたかみのあるポップな書体として完成度がかなり高いのではないか〉（枡野浩一）とか、〈素人目には「ヘタな字」にしか見えない相田みつをの書には、権威を笑う解放感のようなものがある〉（切通理作）とか。

その観点でいちばん意味があったのは書家の岡本光平氏へのインタビューだった。氏によれば、相田みつをは片岡鶴太郎や緒形拳と同じ「書の大衆化」の一環。大衆化路線に乗った書家には他に榊莫山がいるが、相田みつをの書は清水比庵という書家のパクリ（と岡本さんは明言してないけど）ではないかという。こういうのが「攻略本」の醍醐味っすね。

（S／01・4・13）

『考え、売ります。』ダグラス・ラミス著、知念ウシ訳

（平凡社・2001年3月・1200円）

外見はカジュアル、中身は優等生の「コケた便乗本」

柳の下の2匹目のドジョウか、2個目のチーズ狙いか、あの本とそっくりなサイズ、そっくりな厚さ（薄さ）の本が出た。あの本とは無敵のベストセラー『チーズはどこへ消えた？』（125ページ参照）。この本はダグラス・ラミス『考え、売ります。』である。中を開けば、あの本と同じように総ルビでイラスト入り。内容もちゃんと寓話仕立てになっている。

発行元は平凡社。モテモテの同級生のファッションを横目で見て「よーし、オレも」とモテない優等生が慣れないカジュアルウエアに挑戦してみたという風情である。

主人公のミコは、縁日のお寺の境内で風変わりなおじさんと出会った。彼はどこか遠い南の国から来た人で、いろんな「考え」を売る屋台を出していた。おじさんはお金は取らない。「思いつきを一つ」と注文したミコのお代は桃一個。「遊び方を教えて」と頼んだ男の子のお代はバナナ一本。商店街の人々からサラリーマンや先生まで、店は繁盛するが、おじさんの「考え」は何

の役にも立たないようなものばかり。お寺の住職に売った「印象」は「あなたのお寺は、ひっくり返り、マストが根っこのように地中に深く沈んだ、古代の帆船のように見えます」（さほどおもしろくはないが、それは仕方がない。おじさんの売り物は「小話」でも「情報」でもなく、あくまでも「考え」なのだ）。それでも町の人々には小さな変化が訪れる。

経済優先の現代社会を批評した風刺童話風。教訓をあえて引き出せば「人生には、ときには発想の転換が必要です」といったあたりですかね。

ただし、2個目のチーズをゲットできるかどうかとなると、保証の限りではない。着るものをポップに取り替えても、中身の生真面目さまでは取り替えられない優等生。もしも本当に売れ線狙いなら、この本はケツのまくり方が足りない。内容はかなり高級。絵の芸術性も高い。どうせなら『バターはそこにある！』くらいの書名にしなきゃ。*

もっとも、露骨なパロディ本が売れたためしはないからな。『マディソン郡の橋』をパロった『エディソン郡のドブ』（たしか安部譲二さんの訳だった）も、『「NO」と言える日本』をパクった『「UN」と言える日本』（ウッチャンナンチャンのラジオ番組から生まれた本だった）も本家ほどは話題にならなかったはず。ま、2匹目狙いの人はがんばって。

（S／01・4・20）

＊ などといっているうちに、ほんとにパロディ本が出るから出版界ってところは……。それが次で取り上げた『チーズはここにあった！』と『バターはどこへ溶けた？』である。

『チーズはここにあった！』植西聡監修、Victory Twenty-one著（廣済堂出版・２００１年５月・９５２円）
『バターはどこへ溶けた？』ディーン・リップルウッド著（道出版・２００１年５月・８３８円）

便乗本はこうして出来た!?　チーズとバターの製造秘話

むかし、ある家に2匹のイヌと2匹のネコが住んでいた。イヌの名前はポチとジョン、ネコの名前はタマとミケといった。ある日、4匹は居間で1冊の本を見つけた。ご主人様が置き忘れた本だった。表紙には『チーズはどこへ消えた？』と書いてあった。

ご主人様は来客があるたびに「あの本はおもしろいよ」といっていたので、4匹はこの本にたいそう興味を持っていた。そして、ご主人様の留守中に読んでみることにしたのである。

チーズより肉や魚が好きな4匹には、何がおもしろいのかよくわからなかった。しかし、2匹のネズミと2人の小人がチーズを探しに行く話であることだけは理解した。

ご主人様にほめられるのが大好きなポチとジョンは、犬小屋の中で相談した。

「ああいう本がご主人様を喜ばせるんだね」「そうだね、喜ばせるんだね」「ぼくらもああゆう本を作ったらどうだろう」「そうだね、作ろう」

ポチとジョンが作ったのは『チーズはここにあった！』という本である。アリとキリギリスが活躍するお話だ。チーズはどこにも出てこない。しかし、ご主人様に喜んでもらうにはチーズが必要ではないかと思い、こんな題名にしたのである。

ご主人様を日頃から少しバカにしていたタマとミケは、ソファの上で相談した。「あんな本で喜ぶなんて、ご主人様はやっぱりバカだったんだね」「そうだね、バカだったんだね」「ご主人様の目を覚まさせてやろう」「そうだね、覚まさせてやろう」

タマとミケは『バターはどこへ溶けた?』という本を作った。2匹のキツネと2匹のネコの話である。自己顕示欲の強いタマとミケは、自分たちも主人公として登場させることにしたのである。しかし、目的が目的なので、もとの本とは正反対の結論にしておいた。

こうして『チーズはここにあった!』と『バターはどこへ溶けた?』、2冊の新しい本が家には置かれた。ご主人様の反応を、2匹のイヌと2匹のネコは息をのんでうかがった。

『チーズはここにあった!』を読んだご主人様は「ふーん」といっただけだった。ポチとジョンは、アリが静岡弁を、キリギリスが大阪弁を話すあたりの工夫を喜んでほしいと思ったが、ご主人様が笑わないので落胆した。次に『バターはどこへ溶けた?』を読んだご主人様は「ほほう」といっただけだった。タマとミケは、細部まで元本に似せたパロディ精神をくみとってほしいと思ったが、ご主人様があくびをしたのでムッとした。

この物語は私たちに便乗商売の難しさを教えてくれる。偽物はどうがんばっても本家に及ばず。2匹のイヌと2匹のネコは、人間が飽きやすい動物であることを忘れていたのである。*

(S/01・5・25)

* とはいえ『バターはどこへ溶けた?』は堂々の30万部を売り、『チーズはどこへ消えた?』の

出版元である扶桑社は、東京地裁に不正競争防止法と著作権法に基づく出版差し止めを求める仮処分を申請した。2001年12月、東京地裁は扶桑社の申請を認め、道出版はこれを不服として抗告したが、2002年12月に和解が成立している。

『阪神タイガースの正体』井上章一

（太田出版・2001年4月・1700円）

絶望の深さを思い知れ。鬱型ファンがひとりでコソコソ楽しむ本

メジャーリーグに移籍したイチローや新庄を見ていると、「才能の海外流出」という言葉を思い出す。日本野球がアメリカの檜舞台でも通用するとなれば、国内のプロ野球はフリーエージェントの権利を得るまでの腰掛けで、いずれは自分も大リーグへ、とみんなが考えるようになるだろう。[*1]かくて日本プロ野球は大リーグのファーム化す……。

と、こんな風に人々の目が世界へ向いているときに、なんとも時流とずれた本が出たものではないか。『阪神タイガースの正体』。著者は霊柩車、桂離宮、美人論、最近では『愛の空間』（角川選書）でラブホテルの近代史に光を当ててみせた、あの井上章一さんである。

阪神タイガースといわれても、ああ、そんな球団もあったなあという感じである。ファンの予想を裏切ることなく、阪神、今年も熾烈《しれつ》な最下位争いをくりひろげている。[*2]

私が見たところ阪神ファンには2種類ある。まず躁タイプ。群れるのが好きで、熱狂のあまり道頓堀に飛び込むような、いわゆるトラキチである。そして鬱タイプ。群れるのが嫌いで、理屈っぽくて思索的。躁型のファンを嫌う彼らは、阪神ファンの中でもさらにマイナーな存在だ。井上さんは関西在住者ではあるが、典型的な鬱タイプの阪神ファンだ。でなきゃ、こんな本を書いたりすまい。同じく鬱な人生を送ってきた私は、涙なしには読めなかった。

阪神がいつからこんなチームになったのか。すべて70年代以降の物語だと著者はいうのである。1970年をまたいで読売巨人は9連覇の記録を打ち立てる。しかし、Vナイン期の阪神はけっこう強いチームだった。2位が5回、3位が3回。Aクラスの常連だった。優勝しなくても読売と競っていれば観客は入る。かくして、こんな定説が70年代前半にできあがる。

「タイガースは反体制的だ」

75年以降、阪神は順位を落としていくが、メディアミックスの力もあって逆に観客動員数は増え、弱いチームを応援するという意識が生まれる。そして、こんな情けないイメージが定着する。

「タイガースは優勝できない」

80年代に入ると、演芸人がダメトラを自虐的な笑いのネタにし、ついにこんな像が加わった。

「タイガースは道化集団である」

阪神のイメージは、ステレオタイプな関西イメージとも重なる。山口昌男ばりの「王と道化」の人類学的見取り図がなぜか哀しい。85年の優勝騒ぎさえ「おかげまいりとええじゃないか」に模される始末。おもしろい本だけど、売れないだろうな。阪神ファン以外にはどうでもいい本だし、躁タイプのコアな阪神ファンは本なんか読まないし。

（S／01・6・22）

＊1　2003年に松井秀喜がニューヨーク・ヤンキースに移籍するなど、この傾向はますます強まっているように見える。日本プロ野球界もやっと起死回生に乗り出してはいるが。

＊2　2001年の結果はやっぱり6位。2年後の2003年には18年ぶりの優勝に湧くが、これも「おかげまいり」みたいなもの？　次の優勝は2020年ごろでしょうか。

『村上ラヂオ』村上春樹

「アンアン」の読者を前に「オジサン、つまらないこといっちゃったね」

（マガジンハウス・2001年6月・1238円／新潮文庫・2003年6月・400円）

村上春樹には小説のみならずエッセイのファンも多い。

そんな女性読者のひとりからメールをもらった。「『村上ラヂオ』を読みました？　なんかヘンなんですよねえ。ぬるいっていうか、微妙に気色悪いというか」

村上春樹のエッセイは、どうってことない話を書いているようで、それがいきなり文明批評に飛ぶあたりに妙味がある。どの本だったか忘れたが、「文化的焼き畑農業」という表現に私はいたく感心したことがある。[*]日本の文化は新しいものを次々に消費しては短期間に食いつぶしていく、そんな話で、以来、タレントの人気が急に凋落したり、街の景観が急激に変わったりするのを見ると、「ああ、焼き畑農業だな」と感じる。

さて、『村上ラヂオ』である。ぬるいといわれれば、たしかにそうかもしれない。しかし、よく読むと、本の話、映画の話、音楽の話、食の話、海外での体験談……。幅広いジャンルから話題を集めているし、これはこれでなかなか衒学《げんがく》的なエッセイ集なのだ。

しかし、もし彼女がいう「微妙な気色悪さ」があるとしたら、こんな箇所だろう。

〈でも太巻きっていいですよね。あなごやらイカやら卵焼きやら三つ葉やらかんぴょうやら、いろんなものがみんな一緒にひとつの布団に潜り込んでいるみたいで、見ているだけで心愉しい。ところで、だいたいにおいて女の人は、太巻きの両端の飛び出たところが大好きみたいだけど、どうしてだろう？〉

「どうしてだろ？」って聞かれてもねえ。太巻きの端のことなんて考えたことないし。

〈だからこそ「このままでとくに不自由はないよ。これ以上ハンサムになりたいとも望まないよ」と言っているわけです。／しかし、やっぱりあつかましいのかな、これは？／あつかましいんだろうな、きっと。すいませんね〉

〈あるとくべつな夜に、あるとくべつな女性と、青山のとある高級なイタリア料理店に行って、夕食をともにした。といっても要するにうちの奥さんと、結婚記念日を祝ったというだけのことです。なーんだ、つまらないですね。つまらなくないか。それはまあいいや〉

この感触は、ひとりでしゃべって「いやあ、オジサン、つまらんことをしゃべっちゃったかな。アハハ、まいったなあ」などとひとりで照れて、ひとりで謝るオジサンに似ているのだ。

原因はこのエッセイが「アンアン」の連載だったせいだろう。読み手が若い女性であることを意識しすぎて、こうなった。すなわち村上春樹が読者を非常に意識した書き手であることの、これは貴重な症例だと思うのだが、読んだ人はたしかに困惑するやね。（S／01・7・27）

＊　この本は『やがて哀しき外国語』（講談社文庫）でした。〈これはまったくのところ文化的焼き畑農業である。みんなで寄ってたかってひとつの畑を焼き尽くすと次の畑に行く。あとにはしばらくは草も生えない。（略）これを文化的消耗と言わずしていったい何と言えばいいのか〉

『芸妓峰子の花いくさ』岩崎峰子

あの本のモデルになった元芸妓が語る花柳界と祇園の真相

（講談社・2001年7月・1600円／講談社＋α文庫・2002年9月・780円）

「アエラ」2001年8月27日号で気になる記事を見つけた。全米ベストセラーになった本のモデルになった女性が自伝を出版したという内容である。

〈芸妓とは舞などの芸を糧とした職業で、『芸は売っても身は売らぬ』の精神。財団までつくって女性の自立と地位向上を目指していると説明したのに、あんな作品になるとは……〉

と怒っているのは岩崎峰子さん。*「あんな作品」とはアーサー・ゴールデン『メモワール・オブ・ゲイシャ』である。日本では99年に『さゆり』（小川高義訳・文藝春秋）の邦題で出版された。岩崎さんは著者と米出版社に損害賠償を求める訴訟を起こしたという。

そうなのか。『さゆり』なら私も読んだし、新聞に書評も書いた。自伝的な体裁とはいえ、読むだにフィクション。バーチャル回想録としてはおもしろかったんだけどな。

とはいえ、それは私が野次馬だからで、ご本人には不本意だったのだろう。申し訳ないことをした。せめて岩崎さんの自伝『芸妓峰子《げいこ》の花いくさ』を読んで反省しよう。

『芸妓峰子の花いくさ』（それにしても、なんでこんな変な書名なんだろう）に描かれた祇園の姿は、たしかに『さゆり』のそれとはかなり異なる。

〈多くの人は、芸妓、芸者、娼婦、売春婦などの違いをまったくわかっていず、（略）祇園甲部の芸妓や、その他の花柳界の芸者衆を、世の男性のお相手をするホステスまがいと思ってしまっているようですが、これははなはだ失礼千万なことだと思います〉

〈花柳界でいう水揚げとは、廓の水揚げのように、はじめてお客さまと同衾することではなく、ステップアップの儀式をすることで、関係各所にご挨拶をし、髪型を変えるだけですませます〉

祇園の芸妓を、ホステスや廓《くるわ》の娼妓といっしょにするなということらしい。

なるほどそうでしたか、ごめんなさい。

ただ、ただである。芸妓のプライドはわかったけれど、それって〈世の男性のお相手をするホステスまがい〉の人たちや、かつての廓の娼妓を、逆に見下してないか？

率直にいえば、あの本はあの本、この本はこの本だと思った。「フジヤマ・ゲイシャ」の固定観念を植え付けたという点でなら、『さゆり』の作者のみならず、永井荷風ら花柳小説の罪も重かろう。それと副題が「ほんまの恋はいっぺんどす」であるように、本書の目玉は勝新太郎との恋愛暴露話である。祇園の芸妓はそんなプライベートを平気で公表する人たちなのか。祇園のイメージアップを図るつもりで、イメージダウンになってねえ？（S／01・9・21）

＊ 彼女こそ2年後の『祇園の教訓』の著者である（148ページ参照）。『祇園の教訓』がベストセラーになったことで、わずかに一矢報いたといえようか。一方の『メモワール・オブ・ゲイシャ』はスピルバーグの製作で映画化され（邦題「さゆり」）、05年12月に公開が予定されている。

『屁タレどもよ！』中村うさぎ

（フィールドワイ・2001年10月・1238円／文春文庫・2004年7月・438円）

過激につき出版停止！　ネット販売のみになったいわくつきの本

中村うさぎ『屁タレどもよ！』。オンライン書店bk1で発売直後からベストセラーになった一冊だ。じつはこの本、某出版社から発売される予定が「悪口が過激すぎる」という理由で版元が出版中止を決定、別の会社が引き取ってネットのみの販売になったという。

ネット上でも内容の一部が立ち読みできるようになっている。

〈他人の悪口は、気持ちいい。いけないコトとは思いつつ、天下に胸を張って「こいつが嫌いだぁ――っ！」と、思いっきり叫んでみたい。その結果、「そーゆーおまえこそ、大嫌いだぁ――っ！！！」という三倍返しの悪口が跳ね返ってきたとしても、だ〉

いやがおうにも高まる期待。遅ればせながら、私も取り寄せて読んでみた。

しかし、正直、期待はずれ。思ったほどに過激じゃない。〈こいつが嫌いだぁ――っ！〉どころではなく、うさぎさんの真っ当さが、ひたすら伝わるだけ。

デヴィ夫人、高見恭子、中村江里子、小柳ルミ子、今井美樹、小渕優子、ビビアン・スー、村上里佳子、泉ピン子、あと君島十和子に、林葉直子……と列挙すればわかるように、対象自体がいまさらわざわざ悪口を書かねばならないような人たちでもない。

それでも彼女がこのコラム（もともとは夕刊フジの連載）を書き続けたのだとしたら、「女が女の悪口を書く」という構図に喜びを見いだす男たちに、彼女が応えようとしたためではないか。

だが、そこは中村うさぎである。そう期待通りには運ばない。

〈ま、そんなワケで、泉ピン子に対しては、そこはかとなく親近感を抱いてしまう中村である。／似合いもしないブランド物でせっせと着飾る悲しい習性、挙句に出版社やら事務所やらから借金を重ねる浅はかさ。（略）でも、わかる！　わかるよ、ピン子！〉

悪口どころか共感しちゃってるもんね。こんなに穏当な本が、なぜ出版中止になったのだろう。

あえて理由を探れば、同業の文筆業者に厳しい点か。〈こりゃないよ、内田春菊さん。これは「小説」じゃないよ。芸能人の暴露本と変わらないよ、この内容〉とか、〈私が北川悦吏子を知ったのは、彼女のエッセイを読んだためである。（略）これがまた……なんちゅーの？　我田引水？　自画自賛？〉とか。

出版社の中には、特定の作家の顔色を気にするところもありますからね。あと、うさぎさんは自分の悪口を書いているのがいちばんおもしろい。大人なんだよ。（S／01・11・30）

『クラシック批評こてんぱん』鈴木淳史

（洋泉社新書y・2001年8月・756円）

音楽評論というより文芸評論。前代未聞のオマケつき

鈴木淳史『クラシック批評こてんぱん』は音楽批評のように見えるが、じつはすぐれた文芸批評の本である。批評の対象はもっぱら音楽評論の「文章」で、吉田秀和、宇野功芳、黒田恭一、といった音楽批評界の巨匠から、巨大掲示板サイト「2ちゃんねる」の書き込みまで、膨大な例を引きながら、手際よく批評の批評をしてみせる。

〈的はずれで変な批判をすると、批判された相手も「コイツー何言ってんだよォ～、うっくっく」となんだか明るい気分になるものだ。核心に触れた欠点をあげつらうよりも、こういう批判

のほうが言われたほうも気分が軽くなるものである。筆致は鋭くても、ボケたふりをして場も明るくする。こういうオトナのエッセンスを持った批評を心がけたいものである〉

なんていわれると、そうだよね、修行が足りませんね（汗）、と反省することしきりである。ナビゲーター鈴木の腕があればこそとはいえ、音楽評論は文芸評論より芸がありそうに思えてくる。評論文に興味がある人にはぜひおすすめだ。

と書くのには、じつはもうひとつワケがある。この本はいまお買い上げになると、もれなく楽しいオマケがついてくるのだ。本を開いたとたん、ハラリと落ちた謎の紙片。

〈本書の著者名が間違っています〉

へ？　これって正誤表？　見れば、表紙、背表紙から著者略歴、奥付、扉にいたるまで著者名の「淳史」がすべて「敦史」になっている。鈴木さんは同じ洋泉社新書から別の本も出しているのに（『クラシック名盤ほめ殺し』）、よくまあ盛大な誤植をしてしまったもの。

が、もっと驚いたのは正誤表の文面である。

〈正しくは「鈴木淳史」です。編集者が校正中に読んでいた池宮彰一郎『本能寺』（毎日新聞社）に頻繁に登場する幸若舞「敦盛」の修羅の苦しみと浄化が本書の内容を彷彿とさせたために、「淳史」を「敦史」に変貌させてしまったものであり、本書の内容に関してはなんら影響するものではありません〉

人間にミスはつきもの、本に誤植はつきものだ。私だって人のことはいえない。誤植自体はこの際、仕方ないとしよう。だが、問題は事後処理だ。許しを乞うでも詫びるでもない。著者にも読者にも（池宮彰一郎氏にも敦盛にも）こんなに失礼な正誤表ってある？　著者にならって〈コイツー何言ってんだよォ〜、うっくっく〉とでも思わせたかったのか。

カバーだけ正しく刷り直した本も、都内某大型書店で1冊だけ発見したが（探せばまだあるかも）、これにも問題の正誤表が挟まっていたのには笑った。新書戦争激しき折の悲喜劇。内容は悪くないのだ。著者の名誉のために、せめて早く増刷されることを祈りたい。*（S／01・11・16）

＊　それからまもなくこの本は増刷され、現在は3刷。もちろん著者名は訂正されている。

『広辞苑の嘘』谷沢永一＋渡部昇一

（光文社・2001年10月・1200円）

「太陽の季節」と「太陽のない街」の記述を読み比べれば……

国語辞典にはそれぞれ固有の性格がある。赤瀬川原平『新解さんの謎』（文春文庫）は、そこをおもしろおかしく指摘して、笑わせてくれた本だった。一部の好事家に愛されていた三省堂の『新明解国語辞典』がこれで一躍有名になったのは記憶に新しい。

では、この本はどうだろう。谷沢永一＋渡部昇一『広辞苑の嘘』。岩波書店の『広辞苑』を俎上にのせて、難クセつけた対談本である。反岩波的なポジションがあまりにも似合いすぎるおふたりゆえ、読む前から予想がつく部分もあるけれど、これが存外おもしろい。歴史的な「誤り」の指摘（例・南京大虐殺は反日キャンペーンだ等）、人物評価の「誤り」の指摘（例・偽学者・安藤昌益を削除せよ等）、文芸関係の「無知」の指摘（例・枕草子は随筆ではなく日記だ等）、そして左翼・中国・韓国批判に、語句の説明不足の指摘……。

そりゃまあ、ある種の思想的「偏向」は否めない。しかし、それをいうなら『広辞苑』だって立派な思想的「偏向」の持ち主である。特に罵倒がきわだつのは固有名詞関係だ。

『広辞苑』における『太陽の季節』の説明、すなわち〈小説。石原慎太郎作。一九五五年「文学界」に発表。学生とブルジョア娘との恋愛を軸に、既成の秩序にとらわれない行動的な戦後世代の風俗とドライな感性を描いた青春小説〉と、『太陽のない街』の説明、すなわち〈小説。徳永直《すなお》作。一九二九年「戦旗」に発表。共同印刷争議の体験に基づく。プロレタリア文学の記念碑的作品〉を比較して、ふたりはいう。

渡部〈「ブルジョア娘」という言い方が、古びた白黒フィルム画面の映画を見せられるような、いかにも左翼がかった貧乏左翼闘士の口舌に思われます〉

谷沢〈プロレタリアを連呼しての歓喜ぶりには、寒気まで覚えます。さむぅー、ですわ〉

まあ、その通りだわな。こんな調子で、以下、勇ましい見出しが並ぶ。

〈左翼系反日・日教組先生が愛用する広辞苑〉〈正義は共産主義社会にしかないと断言する広辞苑〉〈広辞苑と朝日新聞は実は疑似右翼である〉〈広辞苑は愚者の楽園、狂者の天国〉

日教組も朝日新聞も、とんだトバッチリである。

とはいうものの「共産主義」と同様、『広辞苑』にもすでに往年の権威はない。第五版は売れ残って在庫の山とも聞く。「広辞苑さん」の性格は、愚直で口下手で融通がきかず、それでも若いころに身につけた左翼思想にしがみつく労働組合の残党、みたいな感じだろうか。それにガーガー楯《たて》つくのも、いまや時代遅れになった右翼の街頭宣伝カーみたいで懐かしい光景ではある。

（S／01・12・7）

『口語訳　古事記［完全版］』　三浦佑之訳、注釈　（文藝春秋・2002年6月・3333円）

古代の古老が「じゃ」「じゃ」としゃべる口語がステキ

この世には、まだまだアバンギャルドな本が隠れておるものじゃのう。いやね、お正月に『古事記』を読んでみましたのじゃ。『口語訳　古事記［完全版］』という見目うるわしき本が出ておりましたのでな。ところが、開けてびっくり玉手箱だったのじゃ。

〈なにもなかったのじゃ……、言葉で言いあらわせるものは、なにも。あったのは、そうさな、うずまきみたいなものだったかいのう。／この老いぼれはなにも聞いてはおらぬし、見てもおらぬでのう。知っておるのは、天《あめ》と地《つち》とが出来てからのことじゃ……〉

原文にはない右のような口上から、物語ははじまるのじゃ。つまり「口語訳」といってもそれは古代の古老が語る「口語」で、「～じゃ」「～じゃった」「～じゃのう」といった語尾のオンパレードだったのじゃ。『古事記』というより、古めかしい西部劇の中でアメリカ・インディアンの古老が白人の青年に大自然の驚異について語って聞かせるときの日本語（の吹き替え）みたいな口語じゃが、どうしてこれがオモロイのじゃ。

有名なイザナギ、イザナミの国生みのシーンはこうなっておる。

〈イザナギは、／「わが身は、成り成りして、成り余っているところがひとところある。そこで、このわが身の成り余っているところを、お前の成り合わないところに刺しふさいで、国土《くにつち》を生み成そうと思う。生むこと、いかに」と問うたのじゃ。／するとイザナミは、／「それは、とても楽しそう」とお答えになったのじゃった〉

本文を語る古老の語り口もトボけておるが、〈それは、とても楽しそう〉としゃべるイザナミも、ずいぶんとくだけておろう。

ちなみに岩波文庫版の『古事記』（倉野憲司校注）で、この場面を見てみると――。

〈伊邪那岐命詔《の》りたまはく、「我が身は、成り成りて成り余れる処一処あり。故《かれ》、この吾が身の成り余れる処をもちて、汝《な》が身の成り合はざる処にさし塞《ふた》ぎて、国土《くに》を生み成さむと以為《おも》ふ。生むこと奈何《いかに》。」とのりたまへば、伊邪那美命、「然善《しかよ》けむ。」と答へたまひき〉（原文は旧字）

この調子で全巻読み通すのは苦痛じゃろう。「然善けむ」と素っ気なく答えるイザナミよりは

「それは、とても楽しそう」と応じるイザナミのほうが、ぐっとチャーミングじゃ。

むろん本書はふざけたトンデモ本なぞではないのじゃ。訳と注釈を手がけた三浦佑之さんは、大まじめな学者さんなのじゃ。『古事記』の背後には、それが文字表現に置き換えられる前の古代の語り（音声表現）が抱え込まれている、が氏の持論で、注釈も解説も充実。本文の口語訳にも最前線の研究成果が盛り込まれているそうじゃ。

３３３３円（という値段もふざけているような気がしないではないがのう）もする、こんな大層な装丁の本が「じゃ体」で書かれているとは想像できないじゃろう。これを「文藝春秋80周年記念出版」にした版元の英断を、讃えるべきじゃろうかのう。

（A／03・1・20）

『バカの壁』養老孟司

（新潮新書・２００３年４月・６８０円）

わかったのか、わからなかったのかがわからない希代のベストセラー

ベストセラーランキングを毎週ながめていると、一過性のものと長期安定型のものとがだんだん区別できるようになってくる。１００万部を超すミリオンセラーになるのはむろん長期安定型だが、それは年に数冊あるかないかである。

養老孟司『バカの壁』も新潮新書創刊記念のご祝儀ヒットかと思っていたら、いつのまにか長期安定期に入っていた。60万部突破。いずれは100万部も確実と、出版業界ではもっぱらの評判である。いちばん驚いているのは養老さんご自身かもしれない。

もちろんタイトルのインパクトは強い。これで基礎票10万部。評判になったところでさらに30万部アップ。〈「話せばわかる」なんて大うそ！〉。この帯の力でプラス10万部。〈朝日・毎日・読売各紙で大絶讃！〉。新しいこの帯でもう10万部上積み*。計60万部。

計算（どこが？）ではそうなるが、みんな、中身はわかったのか。

ちなみに私は、読んでる間は「よーくわかった」と思ったが、本を閉じた瞬間に半分忘れ、数日後にはいくつかの印象的なフレーズ以外はすべて忘れてしまった。語り下ろしだから文章はわかりやすい。しかし、だからといって、内容までわかりやすいとは限らない。

〈数学くらい、わかる、わからないがはっきりする学問はありません。わかる人にはわかるし、わからない人にはわからない。わかる人でも、あるところまで進むと、わからなくなります。もちろん一生をかければわかるかもしれないのですが、人生は限られています。だからどこかで理解を諦める。もちろんそうしない人は、専門の数学者になるでしょう。しかしそれでも、数学のすべてを理解するわけではない。それを考えれば、だれでも「バカの壁」という表現はわかるはずだと思っています〉

「バカの壁」は万人の脳の中にある。ここまではわかる。

〈あるていど歳をとれば、人にはわからないことがあると思うのは、当然のことです。しかし若いうちは可能性がありますから、自分にわからないかどうか、それがわからない。だからいろいろ悩むわけです。そのときに「バカの壁」はだれにでもあるのだということを思い出してもらえば、ひょっとすると気が楽になって、逆にわかるようになるかもしれません〉

わかったような気はするが、本当にわかったかどうかはわからない。ひとつわかったのは「わかる」という動詞がこれほど多い本はないってことだが、それがわかったところで意味はない。計算（何の？）では、隅々までわかった人1万人。半分わかった人3万人。一部わかった人6万人。わかったつもりになってる人50万人。くらいだと思うんだけど。

1998年に赤瀬川原平『老人力』（筑摩書房）がベストセラーになったときを思い出す。老人力の意味を「老人パワー」と誤解した「老人」が読んでた『老人力』。バカの壁を「世のバカども」と誤解した「バカ」が手に取る『バカの壁』。勘ちがいこそ長期安定の秘訣ってことで。

（A／03・7・7）

＊　この「大絶賛！」の読売新聞の分はどうも斎藤美奈子の書評（定期コラム「評判記」）のことだったらしい（朝日新聞は中条省平氏、毎日新聞は島森路子氏）。他の「バカ本」と比較し、〈壁を前提に考えれば世の中がちがって見えてくる。いわば逆転の発想のすすめである。外なるバカを指摘するのは簡単だが、内なるバカに気づくのは難しい〉（読売新聞03年5月25日）と書いたのが「大絶賛！」かどうかはともかく、気づかなかった私もバカ。なお、『バカの壁』はその後も快進撃を続け、驚異の398万部を記録した。

『ことし読む本　いち押しガイド2004』リテレール編集部編

（メタローグ・2003年12月・1500円）

「邪悪な読者」が集まってガス抜きをする年に一度のお祭り

流行語大賞に紅白歌合戦の出場者発表。年末になるとメディアにも歳末行事風の話題が増えてくる。書籍界の流行語大賞・紅白歌合戦にあたる歳末行事本といえば、まず『このミステリーがすごい！』、「本の雑誌」が選ぶ今年のベスト10、そしてやっぱりこれかしら。『ことし読む本いち押しガイド2004』。「このミス」式に略せば「ことしいち」である（という風に略語で呼ばれていないのが、マイナーな証拠ともいえる）。

ご存じの方はご存じのように、「ことしいち」は文芸書や人文書を中心にしたマニアックな選者と選書が売り物だ。四方田犬彦氏、笙野頼子氏ら52名による「単行本・文庫本ベスト3」のほか、コラムあり、ベストセラーをめぐる対談ありと読みどころ満載。特に04年版は全244冊をとりあげたジャンル別の読書ガイドが充実していて、しばし舌を巻きました。

〈さまざまな「愛」のかたちを知る8冊〉（選者は慶応大学助手の大串尚代さん）。このテーマで凡人が想像する本は全部排除され、出てくる本は、竹村和子『愛について　アイデンティティと欲望の政治学』、ジョナサン・カラー『1冊でわかる　文学理論』、パトリシア・オッカー『女性編集者の時代　アメリカ女性誌の原点』などなど。〈伝記の王道、横道、邪道に蛇道みんなあわせて12冊〉（選者は東邦大学助教授の千葉康樹さん）として登場するのは、沓掛良彦『エロスの

祭司　評伝ピエール・ルイス』、アンリ・トロワイヤ『プーシキン伝』、ウルズラ・ルッツ編『アーレント＝ハイデガー往復書簡　1925―1975』などなど。たまにこういう硬派な読書ガイドを読むと、あれですね、自分のパッパラパーが身にしみますね。教養のあるみなさまはやっぱりちがうわ。

「売れている」という理由をもって、私が今年、この欄で取り上げた本も、岡野宏文&豊崎由美両氏にかかればいずれもバッサリこんな風。

〈この内容で世界各国で講演しているというんだから恐ろしい〉（豊崎）、〈一昨年が「チーズはどこへ消えた？」で、今年がこれだもんね。ちょっとひどいよなあ〉（岡野）と頭を抱えさせているのは『祇園の教訓』。〈買って喜んでる人種の物語の感受性の劣化は、もはや憂えるべきレベルですらないよね〉（岡野）、〈これを持って演説したいよ、切腹したいよ、もう〉（豊崎）と絶望させているのは『Ｄｅｅｐ　Ｌｏｖｅ　アユの物語』[*1]。

本にうるさい人々を私は「邪悪な読者」と呼んでいる。本書はいわば世間的にはマイノリティである「邪悪な読者」が年に一度集まって、良書情報を交換し、日頃のウップンを晴らす「祭りの場」なのだ。なんて他人事然といえるのも、今年はちょっと忙しくて、私がこの祭りに参加しなかった（原稿を書かなかった）せい。年末には多くの雑誌が読書特集をやるけれど、邪悪度ではこれがたぶんいちばんでしょう。[*2]

（Ａ／03・12・22）

＊1　『祇園の教訓』は148ページ、『Ｄｅｅｐ　Ｌｏｖｅ　アユの物語』は256ページ参照。

＊2　邪悪度が高いブックガイドとしては、ほかに「みすず」（みすず書房のPR誌）の1月号が有名。毎年1月号には識者アンケートによる前年の収穫本の特集が載る。

『磁力と重力の発見』山本義隆

（みすず書房・2003年5月・1〜2巻2800円　3巻3000円）

科学書なのか文学書なのか。全3巻の白眉はここだ

第1回パピルス賞、第57回毎日出版文化賞、第30回大佛次郎賞。山本義隆『磁力と重力の発見』は、3つの賞に輝いた全3巻の大著である。

山本義隆と聞いて「え、あの東大全共闘の代表だった？」と思った人も思わない人も、3つの賞の名前が入った帯を見れば、ちょっと気になるところだろう。そのせいか、科学史という取っつきにくいジャンルにもかかわらず、すでに6刷。書店でも平積みだ。

いっときますけど、本格的な物理学史ですからね。じつのところ、私が驚いたのは本そのものより2003年12月18日の朝日新聞に載った大佛次郎賞の選評だった。＊

〈磁力と重力の主題は、ギリシャ悲劇とも、ダンテの『神曲』ともかかわってくる〉（池内紀）。〈この時代はシェイクスピア（一五六四―一六一六）とぴったり重なるから、たぶんこの大劇作家はこうした書物（斎藤註・英語で書かれた数学・航海術・地理学の書）を読んで想像力の翼をひ

ろげたにちがいない〉（井上ひさし）。〈物理学史の中に人間がいるのだ。澁澤龍彦さんがお元気だったらとても喜ばれたであろう〉（奥本大三郎）。〈いってみれば全体を大きな物語として読み、その物語に圧倒されていたのである〉（富岡多恵子）。

『磁力と重力の発見』、これではまるで文学論みたいである。ご自分たちの土俵に無理矢理ひっぱり込んでいるような、科学史を文学的に評価しているような。

ともあれ、私も読んでみました。で、なぜ右のような選評になったかがやっとわかった。

この本の白眉は「ルネサンス」と題された第2巻である。15世紀の前期ルネサンス期に復権した魔術思想、地磁気の研究が航海術にもたらした影響、磁力と鉱業や医療との特異な関係、といった展開は、科学的な知識があまりなくても理解できる。思想の転換点を示す歴史的書物、デッラ・ポルタ『自然魔術』について書かれた最終章など、じつに感動的である。

〈(『自然魔術』は) 文献魔術から実験魔術への転換を成し遂げ、磁石にまつわるいくつもの迷信を過去のものとしたのである。そして自然認識にたいする中世的な秘匿体質から脱皮し、魔術の脱神秘化・大衆化をはかったことにおいても、『自然魔術』は近代科学を準備するものであった〉

ただ、この勢いで第3巻に突入すると、今度はケプラー、ボイル、ニュートンらの領域になるから、文学的、物語的読解だけではすまなくなる。逆に第1巻は古代と中世の話であり、抽象度が高い分、やはり物語性は低い。つまり門外漢である文学系の読者にジャストフィットするのは

2巻だけ。その印象に、選者もやっぱりひっぱられているのではないか。

というわけなので「読もうかな、でも大冊だしな」と迷っている人は2巻からどうぞ。というか2巻だけでも十分楽しい。なお物理学者に取材したところによると、山本氏の著作では『重力と力学的世界』（現代数学社）が名著だそう。気になる方はそちらもどうぞ。（A／04・2・2）

＊　このときには書かなかったが、もっとも驚いたのは、選考委員の中で唯一の科学者である養老孟司氏の、ケンもホロロな選評だった。〈私自身はこの著作をこれ以上には論評する気がない〉。山本義隆氏がかつて掲げた科学批判を展開すべきなのではないか、というメッセージと私は勝手に解釈したが、真相のほどはわからない。

『追悼！噂の眞相　休刊記念別冊』噂の眞相編

（噂の眞相・2004年4月・1000円）

引退した裏番長の楽屋裏はコワモテな外面とは裏腹であったとの噂

今年、2004年3月で休刊になった雑誌といえば、あの「噂の眞相」である。1979年の創刊以来、スキャンダル雑誌としてマスコミ、芸能人、文壇関係者等の顰蹙《ひんしゅく》を買いながらも、政治家や検察トップの愛人騒動をスクープするなど、話題には事欠かなかった。

その「噂眞」休刊後に発売されたのが、同誌特別編集「噂の眞相休刊記念別冊」を謳う『追悼！　噂の眞相』。右翼テロを警戒して印刷所の名前を伏せるなど、なにかと謎に包まれた「噂眞」の内幕を自ら暴露したバックステージ本、というか自分ヨイショ本である。

実際、「アラーキー、噂の眞相を撮る！」という荒木経惟《のぶよし》による編集部員記念撮影グラビアに中森明夫による岡留編集長インタビュー。載っているのは内輪ノリ爆裂な記事の数々で、これではまるで卒業アルバムではないかとの説。酔っぱらいの業界人ばかりになるのを見越してか、くだらない休刊パーティーなど開かなかったのは評価できるとしても、である。

実際、多少なりともおもしろかったのは、「噂眞」の入社試験問題（97年版）だけである。

〈以下のノンフィクション作家の作品名をひとつだけ書きなさい〉

列挙された名は、本多勝一、猪瀬直樹、立花隆、沢木耕太郎、辺見庸。[*1]

〈以下の文章で空欄になっている（ア）〜（ノ）にあてはまる言葉をそれぞれ書きなさい〉

〈（ト）が『ＳＡＰＩＯ』の「新・ゴーマニズム宣言」でしきりに喧伝している「新しい歴史教科書をつくる会」が結成されたのは、昨年12月。母体となったのは、藤岡信勝・東京大学教育学部教授らが2年前に結成した（ナ）だった。彼らは現行の歴史教育が（ニ）史観に基づくものであると批判し、その見直しを提唱。96年1月から産経新聞で（ヌ）を連載し、この単行本がベストセラーとなる[*2]〉

これが「一般常識」だとは、やはり頓狂な会社である。しかも２００人からの応募があり、書類選考で残った50人が試験に臨んだが、当時のスタッフは60点が限界だったとの説。

だが、「噂眞」は意外と大人な会社だったとの噂。同誌に5年間連載した斎藤美奈子はこう証言する。「仕事はしやすかったです。横柄な出版社や新聞社が多い中、電話の応対もすこぶるよかった。校正の精度も高いし、原稿料も相場より上。お中元やお歳暮も欠かさず届きました。たまに、だれそれの浮気相手を知らないかと聞かれるのだけは閉口しましたが（笑）」

ああ見えて、「噂眞」は人並み以上に常識のある会社だったというのである。斎藤の証言など信用できないので話半分に聞いておくにしても、である。

実際、「噂眞」の休刊を待っていたかのように「週刊文春」出版差し止め事件が起こった。偶然とはいえ出来すぎである。黒枠つきの追悼本も、こうなるとジョークではすまぬとの噂。マスコミの裏番長が引退したいまだからこそ、某紙も某誌も腰砕けになってんじゃねえぞ、とハッパをかけておきたい。

（A／04・4・19）

＊1　解答例。本多勝一『戦場の村』、猪瀬直樹『ミカドの肖像』、立花隆『田中角栄の研究』、沢木耕太郎『深夜特急』、辺見庸『もの食う人びと』。

＊2　解答。ト＝小林よしのり。ナ＝自由主義史観研究会。ニ＝自虐。ヌ＝「教科書が教えない歴史」。ちなみに右の文章は「噂眞」風を真似してみました。

5

文学をめぐる現象

本は売れないが、なかんずく文芸書は売れない。それが90年代後半までの出版界の、「常識」だった。例外的に世間的な注目を集めるのが、村上春樹と村上龍の新作（純文学系の場合）、『このミステリーがすごい！』等のランクイン作（エンターテインメント系の場合）、年に2回の芥川賞・直木賞受賞作……。あとはテレビドラマや映画が話題になって、改めて（はじめて）原作が読まれる、とか。

ところが、ある時期から、文芸書にもまた読者が戻ってくるようになった。キーワードは「感動の涙」である。「感涙にむせぶ」のはもともと日本人の（世界中かもしれないが）得意技。『一杯のかけそば』や『マディソン郡の橋』のような例が、これまでにもなかったわけではない。しかし、2000年ごろからこの傾向は顕著になり、やがて「純愛ブーム」「泣ける文学ブーム」とも呼ぶべき現象に発展する。

本書の元になった連載は文芸時評じゃないから、ひたすらミーハー路線で映像化された作品や文学賞受賞の作品を追ってきたのだが、「感動」「涙」「純愛」パワーは日増しに強まり、あんなものは笑い飛ばせというのも虚しくなってきた。

なお、特定の作家が重複して出てくるのは「ぜひ取り上げて」というリクエストの声が強かったためでもある。人気作家の証拠といえよう。

『長崎ぶらぶら節』 なかにし礼

(文藝春秋・1999年11月・1524円／文春文庫・2002年10月・476円)

お話はこんでよかばってん、キャストが納得いかんとよ

東野圭吾『白夜行』、馳星周『M』、福井晴敏『亡国のイージス』、真保裕一『ボーダーライン』といった並み居る強豪を押さえて、なかにし礼『長崎ぶらぶら節』が第122回直木賞を受賞した。珍しく今回は、ノミネート作を全部読んだ私。『長崎』の受賞は意外な半面、やや納得。物語的にも物理的にもハードな巨編を続けて読み、ぐったり疲れたところにこの小説が入ると、ほっと一息つけるのだ(そんな理由で受賞したんじゃないとは思いますが)。

さて、この小説でひとつ感心したのは、お国言葉の妙である。会話が全部、長崎弁なのだ。長崎弁、よかとー。おかげで、ばりハマッてしまったばい。

主人公は愛八ばいう年増の丸山芸者たい。不器量なごたるばってん、きっぷのよさと歌の才能ば生かして出世したったとたい。こん愛八が、田舎学者の古賀十二郎ゆう先生ば助けて、長崎の古か歌ば探して歩くお話たい。そこまではよかばってん、ようわからんとは、お雪ばいう肺病やみの少女が出てくる後半たい。とってつけたごたる思えっとよ。

しかし、『長崎ぶらぶら節』映画化のニュースを聞いて、疑問が氷解した。愛八を演じる女優は吉永小百合。なるほど、そういう筋書きか。

それで思い出したのが、浅田次郎『鉄道員《ぽっぽや》』(集英社文庫)である。『鉄道員』は主演は高倉健。

『長崎ぶらぶら節』は吉永小百合。この2作は、とてもよく似ているのだ。

どっちも話題の直木賞受賞作。ホロリとさせる人情話。古いタイプの日本人が主人公（熟年の鉄道員／年増の芸者）。詩情豊かな土地が舞台（雪の北海道／大正ロマンのころの長崎）。お国言葉を多用（北海道弁／長崎弁）。健気な少女が登場。

ヒットしそうな条件がこれだけ揃えば、日本を代表するビッグスターを主役に起用し、広末涼子クラスのトップアイドルを少女役にかまして、日本アカデミー賞（に価値があるかどうかはともかく）をねらうにはピッタリ。*そこまで見越していたとしたら、さすがは元売れっ子作詞家。だてに芸能畑でメシ食ってきてはいない、という感じである。

だけど、原作者としては、このキャスティングでいいのか。『鉄道員』の主役は常田富士男にすべきだったとだれかが書いてたけれど、同じ方式でまた「感動巨編」だか「文芸ロマン」だかを撮るわけでしょ。小説の解釈としてはそれでいいんですかね。もともと人畜無害、いやほっと一息な作品を、もっと無害にしてどうすんだ。

『長崎ぶらぶら節』の主人公は、美人じゃないが、歌の才能だけはある芸者である。ならば別の選択肢があるだろう。都はるみとか。あと、天童よしみとか。


（S／00・4・28）

＊「長崎ぶらぶら節」（深町幸男監督・市川森一脚本・00年）で、吉永小百合はほんとに日本アカデミー賞主演女優賞を受賞した（ブルーリボン賞主演女優賞も）。もっとも肺病やみの少女・お雪役は日本舞踊家の尾上紫さんでした。

『共生虫』村上龍

（講談社・2000年3月・1500円／講談社文庫・2003年3月・533円）

物語と現実がリンクする。「時代」と共生する小説家の体質とは

芥川賞選考委員にも就任して、いよいよ飛ぶ鳥落とす勢いの村上龍である。『共生虫』は「引きこもり」に取材した長編だ。中学2年からすでに8年ほど引きこもっているウエハラは、細長い「虫」に寄生されている（と感じている）。ネット上で知り合った相手からのメールで、彼は「それは共生虫だ」と教えられる。〈共生虫は、自ら絶滅をプログラミングした人類の、新しい希望と言える。共生虫を体内に飼っている選ばれている人間は、殺人・殺戮と自殺の権利を神から委ねられているのである〉

ネット上に渦巻く情報（あるいは狂気）の扱いは村上龍ならではだと感心したものの、しかし、この作家のフットワークのよさ、時代との「共生」ぶりは何なのだろう。

3年前、青年の無差別殺人を描いた『イン ザ・ミソスープ』（幻冬舎文庫）の連載中に、神戸で酒鬼薔薇事件が起きた。そして、こんどは「引きこもり」の青年を主人公にした『共生虫』の連載中に、新潟の女性監禁事件と、京都の「てるくはのる」小学生殺害事件である。

長編小説の連載中、それもそろそろクライマックスを迎えようかという局面で、現実社会でも作品とリンクしたセンセーショナルな事件が起きる。かくて村上龍は「いまもっとも時代を鋭く描く作家」ということになっているのだが、しかし、みんながいう「時代」とは何なのか。もしかしてワイドショー・ジャーナリズムのことなのか。*

いまやワイドショーの主役は芸能人のスキャンダルではなく事件である。①猟奇的な事件を好む。②しかし、ネタそのものは新聞や雑誌の後追いである。必然的に番組は、③専門家と称する精神科医や犯罪心理学者を連れてくるか、④「近所の人」という無責任な第三者に取材して、動機や背景を探る探偵ごっこに終始する。――これが昨今のワイドショーの定番メニューで、こういう「時代」と村上龍が描く「時代」は妙にダブるのだ。しかも、ビジネス界で話題のツールなんかも、それが適当に普及したころ、絶妙のタイミングで案配される。

渋谷の女子高生＋援助交際＋伝言ダイヤル＝『ラブ＆ポップ』

東村山の引きこもり青年＋家庭内暴力＋Eメール＝『共生虫』

思うに、村上龍はもともとワイドショー体質の作家なのではないか。テレビを見て小説を書いているという意味ではない。村上龍に内蔵されている「時代を読むセンサー」が、大衆的なテレビニュースの「時代を読むセンサー」とたまたま同質なのだ。考えてみれば『コインロッカー・ベイビーズ』（講談社文庫）のときからそうだったわけだよ。コインロッカーに赤ん坊を捨てる母親のことなんか、あの小説がなければ忘れちゃってたでしょ。

もちろん村上龍は作家的な想像力と道具としての言葉を徹底的に駆使してディテールを埋める。そこが自分自身がワイドショーの中に棲んでいる有田芳生との決定的な差ではあるのだが。

（S／00・6・30）

＊ この項をもとに書いたのが拙稿「五分後のニュースショー」(『文壇アイドル論』(岩波書店所収)です。なお、村上龍の時代との共生ぶりは、05年の長編小説『半島を出よ』(幻冬舎)でも観察できる。さすがである。

『僕は馬鹿になった。ビートたけし詩集』ビートたけし

(祥伝社・2000年7月・1200円／祥伝社黄金文庫・2002年9月・476円)

本気なのかギャグなのか、最後の1行にノックダウン

散文詩という形式はかくも人をナイーヴにするものなのか。相田みつをにも326《ミツル》にも慣れた私は、たいていのことに動じないつもりだった。しかし、本の世界はどこにどんな伏兵が潜んでいるかわからない。たとえば、これをどうしたものか。

〈僕は大きな蜂の巣に群らがり／皆と一緒に羽を震わせている蜂だ／巣で羽音がぶーん、ぶーん、と唸っている／皆、夢中で体を震わせている／僕も懸命に震わせる／ふと僕と同じ振動の蜂がいる／それが彼女だ〉(「蜂」)

『僕は馬鹿になった。ビートたけし詩集』の一節である。ビートたけしの署名がなかったら銀色夏生かと思っちゃいそう。特に最後の1行(「それが彼女だ」)がガーン、である。

〈鳥のように、自由に空を飛べたら／魚のように泳げたら、なんて思わない／自由を楽しむ生き

物などいない／生きて行く事は、つらく、悲しく、目的も分からないものだ／しかしそんな気持ちを吹き飛ばす、彼女の魔法の言葉／あなたが好きです〉（「魔法の言葉」）

これも最後の1行（「あなたが好きです」）でノックダウン。

〈酒やめよう、タバコやめよう、無駄使いやめよう／人を妬《ねた》むのやめよう、親の事考えよう／嘘つくのやめよう、人の為何かやろう／そうすれば、あの娘が帰ってくるかも〉（「願かける」）

何でもいいから頭に浮かんだ言葉を適宜アレンジしておいて、最後にこういう「殺し文句」を1個サービスしておくと、そうか、「詩」っぽくなるのだな。言葉の力で女の子を口説きたい人には、応用可能な新手のワザだといっておこう。

しかし、本の形でこういうのを読むのは、だれかの無防備な下着姿を見ちゃったようなもので、ひたすら対処に困るのである。それとも、この程度で「おいおいおい」などと泡を吹いているのは私ひとりなのだろうか。最後の逃げ道は、こんな詩はすべてギャグだと信じることだが、カバーには某人気漫画家が逃げ道をふさぐような推薦文を寄せていた。

〈たけしさんは、すごく照れ屋なので、すぐ笑いの方向にもっていってしまうけれど、本当はやさしくて正直で真剣に生きていることを、みんな知っててそれでみんな、たけしさんのことを大好きなんだと思います〉（さくらももこ）

これでギャグ説もパー。ていうか、ここがいちばん恥ずかしいかも。

（S／00・9・15）

『熊の敷石』堀江敏幸
（講談社・2001年2月・1400円／講談社文庫・2004年2月・495円）
『聖水』青来有一
（文藝春秋・2001年2月・1333円／文春文庫・2004年6月・629円）

新芥川賞作家の作品を片手に、文学と地域振興の関係を考える

芥川賞が世間一般の関心をひくようになったのが、1955年下期の受賞作、石原慎太郎『太陽の季節』からであるというのは有名な話である。

じゃあ芥川賞が威力をもっていたのはいつまでだったのだろうと考えると、1976年の村上龍『限りなく透明に近いブルー』までだったような気がする。むろんそれ以降も優れた作家は輩出しているけれど、「芥川賞受賞作！」の帯で本がミリオンセラー*になるなんて幸せな時代は終わった。純文学、辛いです。じり貧の森内閣みたい。

とはいえ、それは全国区の話。地方レベルとなれば、おのずと話は別である。おらが国から芥川賞作家が出た――これは地元にとっては大ニュースである。

今期（第124回）芥川賞受賞者・堀江敏幸さんの地元、岐阜新聞には「県出身者では四十六年ぶり」の見出しがおどり、中日新聞にはご両親の談話なども載っていて、堀江さん、すっかり「多治見市の名士」の風情である。若くて知的な仏文学者のイメージも、こういう場所では通用しない。受賞作の『熊の敷石』は選考委員さえもたじろいだ抽象度の高い散文である。舞台は南フランスだし、「熊の敷石」とはフランス語の成句だし、ぱっと見は断片的なコトバの集積だし。

岐阜県民が「ありゃっ?」と思わないことを祈りたい。

そこへ行くと、もうひとりの受賞者・青来《せいらい》有一さんは地元の名士と呼ぶにふさわしい経歴である。長崎県生まれ、長崎大卒、長崎市在住、しかも現在は長崎市役所の職員。長崎新聞には、村上龍氏に次いで県出身者では25年ぶり4人目とあり、市役所とアーケード街には横断幕が出るほどの熱烈歓迎ぶりである。金子長崎県知事も県の広報紙に祝辞を寄せている。

〈新世紀を迎えたこの年、なかにし礼さんの『長崎ぶらぶら節』に引き続いて、長崎を題材とした作品での受賞は県民に明るい話題を提供していただくとともに、長崎県の大きな財産でもあります。深く感謝を申し上げます。今回の受賞が本県の文化振興並びに活性化に大きく寄与するものと期待いたします〉

文学賞は地元の「文化振興並びに活性化」に役立つという考え方もあるわけだ。

だとすると、受賞作『聖水』の別の意義にも思い至る。『聖水』は100年前の転びキリシタンと現代の新宗教をつなぐ作品。収録された4つの短編は、すべて長崎とその周辺が舞台である。浦上天主堂、有明海の干潟、阿蘇(これは熊本だけど)、外海、平和公園……。むろん物語には、原爆忌やオラショなど、長崎らしいアイテムもほどよく按配されている。『長崎ぶらぶら節』(215ページ参照)ほどの観光開発にはならないかもしれないが、街に横断幕を出す価値はあろう。こういうご当地文学なら、地元の人には喜ばれる。

全国的にはだーれも期待してない次期首相選びでも、首相候補の地元選挙区だけは熱狂すると

いう構図と同じである。ちがいますか。ちがいますね。　（S／01・3・30）

＊　と書いたら、某文芸誌の編集者に「あれはちがいます」と指摘された。「ミリオンセラーになったのは『太陽の季節』と『限りなく透明に近いブルー』だけです」。この2年後の04年には、綿矢りさ『蹴りたい背中』も加わったが、いずれにしても希なケースらしい。

『十二番目の天使』オグ・マンディーノ著、坂本貢一訳　（求龍堂・2001年4月・1200円）

帯からあとがきにいたるまで、涙と感動を押し売りする物語

〈最近、何に感動しただろう…〉という帯の惹句が効いたのか。オグ・マンディーノ『十二番目の天使』という本が売れている。トーハン調査の2001年6月26日付週間ベストセラーランキングでは、京極夏彦『ルー＝ガルー』、村上春樹『村上ラヂオ』、宮部みゆき『模倣犯』を抜いて、文芸書部門の堂々トップ。いまや世間は「感動したい病」の人でいっぱいなのだ。＊

翻訳した坂本貢一さんによる「訳者のあとがき」がまたすごい。

〈妻が二階から真っ赤な目をして下りてきました。／「どうした？」／「十二番目の天使、なんでこんなに泣けてしまうんだろう。不思議な本ね。なんか心が洗濯されちゃったみたい」／少しして、同じ原稿を読んだ求龍堂の編集者、佐藤女史からEメールが入りました。／「十二番目の

天使、読みました。後半は泣きながら読んでおりました。来週の編集会議に企画を出してみます」／それから一週間後、求龍堂を訪れた私に彼女はこう言ってきました。／「編集会議で本の内容を説明しているときにも、涙ぐんでしまいました。原稿を読んで、社長も泣いたそうです。号泣だったみたいですよ。ほかにも泣いた社員がたくさんいるんです」〉

みんな、そんなに泣きたいのか⁉　感動って泣くことなのか⁉　読んだ人が全員泣く本なんてあるのか⁉　？や！がチカチカ点滅する中で、読んでみました、『十二番目の天使』。

アメリカの小さな町を舞台にした、これは野球小説であった。

実業家として大成功を収めたジョンは、栄光のさなか、愛する妻と息子を交通事故で失う。失意のどん底で自殺しようとした瞬間、だれかが扉をたたいた。少年時代の親友だった。友の要請に応え、ジョンは故郷に戻って、エンジェルズという少年野球チームの監督に就任する。そこで出会った少年ティモシーは、死んだ息子に瓜ふたつだった。体が小さく、野球も下手。しかし、けっしてあきらめないティモシー。しかし、ジョンはやがて知るのである。少年は不治の病で、わずかな命しか残されていないことを――。

スポ根、少年、不治の病。なるほど、泣かせのツボ押しまくりである。「チャンプ」や「フィールド・オブ・ドリームス」を見て泣いた人は、泣くね。あと、〈「毎日、毎日、あらゆる面で、自分はどんどん良くなっている！」〉とか〈「絶対、絶対、あきらめるな！」〉とかいう言葉に弱い人も、まあ泣くかな。この本は自己啓発小説でもあって、病気の少年は著名な心理療法学者だかの自己暗示のフレーズを支えにがんばるのである。

泣きっていうのはプリミティブな感情の露出だから、陳腐な物語ほどツボにはハマりやすいのだ。しかし、こうも「感動の押し売り」をされると警戒心がわく。みんな少し涙腺を鍛えようよ。ツボならいいけど、そんな風だとそのうち壺も買わされるぞ。

（S／01・7・13）

＊ 感動の押し売り現象にこのころの斎藤はまだ愚直に抵抗しているが、『世界の中心で、愛をさけぶ』（307ページ参照）に代表される抵抗不能な感動本ブームはこの後やってくるのである。なお『十二番目の天使』は90万部のベストセラーになった。

『愛の領分』藤田宜永

（文藝春秋・2001年5月・1714円／文春文庫・2004年6月・629円）

あの『失楽園』の著者も「古風」と評した風光明媚な恋愛小説

今期（第125回）直木賞受賞作『愛の領分』を読んでみた。選考委員の渡辺淳一先生が「古風な恋愛小説」と評していると聞き、ぜひ読みたくなったのである。あの『失楽園』の作者が古風と評する恋愛小説ってどんなんだ……って思うじゃないですか。

で、感想。複雑な心境である。文学少年・文学青年が絶滅の危機に瀕しているいま、恋愛小説の命脈は文学中年・文学老年に求めるしかないのだろうか。

①初老の男が主人公……主人公の淳蔵は53歳の仕立職人。東京で小さなテーラーを営んでいる。妻はすでに亡く、大学生の息子とふたり暮らしである。かつては遊んだ時期もあったが、いまは静かな生活である（想定された読者層が明快）。

②若き日の恋人との再会……そんな彼の店に昔の友人が突然訪ねてくる。友人の妻はじつは主人公の昔の不倫相手だった。その妻が重い病気で彼に会いたがっているという。ふいによみがえる若き日の恋の記憶（なんとなく都合がよい展開）。

③新しい恋人の出現……友人に請われるまま、故郷の長野に戻った主人公が目にしたのは、若いころの面影をすっかりなくした元の恋人の姿だった。が、そこで主人公は新しい恋を手に入れる。相手は植物画専門の絵描き、14歳年下の佳世である（ますます都合がよい展開）。

④風光明媚な温泉デート……それから淳蔵と佳世は、故郷の上田に近い別所温泉で、軽井沢で、東京でと逢瀬を重ねる（別所温泉とはシブい選択なり。秋の観光シーズンには、この本を読んだ熟年観光客であふれるかもしれない。旅行代理店にも歓迎されそう）。

⑤ふたりの女の修羅場……主人公は新しい恋人に夢中だが、かつての恋人も彼を忘れてはいなかった。彼を挟んで対決する新旧ふたりの女！（男50代。人生の花道なり）

古風な恋愛小説といわれれば、たしかその通り。

だけど、これって『失楽園』と同系統の小説ですよね。ちがうのは、不倫ではない点と、三角関係がからんでいる点と、人間関係がもう少し複雑なところだが、50代の男が30代末の女と愛し合う展開といい、恋愛相手が画家（『失楽園』では書家）である点といい、温泉デートといい、食べ物や衣装を書きたがる点といい、にわかによみがえる『失楽園』の記憶。

ま、中高年男性を元気づける小説なのはまちがいないです。「われわれもまだまだ捨てたものじゃない」ってところ。しかし、高齢化社会に向けて、恋愛小説は今後こんなのばかりになるのだろうか。文学中年、文学老年、おそるべし。

（S／01・8・31）

『精霊流し』さだまさし

（幻冬舎・2001年9月・1429円／幻冬舎文庫・2003年8月・648円）

仏壇に供えるか、精霊船にのっけて流すか。私小説の新しい使用法

さだまさしの「関白宣言」を覚えている人は多いと思うけど、グレープの「精霊流し」を覚えている人はどのくらいいるだろう。バイオリンのイントロから入る辛気くさい曲調だったことは覚えているが、歌詞はうろ覚え。「♪去年のあなたの思い出がテープレコーダーからこぼれています」でしたっけ。25年以上前の歌ですからね。

で、この本、『精霊流し』である。〈名曲「精霊流し」の原点を愛惜込めて綴る、涙あふれる初の自伝的小説〉と帯の惹句にはある。梅宮アンナの自伝（23ページ参照）に続き「ほんパラ！関口堂書店」というテレビ番組から生まれた2冊目の本である。

さて、これをなんと評すべきだろう。主人公は長崎で生まれた櫻井雅彦。3歳のときからバイオリンのレッスンに励んできたが、貧しい家計ゆえに芸大の受験を断念。別の大学に入学するも挫折から立ち直れず、悶々としたバイト生活をおくっている。が、身体を壊して帰郷した彼は、長崎で新たなデュオを組み、徐々に人気者になっていく……。

と書くと、いかにもさだまさしの自伝みたいだが（事実そうなのだと思うが）、この自伝的小説にはひとつ、きわだった特徴がある。やたらと人が死ぬのである。

・愛犬が死ぬ（29ページ）
・祖母が死ぬ（46ページ）
・高校のバンド仲間が死ぬ（157ページ）
・初恋の女の子が死ぬ（163ページ）
・仲良しの従兄が死ぬ（201ページ）
・元教育長が死ぬ（222ページ）
・若い夫婦が死産にあう（231ページ）
・雑誌の対談で意気投合した女性バイオリニストが死ぬ（308ページ）
・伯母が死ぬ（313ページ）
・叔母が死ぬ（361ページ）
・伯父が死ぬ（361ページ）

脇筋まで含めると、平均して40～50ページに一度の割でだれかが死ぬ計算だ。このほかにも母の堕胎の逸話あり、原爆投下秘話ありで、しかも物語全体に亡き母の思い出がちりばめられている。「精霊流し」とは死者の霊を弔う長崎のお盆の風習のことだから、表題と内容にたしかに整合性はあるのだが、それにしたって、老いも若きも、まあよく死ぬのだ。

どこまでが実話でどこまでがフィクションなのかは不明ながら、私小説の新しい活用法を教えられた気がした。この本のもっとも正しい使用法は「仏壇に供えること」だろう。親類縁者一同の供養。あるいは親しい人への鎮魂歌。長崎だから精霊船にのせて流すのか。ともかく、作者の親戚一同がだれより喜びそうな本である。*

番組では、さだまさしほかのタレントが、長崎駅前の特設ステージで大騒ぎしながら本を売る姿を流していた。あのイベントは、さだ家の盆の供養だったのだろうか。（S／01・10・12）

＊　しかし、この本は予想外のベストセラーになり（28万部）、映画にもテレビドラマにもなって、一世を風靡した。こうしてみると、2000年、2001年は長崎文学の当たり年だったのだ。なお、文中のページ数は単行本のもの。

『シャトウ　ルージュ』渡辺淳一

（文藝春秋・2001年10月・1524円／文春文庫・2004年11月・667円）

「フランス語」と「医学」のお勉強にもなる「のぞき部屋」小説

あの『失楽園』以来、待ちに待った渡辺淳一先生の新作長編小説である。『シャトウ　ルージュ』という表題だけ見て、何も知らない知人がいった。

「いまどきシャトウ　ルージュなんていう名のラブホテルがある？　笑っちゃうよね」

そういう失敬なことをいう人は、渡辺淳一のスゴさを知らないのだ。「シャトウ　ルージュ」はそこらのラブホの名ではない。パリ郊外、ロワール川の畔に建つ、城砦と跳ね橋まで備えた、正真正銘のシャトウ（城）なのである。そこで行われる妖しい密事。

予告編がわりに読みどころをお教えしよう。

●のぞき見の醍醐味……主人公は33歳の医師。27歳の妻が性に冷たいことに悩み、フランスの秘密結社に彼女の調教を依頼する。あるときはシャトウ内の隣室で、あるときはインターネットごしに、彼は妻が嬲《なぶ》られる姿を見学しては興奮する。

〈「やめろ、やめてくれ」／僕はそれがフランスから送られてきた画面であることも忘れて叫びながら、気がつくと、僕の右手が自分の股間のものを握っている。／妻が犯されているのに、なんということを……〉

要は高級のぞき部屋である。よって本書の骨格も、要するにまあ、自慰の見学である。

●フランス語の快楽……『シャトウ　ルージュ』が読者を酔わせる趣向のひとつはフランス語である。ドレサージュ〈調教〉、カレッス〈快擦〉、インターネット〈交信〉、ジュイサーンス〈快楽〉、オプセルヴァシオン〈観察〉、ルトゥール〈帰還〉と続くオシャレな章タイトル。作中には女性器を表す仏語が178個も列挙され、〈「チュ・エ・ベル」「ケ・ス・ク・チュ・エ・シャルマント！」〉なんて短い会話も登場する。第二外国語を勉強中の学生さんにはいいかもしれない。ほとんどはカタカナ表記ですけど。

●医学的知識の愉悦……主人公はお医者だから、作中にはこんな「学問的記述」も頻出する。〈僕は医師だから、あえて医学的にいうと、なんであれ、ともかく勃つのだから、これは「不能」とか「勃起不全」といったものではない。しかし周囲の状況や相手によって、勃ったり勃たなかったりするのだから、学問的には仮りの症状で、したがって「仮性勃起不全症」とでもいうべきものである〉

〈あえて医学的にいうと〉と威張るほどの内容でもありませんけどね。彼は将来を嘱望される優秀な青年医師なのであるが、性に対する認識はなぜか男子中学生並みである。

と、こんな具合で、『シャトウ　ルージュ』、予想を超える出来だった。『失楽園』はこれの20倍くらい「お話」としてよくできていた。あとはご想像の通りです。

（S／01・12・14）

『冷静と情熱のあいだ　Blu』辻仁成（角川文庫・2001年9月・457円）
『冷静と情熱のあいだ　Rosso』江國香織（角川文庫・2001年9月・457円）

青いのれんと赤いのれん。番台に座って男湯と女湯の恋愛模様を眺めれば

ベストセラー小説にして、竹野内豊+ケリー・チャン*の主演で公開中の映画の原作である。『冷静と情熱のあいだ』。辻仁成の「Blu」と江國香織の「Rosso」。元恋人同士の物語をふたりの作家が共作するという、ありそうでなかった趣向がおもしろい。

しかし、青い表紙と赤い表紙、2冊の本が書店で仲良くならんでいるのを見て、何か連想しませんでした？　私が連想したのは、公衆トイレの標識だった。青が紳士、赤が淑女では、だれだってそう思うだろう。それでも便所はひどすぎる？　わかりました。いいなおしましょう。銭湯の入口にかかってるのれんみたい。

物語は順正《じゅんせい》（♂）とあおい（♀）、ふたりの過去と現在を追う形で進行する。

順正はニューヨークで育ち、東京の大学を出て、いまはフィレンツェで絵画の修復士をやっている。あおいはミラノの日本人学校を出て東京の大学に進んだが、いまはミラノに戻ってジュエリー店に勤めている。2人とも「帰国子女」であり、日本にいたのは大学時代の数年間だけという設定である。インターナショナルなふたりだけあり、彼の現在の恋人はイタリア人と日本人のハーフだし、彼女の同棲相手はアメリカ人だ。

ただし、国際的なのは設定だけ。ほんとにこれは銭湯みたいな小説だった。まず、この順正っていう男。女湯の側（「Ｒｏｓｓｏ」）だけ読むと、〈タフなのか繊細なのかわからない、でもともかくエネルギーに溢れたひとだった。ロマンティストだった〉なんちゃって、けっこうよさげな男に思える。しかし、男湯（「Ｂｌｕ」）に移って彼の自意識過剰なひとり語りを読んでみると、よくいる日本人のヤな男なのだ。あおいちゃん、男を見る目がないんじゃないだろうか。こんな男に惚れちゃダメだよ。

そして、あおいという女。男湯の側（「Ｂｌｕ」）だけ読むと、〈ラッファエッロの描く聖母像について話しながら、ぼくはあおいのことを思い出した。彼女はずっとぼくの聖母だった〉とかいってて、不思議少女を気取ったヤな女なわけ。しかし、女湯（「Ｒｏｓｓｏ」）に移って彼女の実相にふれると、べつだん美化することもないそこらの女性だ。順正くん、彼女をわかってないんじゃないだろうか。だから別れるハメになったんだよ。

2冊セットのこの小説の特徴は、読者が「番台の位置」に立って男湯も女湯も交互にのぞき見できる点である。つまりふたりそれぞれの自己像と対面像の両方が見え、恋は盲目、恋は錯覚、恋は幻想、っていうことが図らずもバレてしまうのだ。冷静風呂と情熱風呂。Ｂｌｕ、Ｒｏｓｓｏと染め抜いたのれんが頭にちらつく私である。

（Ｓ／01・12・21）

＊単行本と文庫本の総計は２巻分合わせて３４７万部。

『天国の本屋』松久淳＋田中渉

（かまくら春秋社・2000年12月・1000円／
新潮文庫・2004年5月・476円）

「もうひとつの現世」のベストセラーはたぶんアレとアレ

2000年に鎌倉の小さな出版社から出たが、まったく売れず、断裁寸前のところで急に火がつき奇跡のように売れ出した*、そんな伝説じみた本が『天国の本屋』である。天国ならぬ地上の書店でも平積み状態。〈忘れたくない感動。きっと本が好きになる〉という帯のキャッチフレーズに恐れをなしていたのだが、意を決して読んでみた。

驚きました。『天国の本屋』は本当に「天国の本屋」の物語だったのだ。

主人公のさとしは大学生。コンビニで「週刊プレイボーイ」を手にしようとしていた彼が謎の老人に拉致されるところから物語ははじまる。拉致された先はなんと天国で、彼は「ヘブンズ・ブックサービス」という天国の本屋で店長代理のバイトをすることになる。

天国に本屋があるの？　と思うけれども、あるのですそれが。というか〈天国は厳密には死んだ後に行く世界、だけではなく、現世とパラレルワールドのように繋《つな》がったもうひとつの現世〉なので、〈こっちもそっちと同じように国があり町があり商店街があり、人々は食事をし眠り本を読み散歩をする、とまあそっちとあまり変わらない〉というのが、この本における「あの世」の解釈なのである。上方落語の「地獄八景」みたいな感じですね。

おもしろいことに、天国の本屋にはなぜか朗読のサービスがあり、しかも主人公には朗読の才能があって、「本を読んでください」というお客が次々訪れるのである。絵本の『ろけっとこざる』にはじまって、『ドリトル先生航海記』『ハメルンのふえふき』『注文の多い料理店』『安寿と厨子王』『トム・ソーヤの冒険』『蜘蛛の糸』『いなばのしろうさぎ』『走れメロス』『怪盗ルパン』などなど。昔の小学校の図書館みたいなラインナップだ。

なかにはドストエフスキーを希望する客、中原中也の詩を頼む客、レイモンド・チャンドラーの『長いお別れ』を所望する客などもいて……って、どんな客?

天国が「もうひとつの現世」であるという理屈、天国にも本屋があるという設定からいけば、天国にも出版社はあり、取り次ぎもあり、ベストセラーも出ているだろう。天国のベストセラーは、たぶんシュリンクの『朗読者』（新潮文庫）と『声に出して読みたい日本語』（300ページ参照）であろう。でなけりゃ、朗読がこんな幅を利かせているわけがない。

物語の中では、天国のさとしも恋をする。結末に待っているどんでん返しは、なるほど「地獄八景」式の天国観だからこそのものではあるのだが……。「『天国の本屋』に出てくる本のフェア」でもやれば、この世の本屋さんも少しは潤いそうな気がするが、朗読上手なバイトのお兄ちゃんが、この世の本屋さんにはいないのが最大の問題か。

（A／02・12・30－03・1・6）

＊ 単行本と文庫本の総計で53万部。この小説は後にシリーズ化され、２００４年には第1部『天国の本屋』と第3部『恋火』をあわせた物語が「天国の本屋　恋火」のタイトルで映画化もされた（篠原哲雄監督・竹内結子・玉山鉄二主演）。

『半落ち』横山秀夫

（講談社・2002年9月・1700円）

すまじきものは宮仕え。だれも区間を完走できない駅伝ミステリー

2003年版『このミステリーがすごい！』でも、「週刊文春」が選ぶ2002年のミステリーベスト10でもみごと1位に輝いたのに、このあいだの直木賞には落っこちて、それ自体が「半落ち」になってしまった感のある『半落ち』である。

「半落ち」とは、被疑者が事件のすべてを自供する「完落ち」に対し、事件の半分を隠している状態、を指すらしい。県警の役職にある49歳の警部が妻を殺したと自首してきた。妻はアルツハイマー症。警部は妻を不憫に思い、乞われるままに殺したという。罪状は「嘱託殺人」。ところが、彼が妻を殺してから自首するまでに2日間の空白があり、その間に何があったかを彼は頑として明かさない。物語は、この「半落ちの容疑者（被告）」をめぐり、事件の謎を追う人々が、2日間の謎を解こうと格闘するさまを描く。

とまあ物語の骨子を要約すればそうなるけれど、特徴的なのは、この小説の構成だろう。刑事→検察官→新聞記者→弁護士→判事→刑務官、というように、この小説には6人の視点人物がおり、容疑者（被告）の身柄が移される順番に沿って、謎解き役もバトンタッチされていくのである。「ベルトコンベア・ミステリー」という評言もあったけど、次々にたすきが渡されていくという意味では「駅伝ミステリー」と呼んでもいい。

ただし、この駅伝、6人の選手が6人とも、似たようなタイプなのである。つまりそれぞれに勘のいい熱血漢にはちがいないが、組織の一員であり、各自の事情も抱えているために保身も強く、いいところまで行っても、最後は組織の圧力に負けて事件の核心を暴く係を降りてしまう。ひとりがバタッと力尽きたところで次の人物がたすきを拾い、そいつがバタッと倒れたところでまた次の人物がたすきを拾い……だれも自分の区間を完走できない。

通奏低音として流れているのは「すまじきものは宮仕え」の気分である。ダムを完成できなかった「プロジェクトX」というか、「おれだって辛いんだ」「君もそうだろ、ご同輩」、そんな男たちのつぶやきが、ずーっと流れているようである。

これが1位になるのだから、日本社会も長引く不況で希望が持てず、相当病んでいるのかもしれない。最後に明かされる事件の真相がまた小粒。巨悪は残したままで小っちゃな落ちのつく「半落ち」な結末に、溜飲がのどの途中でひっかかった「半落ち」な読後感。

もっとも「完璧な結末＝完落ち」で泣かせる「プロジェクトX」も白々しいわけだから、このくらいのほうが共感を得られるのかもしれない。上司とぶつかってクサクサしたときに読みたい挫折ミステリー、あるいは社畜ミステリー。読んでも元気は出ないけど、絶望するってほどでもない。「半落ち込み」くらいである。

（A／03・2・3）

『しょっぱいドライブ』大道珠貴

（文藝春秋・2003年3月・1238円）

「元気が出ない小説」と評された芥川賞作品はあの小説の裏バージョン？

新聞の見出しは〈元気出ないことを描き評価〉（朝日新聞03年1月18日）。今期（第128回）芥川賞受賞作『しょっぱいドライブ』の話である。ところが、「文藝春秋」3月号の選評を読んでみると、元気問題に言及している選考委員はひとりだけだった。

〈受賞作の『しょっぱいドライブ』はわたしの元気を奪った。それは『しょっぱいドライブ』のテーマやストーリーが原因ではない。小説として単につまらないからだ〉（村上龍）

なーんだ、そういうこと？　受賞者の大道珠貴さんもそればかり聞かれてウンザリしただろうけれど、「元気が出ない」という言葉だけがひとり歩きしてしまったもようである。

それじゃ、『しょっぱいドライブ』はどんな小説か。

主人公の「わたし」は34歳。生まれ育った漁師町を出て少し大きな町で働いている。地方劇団のスターである男と2度ほど寝たが、体よく捨てられ、いまは昔なじみの「九十九《つくも》さん」とときどき会っている。九十九さんは風采の上がらぬ老人だが、なぜか金だけは持っていて、「わたし」の一家は彼に金を借りるなど、昔からなにかと「カモ」にしてきたのである。「わたし」は劇団の男に未練を残しながらも、九十九さんと気のないセックスをし、やがて家を借りていっしょに住みはじめる。――とまあ、これがストーリーの骨子。「ドライブ」とはつまりデートのことで、しかしそれは名実ともに「しょっぱい」というわけだ。

とっさに連想したのは、川上弘美『センセイの鞄』（文春文庫）だった。『センセイの鞄』の裏バージョンとでもいったらいいか。30代の女性と70代の元古文教師が居酒屋でデートする、恋愛にも似た関係を描いた『センセイの鞄』が、「ワシもまだ捨てたものではない」という気分に火をつけ、中高年男性を「元気づけた」のは記憶に新しい。

一方、この小説は、同じように30代の女性と60代の男性の恋愛に似た関係を描き、同じようにデートをモチーフにしながらも、読後に出るのはため息だろう。「若い女に相手にされても、これがワシの現実か」と。「元気は出ない」と思いますよ、おじいさまたちも。

語り手の女性は醒めていて、老人といっしょにいても前の男のことを考えているし、計算高いし、男の老いも冷徹な目で観察しているのである。

〈寝返りを打つ九十九さんの髪の毛が、右半分ごっそりないのを見てしまった。ふだんはうしろからや左から、髪の毛を集め、右に寄せていたのだった〉

〈このひとはただ、いまは、新しい暮らしへ向けて、しあわせなことだけを考えたいのだ。娘くらい歳の離れた女と暮らす、それだけで頭がいっぱいなのだ。うきうきなのだ〉

憐れまれているのか、タカられているだけなのか。

『愛の領分』みたいな中高年の恋に賭けてる人だっているのに（225ページ参照）、これではたまったもんじゃない。相手にしてもらえるだけいいという考え方もあるけどね。（A／03・3・10）

『GOOD LUCK!!』井上由美子
（マガジンハウス・2003年3月・1200円）

『僕の生きる道』橋部敦子
（角川書店・2003年3月・1400円／角川文庫・2003年12月・667円）

脳はそのとき映像の再生装置と化す。人気ドラマのノベライゼーション

バグダッドからの報告も米軍従軍報道もアルジャジーラも無視して、今週はテレビドラマだ。

2003年3月に放送が終了したドラマのノベライゼーションが売れているのである。橋部敦子脚本・草彅剛主演の「僕の生きる道」と、井上由美子脚本・木村拓哉主演の「GOOD LUCK!!」。一時的だが、双方、週間ベストセラー文芸書部門のトップも奪取した。

お話の概要はご存じの方も多いだろう。『僕の生きる道』はガンで余命1年と宣告された高校教師・中村秀雄が残りの人生を精いっぱいに生きる物語。『GOOD LUCK!!』は全日空の新米副操縦士・新海元《はじめ》が、パイロットとして成長してゆく姿を描く物語である。どちらも「主役が先にありき」のドラマとはいえ、職場（職業倫理？）を描いているのが新機軸かな。

ところで、ドラマのノベライゼーションを楽しめるのは、①ドラマを見た人、②見なかった人のどちらだろう。じつはどちらも不正解。何回かは見たけれど全部見る時間はありませんでした、そんな「半分見」の人がこういう本をだれより楽しく読めるのだ。

〈「私と別れたいんですか？」／みどりは秀雄の本心を探るようにたずねた。／「僕は、長く生きられないんですから」／「そんなの、別れる理由には、なりません」／「なりますよ」／「私

は……ずっと中村先生のそばに、いたいんです」〉(『僕の生きる道』)

文字で読むとバカみたいである。でも、草彅クンがこういって、矢田亜希子チャンがこう答えた告白シーンなんだと思うと、妙に説得力が出るのである。

〈「お前、鈍いから、この際、はっきり言っとくけど――」/「――何よ?」/「お前、ムカつくんだよ。お前と、香田さんが楽しげにしゃべってるのを見て、すげえ……ヤだった。……ぶっちゃけ、すげえヤだった――」/元はつい本音をぶちまけてしまった。歩実は立ち止まって元の言葉の意味を考えた〉(『GOOD LUCK!!』)

ぶっちゃけ、もっとバカみたいである。けれども、これも告白シーンで、あのキムタクと柴崎コウチャンなんだと思うと、やはり納得してしまう(のがすげえヤだけど)。

人気ドラマの本は、かつてはシナリオの形で出版されることが多かった。恥ずかしながら私、『北の国から』も『ふぞろいの林檎たち』も『金曜日の妻たちへ』も『男女7人夏物語』も、昔、シナリオで読みました。だからわかるんだけど、「半分見」したドラマの本ほど高速で読めるものはない。登場人物の顔も、話し方も、背景(セット)もわかっているから、想像力のスイッチをオフにしてても、勝手に人が動いてしゃべってくれるのだ。そのとき活字は映像の軍門にくだる。脳は画像の単なる再生装置と化す。脳のビデオ化、DVD化。

ありがたや、読むDVD。超お手軽に「感動」が味わえる。だけど、ぶっちゃけ、これを本とか小説だとかは思わないこと。ソフトと呼んでいただきたい。

(A/03・4・14)

『阿修羅ガール』舞城王太郎

（新潮社・2003年1月・1400円／新潮文庫・2005年5月・552円）

次に来そうな純文学界の「期待の星」は覆面作家。物語も脳味噌も破裂寸前

外部からは杳《よう》として動向のうかがい知れない文芸誌にも、ときどきは動きがあって、「この人は次に来るかも」という予兆がここにはあったりするのである。町田康が登場したときがそうだったし、吉田修一が芥川賞をとる直前もそうだった。その伝で、文芸誌的に「次に来そう」な予感がある新人がこの人、舞城王太郎である。1973年生まれ。2001年、『煙か土か食い物』（講談社文庫）で第19回メフィスト賞を受賞した覆面作家だ。

私が彼の作品を読んだのは、三島賞候補になった短編集『熊の場所』（講談社）がはじめてだったのだけれど、「やってくれるじゃん」という印象だった。長嶋有、吉田修一を癒し系（または村上春樹系？）とするなら、舞城王太郎はバイオレンス系（または村上龍系？）である。ただし、この人の場合は、目線も語調も圧倒的にコドモのそれで、「キレる子どもたち」を題材にしたオトナ目線の小説を、鼻でせせら笑うようなパワーがあった。

『阿修羅ガール』もその系統。これは愛子なる女子高生を主人公にした、一人称小説だ。〈気持ちよくねえよ。いくねえよ。声なんて出ねえよ。出てもおめえに聞かせる声なんてねえんだよ〉が冒頭の一文で、好きでもない男の子＝佐野とラブホでやっちゃうシーンなのである。

一方、好きな男の子＝陽治にふられそうになって、踏ん張るところは――。

〈やべー泣きそうだ。泣きかけだ。半泣きだ。ううう、目が熱い。私はうつむいて歯をくいしばってピンクの変な揺れる熊の下の地面を……〉

ここだけ読むと橋本治『桃尻娘』の現代版という印象だし、その後、佐野が失踪し、愛子に嫌疑がかかったり、連続殺人鬼の噂が走るあたりはミステリー小説風。しかし後半、この小説はものすごいところまで読者を連れ去るのである。愛子はなぜか三途の川らしき場所にいるし、そこの岸壁めがけて、陽治は携帯メールみたいなメッセージを送ってくる。

〈いくな。もどれ。〉（←原文では、ココ、巨大活字）

なぜに三途の川。なぜにメール？　物語破壊寸前。脳味噌破裂寸前。

メフィスト賞とは、講談社が主催するノベルス系の文学賞である。選考委員制度を設けず、編集者が選考に当たって即デビューというのが大きな売り。枚数制限はなし、そのかわりに賞金もない。森博嗣、清涼院流水ら、若手が続々とデビューしている。かつてのコバルト文庫が優秀な女性作家を輩出したように、講談社ノベルスも台風の目になりつつあるのかも。

純文学誌が注目するのもむべなるかな。こんな風に破壊的な小説を書く人って、いま少ないからな。「鼻クソご飯」なんて人を喰った表題の短編（「群像」03年12月号）で文学界を攪乱する舞城からしばらく目が離せない。*と、今回は業界ニュース風にまとめてみた。

（A／03・5・12）

＊ というわけで『阿修羅ガール』はこの直後、第16回三島賞を受賞した。舞城王太郎は覆面作家だから、受賞式には姿を見せなかったそうである。

『キャッチャー・イン・ザ・ライ』

J・D・サリンジャー著、村上春樹訳

（白水社・2003年4月・1600円）

築40年の物件を新装開店させるべく、リフォームの匠が立ち上がった

最近のテレビでちょっと注目されているのが、「匠《たくみ》」と呼ばれる建築士が活躍する家屋のリフォーム番組[*1]である。古びて使い勝手の悪くなったボロ家が、盛大に床をひっぱがし、親のカタキでもとるかのように壁をぶっ壊し、新しい内装（ときには外装も）を施すことによって、新築同様に生まれ変わる。それだけのことなのに、なぜかおもしろい。

それで思ったのだけれど、本の新訳っていうのも一種のリフォームなのではないか。早急にリフォームが必要な物件は翻訳書業界にまだまだあるような気がするけれど、このたび選ばれた物件はJ・D・サリンジャー『ライ麦畑でつかまえて』（白水社）である。1951年の建築。野崎孝の訳で日本に移築されたのは1964年だった。

この物件は一見問題なく見えた。野崎孝の訳は、後の日本語表現に大きな影響を与えたといわれるほど、その当時、新しい口語体だったからである。

〈D・Bってのは僕の兄貴ってわけだけどさ。今、ハリウッドにいるんだ。ハリウッドは、このいやったらしい町からそう遠くないもんだからね。奴《やっこ》さん、だいたい週末のたんびに、僕んとこを見舞いに来やがんだよ〉（『ライ麦畑でつかまえて』）

いまでも十分通用しそうである。しかし、築40年のひずみやゆがみは細部に来ていた。「奴さん」「来やがんだ」では、往年の日活青春映画みたいである。そこで匠が立ち上がった。日本語遣いのマジシャン、村上春樹である。外装も原題に戻して『キャッチャー・イン・ザ・ライ』。先の一文が匠の手でどう変わったか、まずは見ていただこう。

〈DBってのは僕の兄さんなんだけど、それでもね。／DBは今ハリウッドに住んでいて、そこからこのうらぶれた場所まではそんなに距離はないから、だいたいいつも週末になると僕を訪ねに来てくれる〉（『キャッチャー・イン・ザ・ライ』）

とまれ素直な訳である。ああ見えて、旧訳は意外に装飾過剰だったのかもしれない。『ライ麦畑』の次の文章が新訳でどう変わったか、それではみなさんで推理してみてください。

①〈（僕は）そして「チェッ！」って言った〉

②〈「旦那、いっちょう楽しむ気はねえですかい？」〉

③〈金の野郎め！　いつだって、しまいには、必ずひとのことを憂鬱にさせやがる〉

日活映画っぽい装飾を剥いだリフォーム後の『ライ麦畑』は、かなり見晴らしがよくなった。そして、なんということだろう、物語の全貌が改めて見えてきたのである。

それでは、生まれ変わった『キャッチャー』の新訳を見ていただこう。

①〈「やれやれ！」と僕は言った。〉

②〈「お客さん、お楽しみに興味はありますかい？」〉

③〈お金っていやだよね。どう転んでも結局、気が重くなっちまうだけなんだ〉

中産階級に生まれた17歳の少年が、学校を追われて街を彷徨《さまよ》う。ものすごく現代的だ。いまの日本の少年を主役にした物語みたい。「やれやれ」は匠の十八番だけどな。

そういえば半年前、匠は『海辺のカフカ』（新潮社）なる新築物件を建てたばかりである。少年の一人称小説である点といい、彼のココロが壊れている点といい、両物件、似ていなくもない。さすがは匠。技の使い道をよく知っている、ということか。[*2]

（A／03・5・19）

＊1　「大改造!!　劇的ビフォーアフター」（テレビ朝日系）のこと。

＊2　とはいうものの、この新訳は賛否両論が渦巻き、「村上春樹を語りたい男たち」はまだこんなにいるのかと驚かされた。野崎孝訳は装飾過剰だとここでは書いたが、逆にいうと村上春樹訳は平板なのだ。リフォームとはなべてそんなものである。

『ZOO』乙一

（集英社・2003年6月・1500円）

書評家をたじろがせる新世代作家の新作をあえて読み解けば

乙一《おついち》という不思議な名前の作家が話題を集めている。1978年生まれ。17歳でデビュー。すでに10冊以上の本が出ている実力派である。新刊の『ZOO《ズー》』も絶賛されているのだが、同時にこれは、書評家泣かせの短編集だったらしい。

〈乙一の書いているものを私は分類できないのだ。（略）こればかりは乙一の小説というしかない〉（北上次郎／朝日新聞03年6月29日）

〈でも考えてしまう。読み終わった後から「これはイッタイゼンタイどういう話だったのか？」って、シーンを手繰って考えてしまう〉（朝山実《じつ》／「週刊朝日」03年7月18日号）

いいですねえ。書評家から批評の言葉を失わせる小説。それだけだって読む価値あり。とはいえ、やられっぱなしも悔しい。なんとか言葉で「この感じ」を説明してみたい。

『ZOO』は10編の作品を集めた短編集である。たしかにどれもヘンテコな読み心地である。双子の姉妹の姉さんが母と妹から虐待を受けていたり（「カザリとヨーコ」）、死体を集めて家を建てる男がいたり（「冷たい森の白い家」）、ハイジャックされた機内で安楽死の薬を買う女の子がいたり（「落ちる飛行機の中で」）。

けれどもこれは、ひとまず短編集の見本というべきだろう。古典的ですらある。巧みな設定と鮮やかな幕切れ。オー・ヘンリー、サマセット・モーム、芥川龍之介、江戸川乱歩、みんなそうだった。ただし、乙一は着地をキレイに決めたりしない。着地点をズラして、さらにもう一回転してみせる。これがヘンテコに見える理由その1である。

ヘンテコに見える理由その2は、登場人物が統一された内面を欠いていることだ。物語の中には、殺人、虐待、死体遺棄など、残酷な話が山のように出てくるが、語り手も登場人物もみんなどこかシレッとしている。この荒唐無稽さは、むしろ「近代小説以前の物語」に近い。グリム童話集（が本当は残酷なことはみなさまもご存じのはず）とかね。内面があるように見えても、最後の一回転で景色が変わるので、読者はキョトンとしちゃうのである。

これで説明になっただろうか。なってねえか。

ひとついえるのは、この作家はけっして天然ではないってことだ。語り手（視点人物）の選定ひとつとっても、非常に意識的なのである。語り手の多くは少年少女（または少年少女的な内面の持ち主）である。加えて、10編の物語に共通するモチーフは「復讐譚」である。単純な勧善懲悪劇ではないために、構造が見えにくいだけ。一見破綻しているようでいて、因果がめぐっているから、物語が安定して見えるのである。つまり職人的なわけ。

コドモが主役の残酷な復讐譚、それが『ZOO』だとするならば、まさにグリムの世界である。ただし、登場人物はお姫様や王子様ではなく、そのへんの小中高生だ。オトナの読者が翻弄されるのも無理はない。なぜってオトナは近代人だからである。書評家諸氏の戸惑いは「近代的自我の崩壊」に直面したからだと思うんですけど、どうでしょう。

（A／03・7・21）

『エ・アロール』渡辺淳一
（角川書店・2003年6月・1600円）

恋のさや当あり、援交あり。老男老女が活躍する「第二の学園ドラマ」

書籍には珍しくテレビCMまで打つ力の入れよう。渡辺淳一2年ぶりの新作である。ナベジュン・ウォッチャーの私としては読むわけですね、こういうのも。前作の『シャトウ ルージュ』は、まあ失敗作だった（230ページ参照）。これはどうだろう。

「エ・アロール」とは「それがどうしたの」を意味するフランス語とか。出典はミッテラン元大統領が自らの隠し子騒動のときに吐いた台詞《せりふ》だそうで、この小説は「それがどうしたの」の精神で銀座に建てられた自由でおしゃれな老人ホーム「ヴィラ・エ・アロール」を舞台にした連作短編集なのだ。とはいえそこは、天下の渡辺淳一先生である。しょぼくれた老人小説であるはずもなく、ヴィラ・エ・アロールの住人はだれひとり枯れちゃいない。

9編に登場する主要なメンバーをご紹介しよう。

①堀内大蔵（82〜83歳・元大手銀行役員）。部屋でヘルス嬢と戯れている最中に、思わぬアクシデントが起こって死亡する（「アクシデント」）

②立木重雄（75歳・元地方民放局社長）。江波玲香（73歳・元スチュワーデス）との結婚を希望する。ほかにも橋本夫人（下の名前は不詳。71歳・元建設会社社長夫人）、津田愛子（73歳・元編集者）ら複数のガールフレンドと浮名を流す（「プレイボーイ」）

③岡本杏子（71歳・元大手商社社長夫人）。42歳も年下の理学療法士に恋をして、口説くけれども成就できず（「プレイガール」）

④谷口（以下の3人の下の名前は不詳。68歳・元出版社役員）。同じホームの古賀（70歳・国立大学名誉教授）、庄司（78歳・元文部省キャリア官僚）と3人で、ポルノ鑑賞会を企画、「四畳半襖の裏張り」を上映して好評を博す（「ポルノグラフィ」）

⑤市ノ沢（下の名前は不詳。80歳・元女子大教授）。内縁の妻（65歳）といっしょに入居中だが、本妻に怒鳴りこまれる（「ペアリング」）

こう書くと新聞のベタ記事みたいだけど、本編はむろんもっと肉付けされています。でも、概要はこういうことです。みなさん、お盛んなんです。後半、続けます。

⑥青木一郎（80歳・元音大教授・ピアニスト）。南田雪枝（後述）を取り合って宍戸（下の名前は不詳。72歳・元繊維会社社長）と喧嘩になる（「ジェラシー」）

⑦南田雪枝（65歳・元銀座クラブオーナー）。1000円で青木、宍戸、立木、他多数の男の相手をしていたことが判明する（「プレイタイム」）

⑧野村義夫（73歳・元大手新聞社員・評論家）が江波玲香（前出）と婚約し、古賀（前出）が若い女を妊娠させたと勘ちがいする（「ラプソディ」）

⑨大田慶子（75歳・元健康食品会社経営）。末期癌で余命いくばくもないことを知り、全財産をエ・アロールに寄付する（「レクイエム」）

老人ぽい逸話は①と⑨だけ。恋のさや当て、三角関係、家族に反対される結婚、はては老女売春に妊娠騒動！　この小説は、第二の青春小説、いや第二の学園ドラマなのだ。「ヴィラ・エ・アロール」とは学園ドラマの舞台となる学校と同じであり、視点人物の来栖《くるす》貴文（54歳・「エ・アロール」所長・医師）を頭とするスタッフは、学園ドラマの教師と同じで、性に興味津々の生徒（老人）らに手を焼きつつも見守る係、なわけですね。

カッコ内に記した入居者の経歴・職種にご注目いただきたい。教養も金もありそうな爺ちゃんと、若づくりの色っぽい婆ちゃんばっかりなのが笑わせる。17歳、18歳では陳腐な青春小説でも、70歳、80歳に置き換えれば許される、ということです。

（A／03・8・18－25）

『グロテスク』桐野夏生

（文藝春秋・2003年6月・1905円）

サディスティックないじめ願望満たされまくりの問題作

昼は一流企業のキャリアウーマン、夜は娼婦。桐野夏生『グロテスク』はいわゆる「東電ＯＬ殺人事件」に取材した長編小説である。すでに書評もたくさん出ている。

〈一言でいえば女性版ハードボイルド。ただし正義の裏づけがないハードボイルド、本物のハードボイルドだ〉（三浦雅士／毎日新聞03年6月29日）

〈実際にあった事件を扱いつつ、それよりも強烈に、印象的に、こちらの心に入りこんでくる小説をはじめて読んだ〉（角田光代／読売新聞03年6月29日）

〈『グロテスク』はタブーに触れているのだ。平等というこの社会の基礎観念をゆるがす容貌の問題に踏みこむことによって〉（中条省平／朝日新聞03年8月3日）

つけ加えることはべつにない。なので、やや主観的なことを書きたい。

この小説は読者のどんな快感のツボを刺激するのだろう。フフフ、それはね、われらが内なるサディズムだ。気持ちよかったー！　いじめ願望、満たされまくり。

なにせ前半の舞台は「Q女子高」と表記される日本有数の私立校なのである。裕福で優秀な子ばかり集まるこの学校は、外から見れば羨望の対象だが、中へ入れば大奥もかくやの階級社会。ヒエラルキーの上位には初等科から来た裕福で派手な「内部生」がおり、下位には中・高等科から入学したダサくてガリ勉の「外部生」がいる。この設定だけでもゾクゾクするほど素敵。

語り手の「わたし」は外部生だが、自らは競争から降りており、周囲に格好の餌食を見つける。努力すれば何でも報われると思っている佐藤和恵だ。

〈「見てよ、ここ」／笑い声が響きました。次々と別の生徒が寄って来て、輪が出来ました。／「ほんとだ。刺繍してある」／「すごい力作」／その靴下の持ち主はただの紺色のハイソックスに、赤い糸でマークを手刺繍したのでした。ラルフ・ローレンに見えるように〉

この靴下の持ち主が佐藤和恵。身のほど知らずで融通のきかぬ彼女は、美人の内部生で固められたチアガール部に入ろうとして断られてもこう主張する。〈機会均等じゃないのはアンフェアじゃない。入って努力するのではどうしていけないのかしら〉

いたよいたよ、こういう子。場の空気を読む力がないから、いっしょにいるだけでイライラするの。だからつい痛めつけたくなっちゃうの。

物語はこの和恵をもっと痛めつけるために、努力家の彼女が逆立ちしても勝てないふたりの人物を配置する。語り手の妹でもある絶世の美女ユリコと、天才的な頭脳の持ち主ミツルである。経済力では内部生にかなわず、容貌はユリコに遠く及ばず、唯一の拠りどころである勉強でもミツルには勝てない和恵。語り手の悪意は読者の悪意でもある。和恵みたいな子は、みんながいじめたくなるんですよ。いい気味だわ。あなたは負け組よっ。

ただ、この残酷な構図は後半で逆転するのだ。小説の後半はいじめられっ子佐藤和恵の、いわば復讐と勝利の物語である。天性の娼婦であるユリコも、東大医学部に進学したミツルも、和恵は結果的に凌駕する。徹底的に身を持ちくずし、落ちていくように見えながら、『グロテスク』は本当は和恵を救うための物語なのである。そこが同じ事件に取材した佐野眞一のノンフィクション、『東電OL殺人事件』（新潮文庫）との最大のちがいだろう。

そういえば先日も、新聞の投書欄にこんな高校生の投書が載っていた。

「勉強のために部活をやめた私は、スポーツで汗を流す友人には勝てないと感じます。でも、だからこそ努力したい。自分に負けたくないのです」

こういうマジメ一本槍な人は『グロテスク』を読んだほうがいいですね。あと、娘を持ったお受験ママたちも必読。こわい小説です。でも、目が覚めます。（A／03・9・8）

『クライマーズ・ハイ』横山秀夫（文藝春秋・2003年8月・1571円）

大久保、連赤、御巣鷹山……。地方紙でくり広げられる男たちの人間模様

小説の読み方に性差があるとは思えない。しかし、女性に受けのいい小説と男性に受けのいい小説があるのも事実で、前者がたとえば桐野夏生なら、後者は横山秀夫だろう。

ということで話題作『クライマーズ・ハイ』。はたして『半落ち』のリベンジなるか。

山の小説であると同時に、これは仕事と組織の小説でもある。

主人公の悠木《ゆうき》は群馬県の地元紙、北関東新聞（略して北関《きたかん》）のベテラン社会部記者。1985年8月12日、彼は同僚の安西と谷川岳の絶壁「衝立岩《ついたて》」に挑戦する予定だった。ところが、社を出る直前、衝撃的なニュースが飛び込んでくる。520人の乗客を乗せた日航ジャンボ機が長野と群馬の県境付近で消息を絶った、というのである。もしも墜落場所が群馬なら大ごとだ。墜落現場が群馬県の御巣鷹山と判明し、その時点で事故の全権デスクを任された悠木は、それから1週間、事故報道に翻弄される。一方、先に谷川岳に向かったはずの安西もまた山には行かず、前

橋の歓楽街で倒れ、意識不明の状態で病院に運ばれていた。全国紙がひしめく中で、はたして北関は地元紙の面目を保てるのか。そして安西の行動の謎は！

御巣鷹山の日航機事故と、それを報道する地元新聞。でありながら、この小説は、事故現場そのものをいっさい登場させることなく進行する。主人公はなにせデスクだから、本社に張りついて現場とのやりとりや原稿チェックや上との調整に明け暮れるだけ。それなのに息もつかせぬ展開なのはなぜか。ドラマの核心部分が社内の人間関係にあるからだ。

北関では、事件といえば1971年の大久保清事件と翌年の連合赤軍事件を指した。〈「大久保連赤」と詰めて呼ぶ。担当した記者の多くはその後の記者人生を一変させた。一言で言うなら天狗になった。十三年もの間、事件の遺産で飯を食ってきた。「大久保」の昔話で美味い酒を飲み、「連赤」の手柄話で後輩記者を黙らせ、何事かを成しえた人間であるかのように不遜に振る舞ってきた〉

世界最大の航空機事故は〈その古き良き時代〉の終焉を意味する。いまや出世して要職にある当時の記者と、「大久保連赤」時代を知らない20代、30代の若手記者との間に挟まったデスクの立場ひとつとっても、衝突や軋轢《あつれき》や齟齬《そご》のタネにはこと欠かない。

男心をくすぐる理由が、なるほど納得できました。小説の舞台は新聞社だが、部署間の対立から、社内派閥まで、どんな組織で働く人にも思いあたる点が多々あるにちがいない。主人公の悠木は熱血漢だし、舞台が陽の当たりにくい地方紙っていうところがまた、中島みゆきの歌じゃないけど、天の星ならぬ「地上の星」なんですよねえ。

ただし、『半落ち』同様、横山秀夫は「プロジェクトX」式の勝者のお話は書かない。桐野夏生『グロテスク』は一見落ちていく女性の「勝利」の物語だと前に書いたけれども（251ページ参照）、その伝でいくと『クライマーズ・ハイ』は「敗北」の美学の物語である。衝立岩をいっしょに登るはずだった安西が残した謎の言葉は〈下りるために登るんさ〉。

5か所くらいで泣けます（たぶん）。下るために日々登る、働く男への応援歌です（おそらく）。

（A／03・10・20）

『Deep Love アユの物語』Yoshi

（スターツ出版・2002年12月・952円）

ケータイサイトで配信された、渋谷の女子高生御用達の物語

あっ……という語でこの小説ははじまったりするわけよ。〈あっ……もう1時間は舐《な》め続けている。／ハゲあがった頭を小刻みに揺らして、クチュクチュ音を立てながら、オヤジがうれしそうに言った。／「オイしいね、アユちゃんのは」／アユは17歳の女子高生。みんなからも、かなりカワイイと言われている。／1回5万円……文句を言うオヤジはいない〉

いっちゃナンだけど、文芸誌主催の新人文学賞とかだったら、これ、1次予選で落っこちると思うのね。だけど、いまはそんな手続きは不要だし、ネットで流せば読者もつくの。『Ｄｅｅｐ　Ｌｏｖｅ』はそうやってできた小説で、もともとはケータイサイトで発表された連載小説だったのが口コミで評判になり（アクセス数２０００万件！）、本になったらまた売れて、すでに4部作が完結している。「第一部　アユの物語」「第二部　ホスト」「第三部　レイナの運命」「特別版　パオの物語」あわせて累計１００万部よ、１００万部。作者は年齢性別経歴不詳（ただしサイトの写真を見る限りでは中年男性）のＹｏｓｈｉって人。

第一部のストーリーだけざっと紹介しておくと……。

主人公は女子高生のアユ。学校を適当にサボりながら援助交際で暮らしてて、家にもほとんど帰らない。ボーイフレンド（文中では「ヤリ友」）の部屋にいたのだが、ある日公園でケガをした子犬を拾い、ひょんなことから知り合った「おばあちゃん」の家で、犬のパオともども暮らしはじめる。おばあちゃんは以前、親に捨てられた少年を育てていた。少年は心臓病で、手術には莫大な費用がかかるという。少年と出会ったアユは援交をやめ、居酒屋で働きながらお金を貯めはじめるが、彼女自身の体もいつしかＡＩＤＳに蝕まれていて……。

どーお？　援交、ヤリ友、傷ついた子犬、ひとり暮らしの老人、心臓病にＡＩＤＳと、読者を喜ばせたり泣かせたりのファクター総動員。それでね、これはもうお約束だけど、人がまたよく死ぬの。だけど作者は大マジで、読者への啓蒙だって怠らない。

〈人は過ちを犯す生き物。時には深い悲しみから……、あるいは深い憎しみから……。深い絶望や、深い迷いから……。そこから救ってくれるのは……深い愛だけなのだろう〉

あっちこっち「……」だらけ。でも……この小説は、批評なんかを……、必要としないんだろう……と思うの……。本の形で読むものでも……、たぶん……ないのよ。

たとえば渋谷の109あたりで人を待ちながら、ケータイでこの物語を読んだと仮定しようじゃないの。と、この街のどこかにアユがいる（いた）のかも……って気持ちになるのよきっと。エリア限定、世代も限定のミニFM局みたいな小説で、ゆえに〈2000年、春。渋谷の女子高生たちの間で、1人の少女が伝説となりました〉（帯より）となるわけよ。

欲しかったのは、そう、小説ってより、美しい都市伝説。女子高生、ほんとはそんなにドラマチックには生きてないからね。

（A／03・10・27）

『いまこの瞬間愛しているということ』辻仁成 （集英社・2003年11月・1600円）

主人公はフランス人の天才シェフ。舞台はパリのレストラン

新刊案内と広告で、ものうげな作者の肖像写真（「パリにて」のキャプションつき）を見せられたら読まないわけにはいかないだろう。辻仁成『いまこの瞬間愛しているということ』*。フランス語のタイトルなんかもついてる〈待望の書き下ろし恋愛小説〉である。

『冷静と情熱のあいだ』(232ページ参照)にも感心したが、本書はさらに輪をかけて感心した。この作家の通俗性には年々磨きがかかっていく。『冷静と〜』がフィレンツェを舞台にした日本人の絵画修復士(土地と職業の秀逸な組み合わせに注意)の物語なら、こちらの舞台はパリ。ホテル・アンペリアルのメインダイニング「ル・プランス」の辣腕総料理長ジェローム・メネと、彼の下で働く日本人女性ハナ・ヒルマの哀しい愛の物語である。

ジェロームは店を3つ星に昇格させることに命を賭けている、という日本人観光客好みの設定。その恋敵がミシュラン社に勤める編集者だったりする仕掛け。〈マロニエの葉が色づき、パリは美しい季節に入っていた〉といった紋切り型の文章。ヒロインが謎の難病におかされ、恋人がその看病に奔走する後半の展開。どこをとっても辻仁成の名に恥じない出来だ。

美味しいのか不味いのかよくわからない文章にも、3つ星作家の技が光る。

〈高々と振り上げられた拳は、ド・ゴール将軍さながら、まるで祖国の解放を鼓舞するかのように、力強く空を切った〉

ヒロインのハナが父親と慕う3つ星レストランのシェフ、ミラン・パパ・リュデールの厨房でのようすを描写したくだりである。力強い塩味のきいた比喩が舌先を刺激する。

〈厨房での元気で、明るく、健康的なシュシュしか知らないせいで、しとやかで、穏やかな、一人の女としてのハナに触れると、薄暗い原生林の中で美しい白薔薇と出会ったような驚きを覚え

た〉

ジェロームがハナに恋するくだりである。シュシュ（私のお気に入り）とは彼女の愛称。原生林の中で美しい白薔薇。これまた芳醇なワインのような比喩である。

ときにこうした奇抜な比喩的表現に走るこの小説の語り手「私」は、パリ在住の料理評論家なのだ。小説全体がどことなく頼りないのは、この語り手の気質のせいかもしれない。人ではなく専門の料理を語らせても、この人はこんな風になるのである。

〈料理というより、まるで光そのもの、水そのもの、火そのものを食べているようであった。／（略）美味しかったが、美味しい、と一言では片づけられない、哲学的な、あるいは祈りそのもののような味があった〉

さすが〈味を知れば、愛を知る。これが私の哲学でもある〉と自負する料理評論家。3つ星の味に慣れていない私には、イメージできまっせーん。ま、どのみちこれはファンタスティックな恋愛小説。設定と筋だけ聞くと何十年も前の少女漫画みたいだが、ワインやチーズの味と同じで、そこは「お好み」の問題ですから。

（A／03・11・24）

＊この小説も略せば「イマアイ」なのですが、売れゆきは『いま、会いにゆきます』（269ページ参照）に及ばなかったようで残念です。

『葉桜の季節に君を想うということ』歌野晶午

（文藝春秋・2003年3月・1857円）

ミステリー界ナンバーワンの長編は「絶対に映像にはできない作品」

歌野晶午『葉桜の季節に君を想うということ』。2003年のミステリー、ベスト1といっていいだろう。帯の惹句にいわく。〈「このミステリーがすごい！」第一位／「本格ミステリ・ベスト10」第一位／「週刊文春ミステリーベスト10」第2位〉

巷間《こうかん》、伝え聞くところによれば、しかも「絶対に映像にはできない作品」なのだとか。そういわれたら、やっぱりちょっと読んでみたいじゃないの。

ふうむ、そうなのか。これが1位なのか……と思った。書き出しを引用してみたい。

〈射精したあとは動きたくない。相手の体に覆いかぶさったまま、押し寄せてくる眠気を素直に受け入れたい。／以前歯医者の待合室で読んだ女性週刊誌には、後戯のないセックスはデザートのないディナーようふふ、というようなことが書いてあったが、男から言わせてもらえれば、ふざけるなバカヤローである。射精した直後に乳など揉みたくない。たとえ相手がジェニファー・ロペスであってもだ〉

女性週刊誌には〈後戯のないセックスはデザートのないディナーようふふ〉なんてこと、書いてねえって。〈たとえ相手がジェニファー・ロペスであってもだ〉についても心配無用。ジェニファー・ロペスは頼んだってあなたとセックスなんかしちゃくれないから。

いったんそう思ってしまうと、物語の中で何が起ころうともうダメで、「ああ、そうですか」「はい、さようですか」以上の感想はわいてこない。

語り手／主人公は現役の探偵だか昔探偵だったかする男で、あやしげなキャッチセールスの会社が暗躍したり、保険金目あての殺しがあったり、自殺しかけた女を助けた縁でデートを重ねたり、要素はたしかにギュウ詰めなのだが、それがことごとく右のような文章で綴られるものだから、３５９ページまで読み進むのも、正直いって難儀した。

しかし、ではそれがなぜ03年のベスト１で「絶対に映像にはできない作品」なのか。

３６０ページから後、最後の50ページですべての謎が明かされる。きっと○○だろうと思って読者が読んできた人物が、じつは××だったのである。* わかってしまえばあっけない種明かしなんだけど、彼や彼女が○○ではなく××だとわかった時点で、それまで読んできた物語の景色が一変するのは事実である。人物像に対する読者の思い込みを巧みに利用することで、この小説は成立している。「信用できない語り手」っていうやつだ。

そこから遡ってたとえば冒頭のシーンを読み返すと、「それならば許してやるか」という読者も出てくることだろう。しかし、私の感想は基本的には変更なし。もしも○○だったら、こいつは単なる小生意気な勘ちがい野郎である。でも、××だったらどうなわけ？　私が××だったらちょっと怒るけどな。××を甘く見るな、って。

（A／04・2・23）

＊　この○○と××は何なのかと、後日、何人もに質問された。この小説のキモだから答えは明

かせないけれど、もう1文字だけヒントを出すと、○○は「○者」、××は「×人」。気になる方は、どうぞ現物をお読みください。

『砂の器』松本清張

（新潮文庫・1990年・上巻552円。下巻590円）

読んでから見るか、見てから読むか。あの「名作」がドラマで復活

テレビドラマから火がついて原作が売れた例。といえば菊池寛『真珠夫人』があるけれど、これもかなりの健闘ぶりだ。松本清張『砂の器』。某書店では文庫部門の売り上げトップにあがっていた。古めの小説を復活させるには、やっぱドラマっすね。

とはいうものの、当面の問題は、原作を読んじゃったらドラマを見る興趣が薄れないか、ということだろう。これはおそらくドラマの制作者も悩んだ点にちがいない。なにしろ『砂の器』には、1961年に発表された小説のほかに、1974年に公開された傑作の誉れ高い映画もあって、ストーリー自体はけっこう広く知られているからだ。

ドラマを見、この機に原作を読み、ついでにDVDで昔見た映画もチェックし直した上での結論をいうと、本と映画とドラマの間には、牛丼と親子丼とカツ丼くらいの差がある。したがって、抵触する心配もなさそうだ。ベースは同じでも、のっている具の質がちがうのだ。

松本清張の原作『砂の器』は正統派の推理小説である。蒲田の操車場で起きた身許不明の殺人事件。ベテラン刑事と若手刑事のコンビが、被害者の身許をつきとめ、真犯人に行き着くまでが物語の骨格といっていい。いまから思うと第2、第3の殺人トリックに無理があるのは否めないものの、気どった新進芸術家集団が出てくるあたりなんかいかにも「戦後」という感じ。興味は尽きず、上下巻、ついつい徹夜で読んでしまった。

野村芳太郎監督、橋本忍&山田洋二脚本の映画「砂の器」では、むしろ加藤剛演じる天才音楽家・和賀英良《わがえいりよう》の「隠された動機」に力点がある。ことに原作にはないラスト、警視庁の捜査会議、和賀の演奏会、父子の放浪の3つをモンタージュでつないだクライマックスは有名だ（私は大嫌いだけど）。もっとも、原作に比べると、ストーリーはぐっと単純化されている。

ドラマの「砂の器」では、初回の冒頭が中居正広演じる音楽家の殺人シーンだった。結果がわかっているところから物語がはじまる、いわゆる「倒叙法」というやつで、興味の中心は最初から彼の「隠された過去」である。映画がバッサリ落とした複雑な人間関係も拾っていて、本と映画の隙間を縫うような形でつくられている印象。

ただ、本→映画→ドラマと加工度が上がるにしたがって、なんとなくお砂糖の含有量が増えていく気がしないでもない。知っている人が多いと思うのでバラしちゃうけど、『砂の器』のカギを握るのは「戸籍」と「ハンセン病」である。原作の舞台は昭和30年代。その時代だからこそ成り立った物語なわけで、舞台を現代に移したらどうなるのか。

ことにハンセン病に関しては、映画の制作当時と現在とでは、隔離政策などの認識にかなりのズレがある。はっきりいえば『砂の器』がハンセン病の差別と偏見を助長した部分もないとはいえないのだ。この難問にドラマはあえて挑むのか。それとも避けて通るのか。いまとなっては無骨に見える小説のほうが、抒情性がいっさいない分、大人かも。

（A／04・3・8）

『てるてる坊主の照子さん』なかにし礼

（新潮文庫・2003年8月・上巻438円、中・下巻400円）

NHK朝ドラの原作は、意外や「姉妹間格差」の物語だった

先週、『砂の器』について書いたら、ドラマの評価が低すぎるという反論をいただいた。お砂糖の含有量が多いのは映画の「砂の器」だし、原作（小説）も後で起こる2つの殺人事件が通俗的にすぎる。いまのところドラマがベストじゃないのか、と。

恐れ入りました。いや、ドラマを低く見ているわけじゃないんです。健闘してます。ただ、タイトルバックに流れる親子の映像が映画の終盤部分を踏襲していて（何度もいうけど私はあそこが大嫌い）不安なだけ。ま、これについては最終回に期待しよう。[*1]

そんなわけで、またまたテレビドラマの原作本である。

今週はなかにし礼『てるてる坊主の照子さん』。NHKの連続テレビ小説「てるてる家族」の

原作だ。こんな本ばかり読んでる私ってどーよ、と思わないではないのだが、終盤が近づくにつれて先が気になり、ついつい読んでしまったのだった。

ご存じのように、この小説（ドラマ）の舞台「岩田製パン所」のモデルは、作者なかにし礼夫人の実家である。長女はフィギュアスケートの日本代表としてグルノーブル五輪に出場した石田治子（作中では岩田春子）。次女は歌手から女優に転じたいしだあゆみ（作中では岩田夏子）。四女の石田ゆり（作中では岩田冬子）は宝塚を出て一瞬歌手デビューしたものの、ほどなく売れっ子作詞家だった作者と結婚して引退した。そんな芸能ニュース的な経緯をチラッと覚えている身からすると、四女「冬ちゃん」が父のパン屋を継いで生地をこねこねしているドラマの進行は事実とちがっているわけで、どうしたって先が気になる。

結論からいうと、原作はドラマよりずっとシンプルなお話だった。原作がプレーンピザならドラマはミックスピザ。原作がカステラならドラマはデコレーションケーキである。ドラマのほうがのっている具が断然多いのだ。ことに大きな差は「なにわの若草物語」のわりに、小説では三女と四女の影がきわめて薄いことである。作者は「あとがき」で述べている。

〈四人姉妹のうち上二人が、母親の夢を背負って、特別な才能を発揮する。／（略）／下の二人は、変哲もなく生きるのである。人より優れた才能があったかなかったかは神のみぞ知るだが、とにかく結果としては、なかった〉

物語の隠れたテーマは「姉2人は非凡／妹2人は平凡」という姉妹間格差だったのだ！

とすると、三女秋子をインスタントラーメンの開発にかかわらせ、四女冬子の宝塚時代を描くなど、4人4様の「見せ場」を用意したドラマは、すべての子どもの個性に平等に拍手を送るNHK的な脚色の結果といえそうである。だけど「冬ちゃん」の結婚相手の作詞家はいつ出てくんのよ。作詞家との接点なんてあるの？　等の疑問は原作を読んでも解けない。[*2]

小説では最後に岩田製パン所は廃業する。みなさまのNHKは視聴者の世代も多様。家業を継いでくれる娘こそ、もっともNHK的（な脚色）かもしれない。（A／04・3・15）

＊1　ドラマの「砂の器」は、結局、ハンセン病とは一切かかわりのない物語だった。

＊2　ドラマの「てるてる家族」に、結局、作詞家は出てこなかった。

『ひみつのとき』神崎京介（新潮社・2004年4月・1300円）

火照る人妻。屹立し、膨張し、迫り上り、脈動が駆け上がる彼

神崎京介って知ってましたか。たいへんな人気作家らしい。1998年にはじまった「週刊現代」連載の「女薫の旅」シリーズは文庫が10巻（現在は11巻）まで刊行され、全巻で100万部を超すベストセラーとか。ちなみにこの連載は現在も続行中である。

それじゃあ読んでみようかなと思ったあなた、人気の「女薫の旅」シリーズはちと買いにくい

っす。表紙を見れば一目瞭然。こここういう小説か……。はい、そういう小説です。で、買いやすいほうの新刊がこれ、本書『ひみつのとき』である。

ヒロインは32歳の貞淑な人妻で、夫とのセックスレスに悩んでいる。

〈ごく普通の専業主婦。／誇れるものは何もない。／強いてあげれば、男性に尽くすタイプであるとか、おっぱいが大きいとか、素直な性格だとか、学生時代に雑誌の読者モデルをやったことがあるだとか（以下略）〉

そんだけ取り柄がありゃあ十分だと思うが、ともかくその悩める人妻が、ケータイ専用の出会い系サイトで知り合ったメル友の男と出会って、やって、セックスフレンドになる。物語はそれだけだ。それだけなんだが、こういう小説の場合、物語などは些末な問題で、閨房における所作をいかに描くか（だけ）が優劣の決め手となるわけである。

まず、この人妻の描かれ方だが、この人の特徴はよく「火照《ほて》る」ことである。誘いのメールを見れば〈火照りが陰部に集中し〉、シャワーを浴びれば〈朝からずっと意識しないようにしていた火照りを、また感じ〉、男の車の助手席で会話をするだけでも〈陰部に集中している火照りが大切なところに入り込み〉、部屋に入ったら入ったで〈頬から首筋にかけて火照りがじわりと拡がった〉。すごいな。まだなんにもしてないのに。

対する男性のほうはというと、次のような描写が優れているのではないかと思われる。

〈膨張している陰茎は陰毛の茂みを縦断し、下腹に沿って横たわった。／幹の裏側で迫《せ》り上がっている嶺《みね》がくっきりと浮かび上がった。陰茎に芯があるように、そこにも硬い芯があるようだった。／奈央子が人差し指の腹で、その嶺をつっついた。陰茎はそれだけでは反応しなかったが、村田は腹筋を使って陰茎をひくつかせて応えた〉

この一点豪華主義。微に入り細をうがった描写は、ルーペで観察したかのようである。屹立し、膨張し、迫り上がり、脈動が駆け上がる。まるで人格があるみたい。

火照りやすい人妻も、人格があるかのような彼への賛辞を惜しまない。

〈「元気ね、とっても」〉

かつて「女は子宮で考える」といって顰蹙《ひんしゆく》を買った女性作家がいたけれど、その伝でいくなら「男は……で」ということか。しかし、この男、女にサービスさせすぎだ。セフレにするにはどうかと思う。

（A／04・6・21）

『いま、会いにゆきます』市川拓司

（小学館・2003年3月・1500円）

死んだ妻が戻ってきた……。ポスト・セカチュウの呼び声高い純愛小説

これもやがては「イマアイ」と呼ばれることになるのだろうか。市川拓司『いま、会いにゆきます』。セカチュウ（『世界の中心で、愛をさけぶ』）より泣けると評判の小説である。

オンライン書店アマゾンで検索してみたら、読者レビューが80個以上！　セカチュウの630個には及ばないものの（あちらは300万部以上ですから）、評価のほとんどは5つ星。出版社も同じだし、2003年3月の発売以来じわじわ売れ行きを伸ばしているという人気の出かたも似ているし、ま、ポスト・セカチュウの最有力候補でしょう。*

えーっと、それで内容ですね。内容ですか。そりゃもう純愛小説に決まってまんがな。アハハハ。ってべつに笑うこともないのだが、これも一種の条件反射。こういう小説にすっかり慣れた私は、書き出しを読んだだけで、早くも泣き笑いしそうになる。

〈澪《みお》が死んだとき、ぼくはこんなふうに考えていた。／ぼくらの星をつくった誰《だれ》かは、そのとき宇宙のどこかにもうひとつの星をつくっていたんじゃないだろうか、って。／そこは死んだ人間が行く星なんだ。／星の名前はアーカイブ星〉

まず死ぬのね彼女が、冒頭で。これお約束。セカチュウと同じパターン。

ちなみにアーカイブ星（記録星？）は〈巨大な図書館のような場所〉で、〈ぼくらの星を去った人々は穏やかに暮らしている〉。ここから思い出されるもう1冊のベストセラー小説は、そうです、『天国の本屋』（234ページ参照）です。「テンポン」とでも略しますか。

主人公／語り手の「ぼく」は29歳の男性で、死んだのは彼の妻。彼は6歳の息子とともに慣れない父子家庭をやっていたが、そこに死んだはずの妻（の幽霊？）が帰ってくる。彼女は記憶をなくしており、彼は彼女にふたりの15歳での出会いから今日までの物語を語って聞かせる。そして幼い息子のために、それを小説に書くことにする。——巻末に意外などんでん返しは用意されているものの、一応これが物語の骨子である。

セカチュウ＋テンポン。それを30倍に希釈した村上春樹文体でつづった本といえば、ようすがわかってもらえるだろう。あと、江原啓之さん的な「スピリチュアル・ワールド」（107ページ参照）な感じも混じっているかも。売れ筋の要素をこれだけ投入すれば、読者レビューが80個つく。小説もマーケティングの時代なのだ。

しかし、先日の朝日新聞で由里幸子さんも書いていたように（04年6月21日夕刊）、ベストセラーになる日本の純愛小説って、なぜ似たようなパターンが多いのだろう。『不如帰』『野菊の墓』『風立ちぬ』『愛と死をみつめて』『ノルウェイの森』。すべて書き手は男で、女が死ぬ物語である。セカチュウもイマアイも、そういえば『Ｄｅｅｐ Ｌｏｖｅ』もこれである。

読者泣かすにゃ刃物は要らぬ、女のひとりも殺すまで。韓流ドラマがエグいなんていってられない。日本の恋愛文化だって、相当なもんですよ。

（Ａ／04・7・5）

＊「イマアイ」と呼ばれるようになりましたね、これも。２００４年には映画化もされ（土井裕泰監督・岡田惠和脚本）、この作品で主役を演じた竹内結子と中村獅童が２００５年５月に結婚したことでも話題を呼んだ。文中の数字は04年6月のもの。現在の総部数は１１６万部である。

『夏の香り』チェ・ホヨン脚本、金重明編訳

（竹書房・2004年5月・上・下巻ともに1500円）

萌える緑が目にしみる「冬ソナ」夏バージョン

というわけで韓流ドラマである。あの「冬のソナタ」は四季シリーズだったと聞き、じゃあ今度は「夏のアナタ」かと思ったが、残念、タイトルはちがいました。

でも、「冬ソナ」が四季の4部作というのはほんとの話。ユン・ソクホ監督のこのシリーズは、1作目が「秋の童話」（00年）、2作目が「冬ソナ」（02年）、そして3作目がこれ、「夏の香り」（03年）なのである（4作目は未放映）。

本書はそのノベライゼーションとして出ている本。さすがは姉妹編。「冬ソナ」にハマった人ならハマること請け合いだ。「冬ソナ」を念頭に置きつつ読んでみよう。

①交錯する愛の四角関係

ヒロインの名はシム・ヘウォン。重い心臓病だったが、3年前に心臓の移植手術を受け、いまは元気に働いている。山で遭難しかけた彼女は見知らぬ青年に助けられた。彼の名はユ・ミヌ。イタリア留学から帰ったばかりの建築家だった。互いを意識するふたり。

ところが！　ヘウォンには結婚を約束した恋人がいた。ホテルチェーンを経営する資産家の息子パク・チョンジェである。加えてさらに恋敵が現れる。チョンジェの妹のチョンアである。彼女はイタリアからミヌを追って帰国してきたのだ。こうしてはじまる恋のW三角関係、というか

四角関係。このへん、まったく「冬ソナ」と同じである。

②仕事をサボって愛を語る恋人たち

彼らはチョンジェの父の会社のリゾート開発を手がけることになった。ミヌはアートディレクター、ヘウォンの仕事はフラワーアーティストである。大きな仕事を任された4人。ところが！　この人たちは年中仕事をおっぽらかして恋人を追ってゆく。そしてカマすのである。〈愛というのは疑うことではなく、抱擁することだ。他の誰がなんと言おうと、まずその人を信ずることが愛だ。そうじゃないか〉。このへんも、まったく「冬ソナ」と同じである。

③恋路を邪魔する運命のいたずら

決め手はもちろんこれである。ミヌには3年前、結婚式の当日に死んだ忘れられない恋人がいた。ヘウォンへの愛も彼女に死んだ恋人ソ・ウネの面影を見たからだ。他方、ヘウォンは〈あたしの意志とは関係なく、胸が高鳴るの。ときどきこうなってしまうのよ。心臓があなたを見分けているみたいに〉。3年前、彼女に移植された心臓は、じつは……。

あとは内緒。「冬ソナ」夏バージョン。読みたく（見たく）なったでしょう？

冬のスキー場を舞台にくり広げられる「冬ソナ」同様、リゾート地でのお仕事ってのが、毎度すばらしい（バカバカしい）ですよね。仕事とバカンスと恋愛が一挙に楽しめる一石三鳥、一挙三得のお得な設定なり。リゾート地が舞台の恋愛劇は、なにより映像が美しい。「冬ソナ」は雪の白さが印象的だったけど、今度の舞台は夏の高原で、萌える緑が目にしみる。しかもこちらは、ほら、夏服だし。ノースリーブでむき出しの腕を見せつける主役のソン・スンホンは、マフラーぐるぐる巻きのペ・ヨンジュンよりもセクシーだ。

って、映像も見ずにいってるんですけど。8月にはWOWOWで再放送されるらしいが、本なら半日で読めます。あとテーマ曲はシューベルトのセレナーデです。完璧、夢見ごこちな世界です。

（A／04・8・2）

6

子どもの現実、若者の未来

有史以来いつだって、大人は子どもの将来を悲観し、若者の行動を憂えているのである。だから大人はいつだって教育に口を挟みたがるし、若者を分析したがる。

しかも、自分の子どもが家や学校で何を読んでいるかを彼らは知らない。知らないくせに、子どもたちにはいうのである。「本を読みなさい」。

そういう大人が、じゃあ自分は本を読んでいるのか、問いただすのはやめておこう。1か月に読む本の平均冊数は、小学生が6・1冊、大人は1・6冊。子どものほうがずーっと読書家なのである。年齢別の冊数でも、10代後半は3・8冊、20代は2・2冊。それにひきかえ40～50代は1・3冊。年齢が上がるほど人は本を読まなくなるのである（数字は『2001年版　読書世論調査』毎日新聞社による）。

それもあってか小中高校生向けの本はベストセラーの宝庫である。『五体不満足』（乙武洋匡・講談社・98年）や『だから、あなたも生きぬいて』（大平光代・同・00年）が中学生向けに編集された本だったのは有名な話。『ハリー・ポッター』シリーズは以前なら児童文学にカウントされただろうし、『声に出して読みたい日本語』も教育現場を意識した本だった。大人の読書傾向がジュニア化した、と解釈することもできますけどね。

『親子でめざせ！ ノーベル賞』 石田寅夫 （化学同人・1999年10月・1800円）

東大も有名小学校もけちらかす、これぞ最強の子育てガイド

お子さんの教育でお悩みのみなさまに、ぜひすすめたい本がある。私も教育関係の本はけっこう読んできたつもりだが、これに勝るものなし。なんたって、目ざすは東大でも有名小学校でもなくこれですから。『親子でめざせ！ ノーベル賞』。タイトル通り、99人のノーベル賞受賞者の生い立ちから、（ノーベル賞がとれる）子育て術を学ぼうという本である。

〈たとえお子さんが数学や物理に強くても、理学部に進学させてはいけない。理論に強い子は理論が使えない泥臭い工学部に進学させなさい。そうすればお子さんは泥臭い学問に理論を展開し、ノーベル賞をもらうかもしれない〉

そして、最後に、右のような生い立ちをひと言でまとめた歌がつく。

〈父親が　子供の気持ち　無視をして　決めた分野で　ノーベル賞！〉

フロンティア軌道理論でノーベル化学賞を受賞した福井謙一博士に学ぶ「お子さんにノーベル賞をとらせる法」だ。福井博士の父はわが子の希望を無視して工学部に進ませたのである。

進学時ではもう遅い。生まれたときが肝心だ、という事例もある。

〈お子さんを天才に育てたければ、世界に通じる名前をつけ、あなたは特別な人よと唱えて育てなさい。そうすれば、お子さんは自分を特別な子と思い努力し、将来ノーベル賞をもらうかもし

れない〉

そして、また歌に詠める。

〈母が先生　名に恥じぬよう　猛勉強　府立に落ちても　ノーベル賞！〉

府立一中に落ちたことまで詠まれてはご本人もたまったもんじゃないけれど、これは江崎玲於奈博士のケース。玲於奈とはレオナルド・ダ・ヴィンチにあやかった名前なんだって。

お子さんを文学者にしたい場合は、もう少し手の込んだ教育が必要である。

〈お母さんは子供の教育にのめり込み、お父さんは職業まで犠牲にしなさい。お子さんは、親を題材に小説を書〉いてノーベル賞をもらったのはロマン・ロラン。〈お父さんは酒におぼれ、お母さんは現実を忘れてオペラに熱中しなさい。そうすれば、家庭崩壊の屈辱感がお子さんのバネにな〉りノーベル賞をもらったのはバーナード・ショー。

こんなのが99人分*あるんですよ、歌付きで。なんて役に立つのだろう。

ところが、この本、いくらお父様がた、お母様がたにおすすめしても、シャレだと思って取り合ってくれない。新聞の書評欄でも取り上げようとしたが、アハハと笑われておしまいだった。あのね、そんなだから日本の家庭教育は性根がすわってないっていわれるのよ。この本にはわが子を賢くする極意が記されている。私が発見した99人に共通する唯一の方法はこれ。

子どもは矛盾の中にたたき込め！

化学同人は理科系のおもしろい本をたくさん出してる出版社。この本も科学書のコーナーに並

んでいる。著者の石田寅夫さんは、教育学者ではなく分子生物学の先生だ。（S／00・5・26）

＊ 1999年の発行なので、残念ながらこの本には、白川英樹さん（00年・化学賞）、野依良治さん（01年・化学賞）、小柴昌俊さん（02年・物理学賞）、田中耕一さん（02年・化学賞）らのことは載っていない。なお、石田寅夫さんのいちばん新しい本は02年の『ノーベル賞から見た免疫学入門』（化学同人）。コッホ以後の免疫学の発展をたどった本である。

『中学生の教科書　美への渇き』

（四谷ラウンド・2000年6月・1400円）

当代一流の学者・評論家をズラッとそろえて死や美を説くも

多発する少年事件を前に、中学生を心の荒廃から救わねばと思ったか。それとも無味乾燥な学校の教科書では、学問の真のすばらしさは伝わらないと考えたのか。

直球勝負としかいいようがないタイトルの本が出た。『中学生の教科書』。国語、数学、理科、社会、英語、体育、道徳と、学校の科目になぞらえた項目別に、当代一流の書き手が腕をふるったアンソロジーである。「美への渇き」という副題のついた本書は、シリーズの第2弾。同じ趣向の第1弾（副題は「死を想え」）は5万部も売れたのだそうだ。

と、律儀に紹介しておいて、いきなり水をさすのだが、こんな本を買う5万人て、どういう人たちなんだろう。中学生は買いませんよね。私が現役の中学生だったら身震いするもん。「死を想え」ってなに？　「美への渇き」ってなんなのよ！　カラーで印刷された杉山寧の聖母子像やスフィンクスの絵（辛気くさい）を見て、もう一度身震いする。

それでも中身がよければいいけれど、このえらい先生がたのヨタ話はなーに？

〈人間は必ず死ぬらしい。自分だっていつかは年とって死ぬ。自分が死んだあとも、この宇宙はずっと続く。自分が死んでから何万年たっても、空には同じ星がまたたいている。／それが、少年が初めて永遠という考えに出会った時だった〉（多田富雄・理科）

理科っていうより、宗教の時間かと思っちゃったわよ。

〈「国家」と「社会」がはっきりした境界をもたないで、総体として一つの共同体になっているイメージを思い浮べると、理解しやすい。／「国家」的部分はやがて政治、軍事的な国家に、社会的部分はやがて日常生活を主体とする「社会」に分離していく〉（吉本隆明・社会）

かえって理解しにくいよ。ふつうの社会科の教科書のほうが百倍わかるよ。

〈君はどんなものが「美しい」と思うかい？　「蓼《たで》食う虫も好き好き」とことわざに言うとおり、君が美しいと思うものと君の友達がそう思うものとは、少しずつちがっているだろう〉（大橋良介・道徳）

だからね、そういう猫なで声の口調からしてヤなわけよ。

――と、どんどんグレていく（中学生になった気分の）私。

この本には根本的なまちがいがあるのだ。名の通った一流の学者や評論家を集めれば、現行の教科書を超えられると思っているのが第1のまちがい。中学生の「心」に踏み込もうとしているのが第2のまちがい。教科書で片手間に「死」や「美」が教えられっかよ。

もしも私が中学生だったら「君らは勉強だけしてろ！」式の頭の固い先生のほうがありがたい。こういう本に飛びつくのは「個性を尊重」したがる「リベラル」な親や教師に決まってるんだから。

（S／00・7・7）


『これできみも読書感想文の名人だ。2000年度』宮川俊彦（三省堂・2000年6月・1000円）

宿題でほめられたことがないきみに、ズルのしかたを教えちゃおう

夏休みも半分すぎたけど、よい子のみんなは、宿題もうすんだかな。

大っきらいな読書感想文がのこっている、頭がいたいよう、というきみのために、とっておきの本を教えちゃおう。その名も『これできみも読書感想文の名人だ』という本だ。

感想文を書くこつのほかに、今年の小学校の課題図書9冊を読むヒントも書いてあるから、いままで感想文でほめられたことがない人、本を読まずに感想文だけ書けないかなと思っている人にはぴったりだよ。あ、でも、この本に書いてあることをぜんぶうのみ（そのまま信じること）

にしちゃだめだ。たとえば、この本にはこう書いてある。〈感想文の正しい書きかたなんてないんだ！〉〈なにを書いてもいいんだ。なにを思ってもいいんだ。本を読んで、思ったことを書く。たったそれだけのこと〉

これはうそだから信じちゃだめー。「なにを書いてもいい」なら、こんなおたすけ本が出てるわけないじゃんか。でしょ？　おとなはときどきこういううそ（おとなの世界では「たてまえ」というんだ）を平気でつくから気をつけよう。

さて、この本には、感想文を書くためのいろんな「作戦」が出てくるよ。

▼もしも作戦……もしぼくが主人公だったら、と想像したことを書く。

▼体験作戦……きみの体験と重ねて書く。ぼくもよく似た体験があります、それは、とか。

▼出会い作戦……本との出会いのいきさつ（出会ったわけ）を書く。

▼きっと作戦……書かれていないことを想像して書く。主人公はこう考えていたと思う、とか。

▼できごと作戦……さいきんの事件やできごとと重ねあわせて書く。

どういう意味かわかるかな。そうなんだ。おとなが子どもの感想文に求めているのは「本の感想」じゃないんだね。どっちかっていうと、本について書くふりをしながら「自分のこと」を書いてほしいんだよ。いちばんよろこばれるのは「この本を読んだおかげで、ぼくはこんなに変わりました」っていうやつだ。本くらいで自分が変わるなんてこと、ほんとうはめったにない。でも、かまやしない。じょうずに「本を読んで変わったふり」をしよう。

え、そんなズルをするのいや？　気にすることはないと思うよ。
この本を書いた宮川俊彦さんというおじさんは、国語作文教育研究所の所長をしている有名な作文指導の先生なんだけど、ほかの会社からも、そっくりな本（『2000年度版課題図書感想文おたすけブック』〔小学館〕）を出しているんだ。このくらいずうずうしくないと出世（えらくなること）はできないんだ。きみもかしこくならなくちゃ。

（S／00・8・18－25）

『こげぱん　パンにもいろいろあるらしい…。』たかはしみき

（ソニー・マガジンズ・2000年8月・1200円）

アンパンマンになれなかったオレの口癖は「どうせすてるんでしょ」

キティのブームもピークを過ぎ、たれぱんだ人気も過ぎ去ったいま（と当てずっぽうでいうのだが）、女子高校生の心をくすぐるキャラクター界の新星はこれらしい。
すなわち、こげぱん！＊　こいつを主人公にした絵本も出ている。渋谷の書店では店頭に平積みだ。たかはしみき『こげぱん　パンにもいろいろあるらしい…。』である。若い女の子が「あ、こげぱんじゃん」「マジ、かわいくない？」と騒いでいたので、つられて買ってしまってから、私の悩みがはじまった。かわいくないのだ、性格が。
こげぱんは焦げて売り物にならなくなったパンである。苦くて硬い。落ちこみやすく、すぐふて寝。何ごともなげやり。やつあたりはする。やけはおこす。

パン・キャラクター界のスーパースターといえば、アンパンマンだ。強くて明るく優等生で、正義の味方のアンパンマンに対するアンチテーゼかパロディか。とも思ったが、バイキンマンみたいな負のパワーもなく、ただただ、暗くいじけてる。

世間でいうところのオチコボレ、ダメ人間、いじめられっ子、被差別者。〈外見はこんなでも中身はパン通をうならせるほどのあんこがぎっしりつまっている〉のがポイントで、〈本当はやさしい〉んだけど、人生なげたような態度をとってしまう。

しかし、若いコたちはこんなのを、なぜ「かわいい」と思うのか。

絵本には他のキャラクターグッズとちがって物語がある。

さよう、パンにも、人生があったのだ。こげぱんは、ほんとは〈1日限定20個しか売らないおいしいあんぱん。開店と同時にすぐ売れてしまうというエリートパン〉になるはずだった。しかし、〈パン屋さんが、ねぼけてカマドの中へ落としてしまい〉、熱くて暗いカマドの中に放置され、気がついたらこうなっていた……。

こげぱん、女子高生というより、女子高生のお父さんに似てるんです。

〈こげた時のしょうげきとパン人生は終わった……というショックから〉目は白くなり、〈常にやさぐれていてどこか悟りきったような表情〉。ミルクを飲めば酔っ払い、〈なんでパンやはうまくやかなかったんだー〉と愚痴をこぼす。でも、たまーに前向き。「おいしいパンになるには」

てな本を読んだりもするこげぱん。口癖は〈どうせすてるんでしょ？〉。リストラの恐怖におびえながら、飲み屋で会社の愚痴をいいあう自虐的な中年サラリーマンみたい。新橋のガード下あたりで売ったら、人気が出るんじゃないだろうか。でも、こげぱん、食われずにすんだんだからいいじゃん。（S／00・9・22）

＊　こげぱんシリーズもいまや10冊を超え、シリーズ総計100万部突破とか。こげぱん、シリーズの中では北海道や沖縄や京都に「ぶらり旅」なんかもしてるのだった。こんな第2の人生がおくれるのも、焦げて食われずにすんだおかげ。人生、投げちゃいけないのである。

『チョコエッグ百科』（小学館・2000年10月・1300円）
『日本チョコエッグ動物大百科』（平凡社・2000年10月・950円）

子どものオモチャか大人のコレクターズアイテムか。あの食玩本を判定する

動物のフィギュア（立体模型）のオマケがついた、フルタ製菓の「チョコエッグ」というお菓子がブームである。海洋堂が製作するオマケは百数十種。どれもよくできている。[＊]というわけで、このオマケの図鑑が、この秋、3社から発売された。発売順に、『チョコエッガー』（講談社）、『日本チョコエッグ動物大百科』（平凡社）、『チョコエッグ百科』（小学館）。3

社とも元ネタを真似た付録（同類の動物模型）つきである。

付録はさておき、本の出来だけ比べてみました。

まず講談社本。残念ながら、これは予選落ち。ポスターやパラパラ漫画とセットにした抱き合わせ商法で、本自体は雑なカタログ。いかにも便乗商法という感じである。

と、残るは小学館本と平凡社本だけれども、ううむ、これは判定がむずかしい。小学館本は、オマケや動物の生態写真のほかに、亜種（生物学の用語でいう亜種とは別。オマケの製造段階で出た色や形の差をこう呼ぶ。つまり品質のバラつきです）の写真なども載せ、なかなかマニアックである。一方の平凡社本は素直なつくり。本文は総ルビつき。動物のオマケを活用して、ミニサイズの動物図鑑をつくってみたよ、というノリだ。さあ、軍配はどっち！

一瞬迷ったけれども、平凡社本の判定勝ちですかね。

平凡社本は、このオマケが本来持っている意義と楽しさを、いちおうちゃんと理解しているからだ。子どもが（大人でもいいが）１個１５０円のチョコを買ってきて「この変てこな動物は何かな」と図鑑を調べる。あるいは図鑑を見て「こんどはコレが出ますよーに」と念じてまた１個買う。そんなニーズに即して編集されているのである。

それ以外のニーズがあるのかと思われるだろうけど、あるのだ、それが。チョコエッグにはじつはディープな大人のファンがついている。彼らは全種類のフィギュアを集めるためにン万円、ン十万円と投入し、チェコエッグを段ボール箱単位で購入する（大人買いという）。そしてズサンな品質管理の結果を「亜種」だの「個体差」だのと呼んでコレクター気分にひたる。この傾向をあおってきたのが小学館のアウトドア雑誌「ビーパル」で、小学館本も完全にそっちの読者を意識した編集。生産数の決まったオマケを、大人のマニアが万札切って買い占める。アウトドア派にしちゃあ、やることがかわいくないじゃないの。

そんなオマケを大人の手から一般の子どもや動物好きの手に奪還した点が、平凡社本の評価ポイントなんだけど、『世界大百科事典』の平凡社がこんな「大百科」を出してどーするという声もあり。見れば巻末に自社の『日本動物大百科』(全10巻)の広告が載っていた。このオマケ図鑑が、あの長大なシリーズの姉妹編だったとはね。

(S/00・11・3)

* 卵型のチョコレートを割ると、カプセルに入ったオモチャが出てくる菓子。この種の食玩《しょくがん》(食品とセットで販売される玩具)は、その後、多くのメーカーを巻き込んで爆発的に増殖し、こんなに悠長な話ではなくなった。なお、2002年、フルタ製菓と海洋堂は決別し、フルタは独自に、海洋堂はタカラと組んで同種商品を発売中である。

『ハリー・ポッターと秘密の部屋』 J・K・ローリング著、松岡佑子訳

（静山社・2000年9月・1900円）

大人も子どもも煙に巻く大ベストセラーの「魔法」とは

ここしばらく、私にとって大いなるミステリーだった本がある。『ハリー・ポッターと秘密の部屋』。J・K・ローリングという謎の著者名。松岡佑子さんという謎の訳者名。静山社という謎の出版社名。いったいこの本はナニモノ？

このたび、年来のミステリーがようやく解けた（って要するに本を買って読んでみただけですけど）ので報告したい。「謎の本」はイギリスの新進女性作家が書いた児童文学。7巻まである長編ファンタジー小説の第2巻でした。

ハリー・ポッターはみなしごの男の子。意地悪な親戚の一家に預けられていたが、11歳の誕生日に魔法魔術学校からの案内状が来て、入学を許可される。ハリーは生来の魔法使いだったのだ。1999年12月に出た第1巻『ハリー・ポッターと賢者の石』はハリーの1年生時代を、2000年9月発売の『ハリー・ポッターと秘密の部屋』は2年生に進級したハリーの1年間を綴っている。このペースで1年に1冊ずつ、最終学年の7年生まで本が刊行されていくらしい。日本語版が完結するのは順当にいけば5年後。2005年だ。[*1] お子様の成長とともに作中人物も成長していくわけで、なるほど児童文学にふさわしい楽しい仕掛けだわ。

と思ったのだが、はたして読者はお子様だけなのだろうか。だってこれ、売れ方が尋常じゃな

いのである。『賢者の石』は1年弱で119刷125万部、『秘密の部屋』はわずか1か月で65刷85万部。悪い本というわけではないけれど、それほどか？　非常にオーソドックスな（いいかえればそう目新しくもない）ファンタジー小説だと思うんだけど。こんなに売れてるってこと自体、ダンブルドア先生（魔法学校の校長さん）の魔法くさい。

ようし、魔法の法則を見破ってやる！　考えること半日。結論が出た。魔法の法則は多めのルビ（漢字のふりがな）と見た。ひらがなばかりの本は「お子様用」の記号だが、ルビは「お子様にも読めます」の記号。この差は大きい。思い出していただきたい。『少年H』も『五体不満足』も『だから、あなたも生きぬいて』もルビつきだった。

ルビはさまざまなメッセージを発散する。「むずかしい本ではありません」「子どもから大人まで楽しめます」「安心しておすすめできる内容です」「血みどろの残酷シーンも濃厚なベッドシーンもありません」。要するにまあ、衛生無害の記号、である。[*2]

それで結局、ハリー・ポッターの読者はだれなのか。

「現実逃避をしたいOLですよ」「お母さん方でしょう。お母さんって家族全員で感動できる本が好きだから」「いや20代、30代の男だよ。この本、RPG（ゲーム）の世界だもの」。みんな勝手なことをいうのだが、衛生無害の物語が好きな人って、そんなにいるのか。ちっちゃな文字が魔法の粉に見えてきた。

（S／00・11・10）

＊1　シリーズの完結はしかし、まだ先になりそうだ。最新刊は2004年に出た第5巻『ハリ

ー・ポッターと不死鳥の騎士団』（上下）。15歳になったハリーが活躍する。
＊2　空前の「ハリポタ」ブームはこの後まもなくやってきた。映画化もされ、こちらもすでにシリーズ第4弾まで完成、いずれも大ヒットとなった。主演のダニエル・ラドクリフ君も大人気。もはやルビがどうのというレベルの問題じゃないです、ハハハ。

『少年犯罪』前田雅英

（東京大学出版会・2000年10月・1800円）

右肩上がりのグラフや統計資料を「疑惑の目」で眺めると

議論が十分行われないまま、少年法の改正案が成立した。しかし、少年犯罪が「増えている」「凶悪化している」という説は本当なのだろうか。

犯罪白書などでたしかめてみると、どうも話がちがうのだ。少年刑法犯の検挙人員は80年代中盤がピーク。その後いったん減り、96年からまた漸増傾向にある。とはいえ検挙者の85％は窃盗と横領で（窃盗の半数は万引き。横領の大半は占有離脱物横領、つまり止めてあった自転車やバイクを盗んだのたぐい）、そりゃあ万引きや自転車泥棒だって犯罪は犯罪だけれども、殺人や強盗などの「凶悪犯罪」と同質とはいえまい。

凶悪犯（殺人・強盗・強姦・放火）が多かったのは50年代、60年代だ。少年の殺人事件は300〜400件。ほぼ毎日である。61年の448件を頂点にこれは減り続け、73年以降は100件前後で推移している。99年は111件だからやや多めではあるけれど、それでもピーク時の4分の1。これで「増えている」とはいえないだろう。

ところが、右の事実を「統計的」にひっくり返すような本が出た。前田雅英『少年犯罪』。副題は「統計からみたその実像」。著者の前田さんは刑法の碩学《せきがく》だそうだ。

この本が目をひくのはグラフの多さである。数えてみたら、折れ線グラフなどであらわされた統計がじつに178点もあった。そのかまえで、「少年犯罪は増えている」「凶悪犯も増えている」と主張する。見れば、たしかにグラフはどれも右肩上がりである。成人の犯罪率は低く、少年犯罪だけが激増している印象である。

だけど、なにかおかしい。前田さんが一貫して用いている数字は「検挙人員数」ではなく「検挙人員率」、すなわち少年人口10万人あたりの検挙者率なのである。しかも、発生した事件の検挙率（警察が犯人を捕まえる率）が近年は落ちているとの理由で、検挙率が以前通りだったらと仮定した「補正値」でグラフが作成されていたりするのだ。未検挙者の人数まで入ったグラフ。捕まえてもいないのに、犯人が少年であるとなぜわかるのか。

そんな疑いの目で眺めると、この本のグラフは、横軸（年度）の取り方も縦軸（検挙人員率）の取り方も、一部分を拡大するなど、かなり恣意的なのである。だいいち、このグラフには数字が明記されていない！　あくまで「増減」がわかるだけだ。

もちろん検挙人員率も重要な統計のひとつであろう。がしかし、それだけが統計ではない。実数は？　検挙者中の少年率は？　犯罪内容の内訳は？

たとえ「正義」のためだったとしても、統計を恣意的に用いるのは、それだけで十分に犯罪的であろう。これで「統計からみたその実像」とは、よくいうよ。刑法学者の名が泣きまっせ。

（S／00・12・1）

『二十一世紀に希望を持つための読書案内』筑摩書房編集部編
（筑摩書房・2000年12月・1300円）

若者向けの読書ガイドに名著と古典と正論ばかりが並ぶ理由

読書ガイドのたぐいを頼まれることが、私にもたまにある。あれにはほんとに悩みます。注文を受けたみなさまは、どんな基準で本を選ぶのだろう。読書ガイドには必ず古今東西の名著名作がズラッと並ぶ。あれ、読者から見てたじろぎませんか？

17～20歳の若い人たちを読者対象に、50人あまりの読書人が推薦図書をあげる『二十一世紀に希望を持つための読書案内』を見たときにも、やはりというか、またかというか、たじろいだ。反論不能な「正しいこと」がたくさん書かれていたからである。

たとえば、読書ガイドにつきものなのが「若いときこそ長編を読め」という意見である。〈私は、二十歳《はたち》までに、ぜひ大長編を一つ読んでほしいと心から思っている〉（加賀乙彦）。じつに正しい。反論できない。しかし、こういう教えを、私たちはこれまでに何百回聞かされたことだろう。ちなみに加賀さんの推薦図書は、トルストイ『戦争と平和』とドストエフスキー『罪と罰』である。これって「フランス料理を食すなら、やはりフォアグラとキャビアでしょう」といってるのと同じような気がするんだが。

もうひとつ多いのが「若いときには乱読せよ」という意見である。〈若い人には乱読をすすめます。手当たり次第、やぎが紙を食べるように、本を食べてほしいのです〉(瀬戸内寂聴)など。これも正しい。反論できない。しかし、そういう瀬戸内さんの推薦図書はやっぱり『源氏物語』。「若いときは好き嫌いしちゃだめよ」と諭しつつ、「あたくしが好きなのは瓢亭《ひょうてい》の懐石料理」といってるような感じがする。

読書人の本物志向、古典志向はかくも強い。ジャンクフードは認めないといわんばかりに〈二十歳の頃は、できるだけ難解な本を読んだほうがよい〉(立松和平)、〈好きな著作者の全集を読むことをすすめたい〉(日高六郎)、「正しい教え」が次々出てくる。

こうなる理由も、まあ、わかるんです。日ごろ好き勝手なことを書き散らかしている私自身、読書ガイドとなると、つい肩に力が入って(というかバカがバレてはまずいとあせって)、巷の権威や名著に引きずられる傾向がある。悪い癖です。名著偏重主義の裏に「えっへん、私はこんなに立派な本を読んできた」という見栄がないとはいわせない!

しかし、21世紀になってもドストエフスキーとトルストイの天下なのか……と思うと複雑な気分である。20世紀はないも同然だったってこと? こうやって本の敷居を高く高く上げてきた結果が「若者の読書離れ」なわけでしょう。「二十一世紀に希望を持つ」ためには、読書ガイドの方法論から考え直す、それが先決かもしれない。
(S/01・1・19)

『いま 魂の教育』石原慎太郎

(光文社・2001年3月・1200円)

援助交際をやめさせるために必要なのは「魂」よりも「あの話」

教育改革論議、学力崩壊論議かまびすしい中で出版された、石原慎太郎の教育論である。なぜ「いま 魂の教育」なのか。本は現状を憂える一節からはじまる。

〈援助交際などという得手勝手な言い分で都会の巷にくり出し、売春をしてはばからない女子中学生高校生たちに、彼女たちを補導した誰かが、「そんなことをして体を汚していると魂まで汚れてしまうんだよ」と説いたら、「魂って何なのよ、どこにあるのよ」と問い返され、返す言葉がなかったなどという痛ましくも滑稽な挿話はもう茶飯のことです〉

この種の教育論が、説教調の道徳論に流れがちなのは仕方がない。しかし、中にはいい提言もあって、「自然を畏《おそ》れる心を育てよう」の章には感銘を受けた。

雨を口で受けさせよう。川を源流から海まで下ろう。親子で2000メートル以上の山に登ろう。親子で徹夜して歩こう。嵐の日に親子でずぶ濡れで歩こう。素足で土の上を歩かせよう。石に枕し清流に口をすすがせよう。

さすがはヨットマン。大自然に親子ともども全身でふれようという提言は、ワイルドでなかなかよろしいではないか。ところが、途中でハタと、つまずいた。

雛祭りには女のやさしさを、端午の節句には男の勇気を教えよう。

この項にいたり、ワイルドな提言の相手がだれかわからなくなったのだ。

子どものころ、雛祭りに招かれ〈成長した自分が、成長した女性にこのようにかしずかれ、もてなされることを想像し、さらにその先の男女の交際について予感し期待までした〉という著者は、〈その日に男の子、女の子が知らなくてはならないことは、女性の特質が優雅さ、雅《みやび》さ、やさしさについてあり、それがあるからこそ、男性の特質である猛々しさ、勇敢さといったものと均衡のとれた世界があり得るということです〉と述べる。

まあそれは個人の意見として認めよう。しかし、そもそもこの本は、援助交際を憂える話からはじまったのではなかったか。だとしたら、大切なのは女の子の教育のはず。ところが、本書のエピソードはまったく乏しいのである。母親への具体的な提言は、こんなのだけ。

逸話は〈猛々しさ、勇敢さ〉を教える方向に偏っており、女の子を個別に指導するためのエピソードはまったく乏しいのである。母親への具体的な提言は、こんなのだけ。

〈夫と結ばれてはじめてフロにいっしょに入ったとき、男性のシンボルに、どのような感じを持ったか、などということを率直に娘に話すことによって娘に女としての自覚を持たせることもで

きるはずなのです〉

ほ、ほんとうか？　そんなんで援助交際が食い止められる？　っていうか助長しない？　いやはや、さすがは「障子を破った逸話」の書き手だわ。(*)

（S／01・5・4―11）

＊　と、笑ってばかりもいられないのは、石原慎太郎が東京都知事であるからだ。日の丸・君が代の強制問題、首都大学東京問題、都立中高一貫校問題など、石原都政下の教育行政は目に余るものがある。この稿との関連でいうと、2004年8月、都教育委員会は教育現場から「ジェンダーフリー」という語を排除し、男女混交名簿を禁止するとの方針を打ち出した。〈男性のシンボルに、どのような感じを持ったか、などということを率直に娘に話す〉のが教育だと思っているような人に、あれこれ指図されたくないものである。

『新潮文庫の100冊』『角川文庫　夏のリラックス120』『2001CATALOG　ナツイチ　集英社文庫』

書名を伏せて解説を読む「題名当てクイズ」にも使えます

夏の恒例行事。今年も書店には各社の文庫ガイドが並んでいる。『新潮文庫の100冊』『角川文庫　夏のリラックス120』『2001CATALOG　ナツイチ　集英社文庫』他。

これは読むしかないでしょう。本を、じゃなくてカタログを。約100冊分もの解説文が載っているのにタダ。こんなにお得で安上がりな読書はありませーん。

『新潮文庫の100冊』はさすが文庫の老舗らしいラインナップだ。名作系では夏目漱石4連発を筆頭に、芥川龍之介、遠藤周作、川端康成、司馬遼太郎、太宰治、宮沢賢治、三島由紀夫、が各2冊。現代の人気作家では江國香織と宮部みゆきが各4冊で（すごい、漱石並み！）、村上春樹、赤川次郎、北村薫、銀色夏生、斎藤綾子、真保裕一、乃南アサ、ビートたけし、山田詠美、湯本香樹実、唯川恵が各2冊。文学少女風ですね。

もう一方の老舗『角川文庫　夏のリラックス120』は一転、巻頭が相田みつをの2連発である。ほかに目立つのは五木寛之、北川悦吏子、柳美里、そして灰谷健次郎……。コンセプトがよくわかんないな。癒し系＋エンターテインメントってとこかしら。

『ナツイチ　集英社文庫』は豪華さではピカイチである。全ページカラー（新潮・角川は2色刷り）の上、若手人気俳優の窪塚洋介くんをキャラクターに起用し、グラビアで「君と本の話がしたい」などと呼びかける。「あんたと本の話はしなくていい」とつぶやき返した私みたいなババアは最初から相手にされてないわけで、選書もナウなヤング向けである。村山由佳が4冊、群ようこ、唯川恵、原田宗典、東野圭吾らが各3冊で、五木寛之も人生訓話系ではなく「四季・××子」シリーズ。高校生というより20代のOL好みかも。

さて、ここで題目当てクイズ。次のは何という本の解説でしょう。
①〈さあ、きょうからおれも一人前の先生。張り切って着任した中学校だがまわりの教師が何

だか変だ。臆病だったり、嘘つきだったり、小うるさかったり、いったい誰がまともなんだい？〉

②〈天下の秀才を集め、国費で教育するこの学校は、輝かしい未来へのパスポートだったが……。やがて少年は、厳然たる体系をもつ教育制度に耐えきれず、脱走を企てる〉

③〈旧制中学の教官との確執、師匠との出会い……。自らの体験を通して、著者は〝心〟の大切さを伝えてくれる〉

劇画の解説みたいな①は夏目漱石『坊っちゃん』（新潮文庫）。一瞬区別がつかないほど似ている②と③は、②がヘッセの自伝的小説『車輪の下』（集英社文庫）で、③が相田みつをの自伝『いちずに一本道　いちずに一ッ事』（角川文庫）。

もとの本とはちがった味が解説文にはある。読みごたえがあったのは新潮（ただし漢字が多い）。読んで楽しいのは集英社（ただし窪塚を除く）。角川は……ま、表紙はいちばんかわいいやね。

（S／01・8・17－24）

『ぎりぎり合格への論文マニュアル』山内志朗（平凡社新書・2001年9月・700円）

論文審査に通りたければ「言い換えフレーズ」を学べ

新書と論文作法は伝統的に相性がよい。当たれば清水幾太郎『論文の書き方』（岩波新書・55年）、木下是雄『理科系の作文技術』（中公新書・81年）のようなロングセラーになる可能性も大。新書戦争はげしい昨今、後発の各社新書も、この線をねらってくる。

まあでも、猪瀬直樹『小論文の書き方』（文春新書）は、ちょっと肩すかしだったかな。猪瀬直樹の論文作法書なら読んでみたいと思うのが人情だろう。が、この本のかなりの部分は「週刊文春」連載の時事コラム「ニュースの考現学」等からの再録なのだ。「実践編」といわれればたしかにその通りだけれど、「基礎編」と称するハウトゥーを若干書き加えて「～の書き方」をうたうのはさすがにちょっと乱暴だろう。

一方、思いがけなく勉強になったのが、山内志朗『ぎりぎり合格への論文マニュアル』だった。著者の山内さんは中世哲学の専門家。この本は、論文らしさを演出するための「すぐに使えるフレーズ集」が秀逸なのだ。

〈この節ではこのことを中心に論じるつもり〉は、〈この節では以上のことが論じられる〉と書くと論文らしくなるというのだ（木下是雄さんはこういう受身形を批判していたが）。

そんな調子で、〈論文がグチャグチャになってきた。ここまで書いたことを消すのはもったいないから書いておくが、ここまで書いたことは忘れてほしい〉というときは、〈「話が錯綜してきたので、話を戻すと」〉、あるいは〈「議論が盤根錯節《ばんこんさくせつ》した観を呈してきたので、原点に戻って議論の筋道を確認しておこう」〉と書く。

〈根拠のないことを書くことになり、そこを突かれると困るので、見逃してもらいたい〉というときは↓〈「根拠は必ずしも十分ではないが」〉。

〈私は分からない〉は↓〈解明できた研究者は少ない〉

〈〜はバカだ〉は↓〈〜の見解には再考の余地が残る〉

〈〜は読みたくない〉は↓〈〜を正当に評価することは困難である〉

〈〜を読まなかった〉は↓〈〜の評価はまだ定まっていない〉

冗談とも本気ともつかぬ言い換えマニュアル。表面だけ取り繕えばいいっていう発想。論文作法、マクドナルドの接客マニュアルと、じつは大差ないのかもしれぬ。目的はあくまで論文審査をクリアすること。心のこもっていない文章を書きたい人にもおすすめの1冊だ。


（S／01・10・26）

『声に出して読みたい日本語』齋藤孝

（草思社・2001年9月・1200円）

絶滅の危機に瀕した「暗誦文化」を救う本。アレもコレもソレもないけど

悪い本ではないのだろうけど、なんとなくシャクにさわる。ひとの褌《ふんどし》で相撲をとってる感じがするのか、企画の盲点を突かれたのが悔しいのか、それとも予想外の売れ行きに対する単なるヒガミか。『声に出して読みたい日本語』*の話である。

著者が主張するように、〈いま、暗誦文化は絶滅の危機に瀕している〉のはたしかだし、〈日本語の感性を養うという観点から見れば、暗誦に優るものはない〉のもたしかだろう。だから、小学生でも詠み上げられる暗誦や朗誦に適したテキストを編んでみました、という姿勢もいちおう正しいし、選ばれた文章もいちおう粒ぞろいである。

〈知らざあ言って聞かせやしょう。浜の真砂と五右衛門が、歌に残せし盗人の〉（河竹黙阿弥「弁《べん》天娘女男白浪《てんむすめめおのしらなみ》」）。〈どっどど　どどうど　どどうど　どどう〉（宮沢賢治「風の又三郎」）。〈てまえ持ちいだしたるは、四六のがま〉（大道芸「がまの油」）。

こんなのに束になって押し寄せられたら「まいりました」というしかない。

でもムカつく。あえて因縁をつけてみたい。

第1に、文学青年が不在なこと。暗誦文化と聞いて、私が思い出すのはこんなやつだ。

「山のあなたの空遠く　『幸』住むと人のいふ」（カール・ブッセ、上田敏訳「山のあなた」）

「ミラボー橋の下をセーヌ河が流れ　われらの恋が流れる」（ギョーム・アポリネール、堀口大学訳「ミラボー橋」）

本書にこういう翻訳詩はなぜか収録されていない。文章の選択が微妙に体育会ノリなのだ。軟弱な西洋かぶれの文学少年・文学少女の文化よ、帰ってこい。

第2に、受験の暗唱文化が不在なこと。暗誦文化が廃れたというけれど、暗誦の伝統自体はずっとあるのだ。問題はそれが受験と一体化した暗記のための語呂合わせだったことである。
「火縄くすぶるバスチーユ」（フランス革命の年）。「ひとよひとよにひとみごろ」（2の平方根）。
「水兵、リーベ、僕のフネ……」（元素の周期律表）
あの丸暗記の日々は何だったの？　青春を返せ！
第3に、戦前のアレが不在なこと。70代以上の人には暗誦文化が残っているというけれど、戦前の暗誦文化において、もっとも興隆を誇っていたのはコレじゃないのか。
「朕《ちん》惟《おも》ふに我が皇祖皇宗国を肇《はじ》むること宏遠に徳を樹つること深厚なり」（教育勅語）
あとコレね。「神武《じんむ》・綏靖《すいぜい》・安寧《あんねい》・懿徳《いとく》・孝昭《こうしょう》・孝安《こうあん》・孝霊《こうれい》・孝元《こうげん》……」（歴代天皇）
〈日本語の宝石〉とかいっちゃって、言葉を差別選別しているけどさ、〈せり　なずな　ごぎょう　はこべら〉がありなら、歴代天皇もありだろう。「東京・新橋・品川・川崎……」と東海道線の駅名を暗誦する孫に、この「じんむ・すいぜい・あんねい・いとく……」を披露して株を上げた人（おばあちゃんスゴイ！　それって何線？）もいるんだぞ。
（S／01・11・23）

＊『声に出して読みたい日本語』は、この後、とんでもないブームに発展し、総計160万部も売ったのだった。シリーズ化も図られて、「山のあなた」も「ミラボー橋」も第2、3巻にそれぞれ収録ずみだ（さすがに教育勅語、歴代天皇は載ってませんけど）。棒読みでよしとする齋藤式の暗誦は音声言語を平板化するようで、私はいまだに疑問だが。

『おひさまのかけら』川崎洋編

（中央公論新社・2003年2月・1550円）

先生は感動屋さん。「赤い鳥」の伝統を継ぐ「こどもの詩」

児童詩というジャンルがこの国にはある。開発したのは北原白秋。大正から昭和初期にかけて、「赤い鳥」という児童文学雑誌が発行されていたのはご存じだろう。白秋はそこで大人の詩の選者をしていた。が、あるとき韻律にとらわれない子どもの詩に可能性を見いだし、児童詩という新ジャンルを提唱したのである。

そんなわけで、いまでも日本の国語教育では、子どもたちに詩を書かせたがる。これもそんな伝統文化の一環か。川崎洋編『おひさまのかけら』は、読売新聞の連載「こどもの詩」に寄せられた20年分の詩を選んで集めた作品集だ。

子どもが発する言葉には、たしかに意表を突かれるところがある。

〈おかあさん／さっきから／ゾーサン／ゾーサンって／うたってるよ〉（「せんたくき」3歳・女子）

洗濯機の音ってそういえばそんなリズムかも〜。今度ゆっくり聞いてみよ。と思いつつ、ふと考える。3歳なのに詩（というか字）が書けるのか？　すかさず川崎先生の寸評にいわく。〈お母さんが書きとめました〉

あ、それでもいいわけね。小さい子の場合は「こどもの詩」というより「こども語録」か「大人が代筆したこども詩」なんですね。もちろん、それでもかまわないのだが、ちょっと気になるのは年齢が上がるほど作品がつまんなくなっていくことで、「こどもの詩」より「大人が代筆したこどもの詩」のほうがおもしろいのだ。さらにいえば、川崎先生の寸評のほうが「こどもの詩」より下手をするとおもしろい。先生は感動屋さんなのだ。

〈母ちゃんが行った／そうじ／洗たく／料理／みんな私にまかせて〉（「勤労感謝の日」小6・女子）といわれれば、〈読んでいて胸がじんとなりました〉。

〈ね本さん　いつもおいしい給食／とてもうれしかったです／ぼくがすきな給食は／ワカメスープです〉（「ね本さんへ」小3・男子）といわれても、〈読んでじんとしました〉。

〈ままと　いっしょに／ちょうちょに　なって／おそらを　とびたいな〉（「ちょうちょになって」4歳・女子）は当然、〈読んだとたん、どうしてか、じんとなりました〉。

〈目がさめた三十八どあった／おばあちゃんはいそいで／れいぞうこからこおりをとり出し／こおりまくらを／頭の下においてくれた〉（「ねつがでた」小3・男子）だけでも、〈読んで、なんだか胸がじんとなりました〉。

先生、じんとしすぎです。だのに「ねつがでた」という最後の詩には、もうひと言つく。〈長かったので少しけずりました〉

じんとしたなら、けずるなよ〜。

「こどもの詩」は大人のための朝の一服の清涼剤。詩を書く子ってなぜ大人好みの「天使みたいに純真な子」ばかりなんだろ。と思わないでもないけれど、いまに受け継ぐ「赤い鳥」の童心主義。これも一種の伝統芸能。ここはひとつ、素直にじんとしておくか。（A／03・2・24）

『イラスト図解　ニュースの地図帳』池上彰（講談社・2002年12月・952円）

世界の紛争地帯がわかります。家庭の事情ものぞけます

池上家のお父さんはニュースキャスターです。毎週土曜、午後6時10分、NHK「週刊こどもニュース」でお顔を見ることができます。

なぜ「お父さん」といったかというと、「週刊こどもニュース」は池上家という（架空の）家族が主役をつとめるニュース解説番組だからです。池上さんちのお父さんはモテモテみたいで、「お母さん」と呼ばれる奥さんは、いまの林家きく姫さんで、もう4人目です。最初の奥さんは柴田理恵さん、2番目が高泉淳子さん、3番目は林マヤさんでした。お父さんはちょっとガラッパチの入った個性的な女の人が好きなんですね。あと、ここんちには3人の子ども（娘2人と息子が1人）がいます。新しい奥さんが来るたびに、子どもたちも入れ替わります。すると、あの子どもたちはみな、奥さんの連れ子だったのでしょーか。

いかんいかん。危うく「週刊おとなワイドショー」になってしまうところでした。

本題に移りましょう。本屋さんにはいま、どこでもアメリカ、イラク、北朝鮮関連の本がたくさん並んでいます。それらにまじって好評なのが、お父さんの著書『イラスト図解　ニュースの地図帳』です。表紙にブッシュとフセインの似顔絵がついているのが見えますか。この地図帳は最新の情報をつめこんだ、いわば「ケンカのネタ」の解説地図なのです。

「紛争・戦争地域」という章を例にとると、パレスチナ問題、イラク問題、アフガニスタン内戦、クルド人問題、カシミール問題、チェチェン問題、ユーゴ民族紛争、朝鮮半島問題、中国・台湾問題、チベット独立運動、新疆ウイグル自治区独立運動、南沙諸島領有権問題、インドネシアの独立運動、ミンダナオ紛争、ソマリア内戦、そして日本の領土問題なんかが、地図や年表を使い、それぞれ1～2ページずつで簡潔に説明されています。

〈クルド人の居住地域のうち、イラク北部にはキルクーク油田があり、トルコ南東部にはチグリス、ユーフラテス川の水源があります。この地域にとって極めて貴重な「石油と水」があるため、イラクもトルコもクルド人の独立国家を認めようとはしません〉

教科書的といえば教科書的。優等生といえば優等生ですけれど、工夫された親切な本なのはまちがいありません。とても勉強になります。

もしこの本に弱点があるとしたら、この「中立性」でしょう。ケンカのネタがテーマである以上、「要するにあなたはどっちを応援するの？」という点がハッキリしないと、野球やサッカーと同じで、国際政治の話題はいまいち盛り上がらないのです。

でも、それをこの本に求めるのは酷でしょう。たくさんの著書があるとはいえ、お父さんの本業はあくまでもサラリーマン（ＮＨＫ報道局記者主幹）です(*)。本業と副業の上手な両立。あんなに離婚と再婚をくり返していたら、慰謝料や養育費もバカになりません。中立性の裏にはそんな家庭の事情もあるのです（ウソです）。

（A／03・4・21）

＊ 池上さんちのお父さん、池上彰さんは２００５年３月でＮＨＫを退職し、フリーのジャーナリストになりました。２００４年に噴出したゴタゴタで、お父さんはとうとうＮＨＫがいやになったのです（いや、それはわかりません）。そんなわけで、いまの「週刊こどもニュース」では、お父さんがＮＨＫ解説委員の鎌田靖さん、お母さんが舞台女優の中島 奏《かなで》さんです。

『世界の中心で、愛をさけぶ』片山恭一

（小学館・２００１年４月・１４００円）

学級委員、交換日記、神社でのキス。ああ、懐かしきジュニア小説

宣伝も書評もほとんど見かけないのに、なぜか急激に売り上げが伸びている小説がある。片山恭一『世界の中心で、愛をさけぶ』である。〈泣きながら一気に読みました。私もこれからこんな恋愛をしてみたいなって思いました。――柴咲コウさん〉という帯が効いたか、発行元の小学館によると、これがなんと25万部*！

村上春樹や江國香織の新作じゃないんですぜ。2001年4月刊。2年も前の、無名に近い作家の小説がこんなに売れているなんて、いったいどうしたわけだろう。

現物を読んでも、この謎は簡単には解けない。『世界の中心で、愛をさけぶ』は非常にシンプルかつ「いまどき、なぜ」な恋愛小説である。主人公は高校2年生の「ぼく」。彼には同級生の恋人がいたが、白血病で死んでしまう。物語はふたりの出会いから彼女の死までを回想する形で進む。最初から「泣かせ」なのだ。書き出しがこれですから。

〈朝、目が覚めると泣いていた。いつものことだ。悲しいのかどうかさえ、もうわからない。涙と一緒に、感情はどこかへ流れていった〉

しかし、回想部分は一転、明るい。ふたりの出会いは中学2年生。学級委員になったふたりは、文化祭の『ロミオとジュリエット』で主役を演じ、交換日記などもし、高校に進んでからは公認の恋人同士になっていた。放課後の神社の境内ではじめてのキス。でも、なかなかその先に進めない。一計を案じた「ぼく」は無人島で彼女とふたりだけの夜をすごすことに成功するが、そんな矢先に彼女の病気が発覚し……。ま、どう見ても「いまどきの恋愛小説」ではない。

しかし、40代以上の人は思い出してほしい。学級委員、交換日記、神社でのキス。妙に懐かしくないですか。「高一時代」や「高1コース」みたいな受験雑誌の付録についてた小説を思い出す。これはその昔、佐伯千秋とか、エロ小説に転向する前の富島健夫とかが中高生向けに書いていた学園ドラマ、60年代~70年代の「ジュニア小説」に近いのだ。

これがいま人気だとしたら、失われてしまった10代の恋愛（恋愛小説）の原型が、ここにあるからではないか。「ケータイのない世界」での恋愛といいますか。修学旅行がオーストラリアなのだから、10年ちょっと前の物語なんだろうけれど、90年代の初頭くらいから恋愛文化は大きく変わったのである。昭和は遠くなりにけり。

作家はとかく新しい風俗を描きたがるものだけど、というわけで若者たちにはむしろ純情で古風な風物が新鮮に映る。無人島の夜とか、病院から彼女をさらい出す展開とかね。

加えてこの主人公が、ガキのくせに小ざかしい台詞《せりふ》を口走るんだ。

〈人を好きになること以上に、みんなの役に立つことがあるとは思えないけどな〉

〈アキのブラジャーにまで嫉妬してしまうおれだぜ〉

ウググ。でも、柴咲コウちゃんの年齢なら参っちゃうのだろう、きっと。ちなみに作者の片山恭一さんは1959年生まれ。ジュニア小説に親しんだ最後の世代かもしれない。

（A／03・6・2）

＊ その後、この小説は「セカチュウ」の愛称で呼ばれ、321万部のミリオンセラーになり、映画にもテレビドラマにもなった。これを、25万部の時点で読んだのは、いまから思うと「早いほう」だった。おかげで丸1年ほど雑談のネタにできました。「白血病で死ぬの、少女が」。これだけで笑いが取れた。それほど「古い話」だったんです、2年前にはね。

『小さなバッタのおとこのこ』文・貴乃花光司、絵・そやなおき（世界文化社・2003年6月・1300円）

元横綱の絵本作家デビュー作は「怪力のバッタ」が活躍する物語

土俵を降りた元横綱が絵本を出した。貴乃花光司『小さなバッタのおとこのこ』は元横綱が、ひとりの物語作家として勝負をかけた本なのだ。しかも主人公がバッタ。

ヒカル（光）は元気な男の子のバッタ。いちばんの友達は同じバッタのツカサ（司）と、その妹の三日月ちゃんだ。虫たちは毎日楽しく暮らしていたが、ある日嵐がやってきて、川に落ちたチョウチョさんと、助けに入ったツカサが流れにのみ込まれてしまう。

〈ひとつ、一度きめたらあきらめないこと。ふたつ、ともだちをたいせつにすること、助けること。みっつ、ここいちばんで、勇気を出すこと〉

父母が残した家訓を思い出したヒカルは、虫たちの力を借りて川に大きな石を放り込み、流れをせきとめることに成功する。こうして彼らは助かり、楽しい日々が戻ってくる。

ま、怪力バッタのヒーロー譚《たん》ですね（しかし、なぜバッタ）。

作家がだれかはひとまず忘れ、1冊の絵本として、まじめに書評してみたい。

まず、ひっかかったのが絵である。ファンタジーだからお話はウソもいいが、生物学的に見て、昆虫なのに脚が4本なのはどうか（ほんとは6本）。子バッタの翅《はね》はたしかに2枚だが、親バッタの翅まで2枚に見えるのもどうか（ほんとは折り畳まれた後ろ翅を入れて4枚）。読者が子どもである以上、デフォルメの際にも理科的な考証が望まれるところだ。

そして、物語。21世紀のお話としてはちょいと時代遅れである。助ける男の子／助けられる女の子。危機に立ち向かう男の子／応援する女の子。助け合いの意義をいうなら、女の子の見せ場も少しは用意してほしいところだ。

文章はどうだろう。この本のいちばんの見せ場は、じつはココだと思った。

〈いろいろがんばって／いろいろがんばって／汗かいて汗かいて　いっぱい遊んで／好きなことが　いちばんいいこと／わからないことが　いちばんつらいこと／すきなことは　つづけられる／わからないことは　きらいになる／いちばんたのしく汗を流せること／大きな石をうごかして／うごかなくてもいっぱいいっぱい押してみて／きっと強くなれるはず／大きな石は動かないけど動かないけどがんばって！〉

同じフレーズをなぜくり返す。〈いろいろがんばって〉という表現も、どことなくヘンである。文章のつながり方も、熟読するとシュールである。がんばって→汗かいて→遊んでと来て、なぜ急に「好きなこと」に飛躍する。貴乃花、あれで意外に詩人なのか。

〈平成の大横綱が30年間の人生で感じたこと、考えたこと〉という帯の惹句で納得した。〈いろいろがんばって〉以下のフレーズを胸の内でくり返しながら、辛い稽古を、私生活を、彼は乗りきったにちがいない。主人公の名前だって、ほら、「光司」を2つに分けた「ヒカル（光）」と「ツカサ（司）」だし。ちなみに貴乃花一家（本人＋妻＋長男）が吹き込んだ朗読のCDつき。ま、

ファンには垂涎の1冊であろう。（A／03・6・30）

『学力は家庭で伸びる』陰山英男（小学館・2003年4月・1000円）

お子さんには「百ます計算」。お母さまはこちらの本で理論武装

百ます計算をご存じか。縦横10ますずつの碁盤の目の上段と左列に数字が10個ずつ並んでいる。それをヨーイドンでかたっぱしから足し算し、100個のます目を埋めるという算数のドリルブックだ。これがいま小学生の親たちの間で大評判なのである。

生みの親は陰山英男先生。1958年生まれ。兵庫県朝来町《あさご》（現在は朝来市）立山口小学校の教諭時代、進学塾もない山あいの小学校の卒業生から難関大学への合格者を多数出し「山口小学校の奇跡」と呼ばれたという、驚異の実績の持ち主だ。陰山先生が大モテなのは、文科省が推進する悪評フンプンの新指導要領、いわゆる「ゆとり教育」に抵抗しているからでもある。恐怖の「学力崩壊」からわが子を救う処方箋を、伝授してくれるわけですね。

そんなわけなので、お子さまがたには『陰山メソッド　徹底反復「百ます計算」』や『徹底反復「漢字プリント」』（ともに小学館）などのドリルを与え、いっぽうの親御さんがたは『本当の学力をつける本』（文藝春秋）や、本書『学力は家庭で伸びる』で理論武装する、それが教育熱

心なご家庭の、もっかのトレンドなのである。

しかし、『学力は家庭で伸びる』を読むと、親御さんも大変である。〈宿題は食卓でさせよう〉〈今日習ったことを口に出して読ませる〉など、勉強を親がみてやる覚悟が必要である。〈親子で週1回は図書館へ行く〉〈親子で近所を散歩して地域を知ろう〉など、親も子どもの文化に参加しなくちゃならないし、〈食事のときはテレビを消す〉〈友達同士でお金の貸し借りをさせない〉など昔ながらのしつけも大切。イライラしても、そこはぐっと我慢して〈「勉強しなさい」と言わない〉。〈帰宅したら顔を見て「お帰りなさい」と言う〉にいたっては「そんなの無理」と叫びたい親も多いのではないか。

〈生活改善なくして学力向上なし〉といわれればその通り。でも、これを忠実に実行できるのは時間にゆとりのある専業主婦だけだろう。共働き家庭や母子家庭はどうしたらいい？

同様の疑問に答え、ある雑誌のインタビューで陰山さんいわく。

〈そうであれば、そういったシステムをつくり出した社会が悪い。子育て、教育は二四時間の仕事なのだ。（略）親を家庭に帰すような社会システムに改革するほうが必要なのかもしれない〉（「週刊ダイヤモンド」03年6月21日号）。

ま、それはそうでしょうけどね、専業主婦家庭を基準にした陰山メソッドは、別の格差を生むことにならないか。〈親を家庭に帰すような社会システム〉というけれど、現実的に「家庭に帰る」のは「母」で、この発想は「高度成長期の夢よもう一度」に近いのだ。

陰山メソッドは徹底した反復練習だ。ものは試し、お子さんで実験してごらんなさい。成果は確実に上がる。スポーツのトレーニングといっしょで、反復練習は強いのである。家庭生活はしかし、単純な反復ではすまない。そこがむつかしいところである。

（A／03・7・14）

『4TEEN』石田衣良

（新潮社・2003年5月・1400円）

東京月島の仲良し中学生4人組。援交は頼むわ、風俗へは行くわ……

2003年7月9日に長崎の幼児殺害事件で中1の少年が補導され、8日後の17日には赤坂で監禁されていた小6の少女4人が保護された。同じ17日に開かれた選考会で、村山由佳『星々の舟』とともに第129回直木賞に選ばれたのが石田衣良『4TEEN』だった。

文学賞の選考に社会的な事件が影響する余地などないと思うが、選考委員とて人の親。「ほっとしたい」という気分がどこかにあっても不思議じゃない。そして、『4TEEN』には「近ごろの子どもは……」という大人の嘆きと衝撃を和らげてくれる沈静効果が見いだせる。偶然とはいえ、時宜を得た作品だったわけである。

さて、『4TEEN』には2つの意味がある。「14歳」と「4人のティーン」。「平均的な中学生」を自認する語り手の「ぼく」。クラスきっての秀才ジュン。ウェルナー症候群（老化が早く進行する病気）のナオト。体が大きくスケベ度も高いダイ。東京・月島の中学校に通う仲良しグループ4人を主役にした、これは連作短編集なのだ。

中2になる春休みから次の春休みまで、物語は1年間に起きた8の出来事を綴っているが、「3年B組金八先生」も「中学生日記」も真っ青、というほど個々の事件は刺激的である。

冒頭の一話にしてからが、彼らが渋谷をうろついて女の子に声をかけ、友達のために援助交際を依頼する話なのである。

〈「別にいいけど、わたしは高いよ。その代わり……」／「その代わりなんですか」／また煙を吐いて彼女はいう。／「やることはちゃんとやる」〉（「びっくりプレゼント」）

どーよこれ。で、これがまた未遂で終わらなかったりするのだ。

仲間のひとりに、こともあろうに父親殺しの容疑がかかったりもする。

〈目のまえに銃口のようなマイクが突きだされた。／「あなたたちは容疑者と同じ中学の生徒ですね。顔は知っていましたか。どんな男の子だったんですか」／隙のない化粧をした女性レポーターが、ひと息にそういった〉（「空色の自転車」）

おいおい。で、これまた単なる冤罪《えんざい》とはいえなかったりするのである。

この小説の不思議なところは、強烈な現代風俗をこれでもかというほどブチ込みながら、語り口はどこまでも正統派のジュブナイル（児童文学）然としている点だろう。

作者はあくまで「ふつうの中学生」の立場に立ち、中学生の読者にメッセージを送ろうとしているかのよう。固い友情で結ばれた4人がいまどきの中学生とは思えないほどまっすぐなのがポイントといえばポイントで、何年か後には山田詠美『ぼくは勉強ができない』や重松清『エイジ』のように中高生の必読文学の地位を得る可能性もないではない（＊）。

しかし、油断は禁物。最終話の「十五歳への旅」は彼らがプチ家出をし、新宿の風俗店で遊ぶ話なのである。教育的な見地からは、ちょーっとね。でもま、どのみちこれは中学生（の男子）の夢物語。そーっと与えてようすをうかがうくらいがいいかもしれない。（A／03・8・4）

＊　実際、この徴候はすでにあらわれていて、中学高校の学校図書館ではなかなかの人気である。今般の学校は案外と「サバけている」のだ。

『かいけつゾロリのようかい大リーグ』原ゆたか　さく・え　（ポプラ社・2003年7月・900円）

夢はマイホームと結婚!?　たいへんなんです、男の子

子どもの本の世界には、子どもの本の世界ならではの人気シリーズがある。ハリー・ポッターではありませぬ。ドラえもん。アンパンマン？　それは古典的すぎますな。那須《なす》正幹《まさもと》「ズッコケ三人組」シリーズ（ポプラ社）や、矢玉《やだま》四郎《しろう》「はれぶた」シリーズ（岩崎書店）を知っている大人はまあまあの通。だけど、いま来ている本といったら断然これ。

原ゆたか「かいけつゾロリ」シリーズである。対象年齢は幼稚園の年長さんから小学校の低学年。これを知らない小学生は、モグリといっていいでしょう。

その証拠に、7月17日発売の最新刊『かいけつゾロリのようかい大リーグ』は、7月の月間ベストセラーランキング（03年7月29日トーハン調べ）で堂々の5位。並み居る大人の本の強豪をおしのけてこの順位。初回限定缶バッジ5個つき、ビニ本式に密封、夏休み中は連日全国各地でサイン会。そんな仕掛けの成果だとしても、ふつうはありえない位置だ*。

すでに33巻を数える「かいけつゾロリ」は、キツネのゾロリが2匹の子分（双子のイノシシのイシシとノシシ）を引き連れて旅をつづけるお話である。3匹が道中で出あう事件を悪知恵を働かせて解決する、っていうのが毎回の筋書き。

でもね、このゾロリってのが、コスいヤカラなんですよ。しかもマザコン。天国にいるママ、つまり亡き母と「いつかゾロリじょうをたてる」「すてきなおよめさんをもらう」という約束を彼はしていて、それが旅のモチベーションになっているのだ。夢はマイホームと結婚。ヒーローっていうより、もてない30男みたいなやつなわけ。問題の解決方法もなんかセコくって、『ようかい大リーグ』では妖怪界のダメ野球チーム「リストラーズ」に3匹が助っ人として加わるのだが、ゾロリが編み出した「まきゅう」は、ほとんどズルと紙一重。

「ゾロリ」の歴史はじつは長い。第1巻の『かいけつゾロリのドラゴンたいじ』が出たのは1987年。バブルのころに誕生し、平成不況の時代を生きぬいてきたキャラクターだけに、しぶといことはしぶといが、正義も勇気も友情もあったもんじゃない。

流行の風俗をガンガン取り込むのも「ゾロリ」の特徴で、『かいけつゾロリ　あついぜ！　ラーメンたいけつ』は、ゾロリがグルメ評論家に化けてラーメン屋の乗っ取りを画策する話。『かいけつゾロリのテレビゲームききいっぱつ』は、ゲームの世界から来たわがまま姫をゾロリら3匹がバイトで稼いだ金でもてなす話なのである。

たいへんなんです、男の子。ゾロリってつまりはホームレスのフリーターだし。

正義の味方がウソくさく見える時代ならではのヒーロー。公式HPを見たら、読者の平均年齢は8・1歳。3分の2が男の子だった。

（A／03・8・11）

＊　というわけなので、「かいけつゾロリ」は2004年2月からとうとうテレビアニメ（テレビ朝日系全国ネット・日曜朝7時）になった。シリーズはもっか36巻まで出版されている。

『トリビアの泉～へぇの本～』Ⅰ・Ⅱ　フジテレビトリビア普及委員会編

（講談社・2003年6月・各952円　Ⅰ、Ⅱ）

「無駄な知識」と「日本の常識」の差はどこに。高視聴率番組から生まれた本

2003年3月までは深夜番組だった「トリビアの泉～素晴らしきムダ知識～」。それが7月にゴールデンタイム（フジテレビ系・毎週水曜21時～）に進出するや、毎回20％台という高視聴率

を叩きだし、いまやお化け番組になりつつある。

「トリビア（triv-i-a）」とは一応説明すると「つまらない事柄に関する無駄な知識」の意。文字通りクソの役にも立たない雑学を視聴者が投稿し、スタジオの品評会メンバーが感銘度に応じて手元のスイッチを叩く。感銘度の単位は「へぇ」。1人の持ち点が「20へぇ」で、5人分の合計で最高が「100へぇ」というわけである。

テレビが人気なら本も絶好調である。6月末に同時発売された『トリビアの泉～へぇの本～』Ⅰ・Ⅱ巻は深夜放送時代（02年10月～03年3月）のネタを集めたものだが、これがもっかベストセラー。テレビ発の本がベストセラーになるのは珍しくないものの、この本は既成のテレビ本とは少しちがう。本ぽくない。テレビの画面をそのまま本にしたようなつくりなのだ。

〈国立競技場には女性用立ち小便器がある〉（84へぇ）

〈美川憲一と美輪明宏は同じ誕生日である〉（76へぇ）

〈『笑点』のテーマには歌詞がある〉（73へぇ）

といった、まことにどうでもいい雑学が1冊につき64項目。1項目2ページ構成で、ページを開くと裏に〈国立競技場の関係者の方はこう語る〉〈女性が立って用を足す習慣がある国に対応するため、東京オリンピックの2年前の1962年に作られた〉〈東京オリンピックで、ソ連の砲丸投げの選手が実際に使っていた〉等々の「補足トリビア」があらわれる。

ちなみに1巻の「高へぇ」ベスト5は、

①〈『できるかな』のノッポさんはしゃべったことがある〉（99へぇ）
②〈小便少女もいる〉（98へぇ）
③〈18世紀、ミイラは汽車の燃料に使われていた〉（97へぇ）
④〈目玉オヤジは目を閉じて寝る〉（95へぇ）
⑤〈忠犬ハチ公は今ハク製になっている〉（94へぇ）。

ところで、この高視聴率と本の売れ行きを支えているのはだれなのか。

以下は私の調査トリビアと補足トリビアである。

「トリビアの泉」の熱心な視聴者は小学生だった（50へぇ?）。本を欲しがるのも小学生である（60へぇ?）。子どもたちの会話に耳を傾けてみた。「こないだのトリビア見た?」で会話が弾んでいた。互いの会話の内容を評して、「いまのは60へぇだな」「80へぇぐらいだよ」とかもいっていた（70へぇ?）。どうりで小学生好みの雑学が多いはずである（80へぇ?）。だから本も子ども好みの絵本風なのだ（90へぇ?）。

この現象が興味深いのは、「無駄な知識」に群がるトリビアな子どもたちに、そもそも「無駄な知識」と「日本の常識」の区別がついているかどうかだろう。

1000円札の人物の職業は小説家だった（65へぇ?）。日本はアメリカと戦争をしていたことがある（85へぇ?）。何をいっても「へぇへぇへぇ」の可能性もあるぞ。

（A／03・9・1）

『ヤンキー母校に生きる』義家弘介
（文藝春秋・2003年10月・1400円）

怒鳴って、キレて、胸ぐらつかんで。熱血教師への道は厳し

熱血教師とダメ生徒たちの人間模様はテレビドラマだけの話。かと思いきや放映中の「ヤンキー母校に帰る」にはモデルがあるらしい。キリスト教系の私立高、北海道の北星学園余市高校と、ここの卒業生で母校の教壇に立つ義家弘介先生だ。*

『ヤンキー母校に生きる』はその義家先生が母校に着任し、最初に担任した学年が入学してから卒業するまでの3年間を綴った記録である。

北星余市は、全国の高校中退者を中退した学年から受け入れる全国で唯一の高校なのである。当然そこは「問題児」の巣窟。クラスは最初から学級崩壊状態だ。

その日常がどれほど難儀か、本から拾ったケーススタディで考えてみよう。

【ケース1】　ある日の授業。なにか深刻なトラブルがあったらしく、数人の生徒がいつまでも私語をやめない。ちょっときつめに叱ったところ、挑発的な目でにらみ返してきた女生徒がいた。さて、あなたなら、次のどっちを選択する？

（A）ほかの生徒と彼女の両方を尊重し、〈大切な話があるんなら、今日の授業は出なくていいから教室から出て他のところで話してこい……〉と諭す。

（B）自分も挑発的になり、〈オメーらの耳は、俺の言っている言葉が聞こえているのか？　それとも聞こえてねーのか？　どっちなんだ？〉と怒鳴る。
【ケース２】　ある日の放課後。職員室にあらわれた生徒が〈返せよ！　ドロボウ！〉といきなりつかみかかってきた。彼はシャープペンシルのことをいっているらしい。教室掃除のたびに拾い集めたペンのうちの１本である。さて、あなたならどっちを選択する？
（A）ハッとして〈ごめん、ごめん。これトクちゃんのペンだったのか？　ほら、いつも言ってる掃除のときに落ちていたペン、あの缶の中に溜まっている奴、その中から持ってきたんだ。よかったよ、持ち主が見つかって。ごめんな〉と素直にわびる。
（B）思わず自分もブチ切れ、〈テメー、言っていい言葉と、悪い言葉の区別もつかねーのかコラ！　毎回、これは誰のペンだって聞いてんのに、出てこなかったのは誰だ？　なんで俺がテメーにドロボウ呼ばわりされなきゃならねーんだよ、コラ！〉と胸ぐらをつかむ。
気弱な教師だったら（私が教師だったとしても）、Aを選ぶと思うのね。しかし、ケース１でもケース２でも、義家先生が選んだ態度はもちろんB。

いやー尊敬します。っていうか並みの教師では務まりません。

北星余市、全国の親たちの希望の星というべきだろう。ここまで有名になった以上、来年度はさらに入学希望者が殺到するのではないか。人間的に更生するだけではない。ここの卒業生の８割は大学や専門学校にちゃんと進学するのである。ただ、感動秘話の裏では、喫煙、飲酒、喧嘩、停学、退学は茶飯事。79名もの生徒がかかわった大麻事件まで起きる。〈お前らは、俺の夢だ。

どんな生き方でもいい。思いっきり生きていけ〉と口でいうのは簡単だが、シャーペン1本から大麻まで、あなた対処できますか。熱血教師への道は険しい。怒鳴って、キレて、胸ぐらつかんで。私が教師だったら……絶望して転職するね。

（A／03・11・10）

＊ 義家弘介さんは2005年3月で北星余市の教師を辞め、4月から横浜市の教育委員に選任された。

『ケータイを持ったサル』正高信男

（中公新書・2003年9月・700円）

サル学者がサル研究の方法で調査した「子ザル」と「母ザル」の生態

売れているし、評判もよい。ただ、宮崎哲弥さんがネガティブな書評を書いているのを見て興味を持った。「諸君！」2003年12月号の連載「今月の新書完全読破」で、彼はこの本を「今月のワースト」にあげ、〈突っ込みどころ満載の愚書〉〈呆《あき》れるほど杜撰《ずさん》で、学者としての良心すら疑いたくなる内容〉と述べていたのである。愚書！

『ケータイを持ったサル』は「『人間らしさ』の崩壊」というサブタイトルのついた、挑発的な若者論だ。著者の正高信男さんは、比較行動学を専攻する京大霊長類研究所教授。

著者の主張はだいたいわかった。要するにルーズソックスをはき、かかとを踏みつぶした靴で歩き、地べたに平気で座り、歩きながら飲食する渋谷あたりの女子高生が気に入らないんですよねえ。で、彼女らをそのように育てた母親も気に入らない、と。

この本の要点は「サル学者によるヒトの研究書」だという点であろう。著者はサルの研究者なので、ルーズソックスの女子高生のような「自分には理解不能なヒト」を見ると、自分たちより下等な「珍種のサル」と思ってしまうのだ。つまりヒトとサルとの区別がつかない。

ヒトが相手の社会科学では、過去の文献、統計資料、当事者への取材などが分析の材料となる。しかし、サル学者の目に映る女子高生は、言語が通じず、歴史を持たず、意見もいえないサルである。だから、サル用に開発された方法論で対応できると考える。サル学の知見を動員し、サルに行うような「実験」を女子高生に行い、親ザルの「行動調査」〈子どもにかける費用の調査。これはサルの毛づくろいに相当するそうだ〉を決行する。

相手がサルだと、社会統計学の原則にのっとる必要もなくなるらしいですね。〈いくら調査と言っても、毎月のケータイ料金の詳細までも丹念にほじくりだすわけにはいかないので、おおまかにならざるを得ないのだが、だいたい四五〇〇～五〇〇〇円というのが平均的な支払額のようであることが判明した〉。〈これも月にどれだけの額になるか正確には不明なのだが、ざっと見積もると約五〇〇〇円の支払いになるらしいとの見当を得た〉*

こんな曖昧なデータの取り方、ヒトが相手の研究ではとても通用しませんて。だけど、相手は、ほら、ヒトではなくて「サルの群れ」ですから。

ヒトの家族論、若者論、コミュニケーション論等がこれだけあるのに、いっさい参照しない度胸もすごいし、こんな調査の結果を臆せずグラフ化して載せるのも大胆不敵。「群れの上位のメスザルは子ザルと密着している」ことから「母が子を甘やかす日本の母子関係と同じである」といいきるわ、「ニホンザルは仲間の所在を確認するためだけに意味のない声を発する」ことをもって「若者の携帯メールにそっくりである」と結論するわ。

こんな乱暴な比較論で〈現代日本人は年を追って、人間らしさを捨てサル化しつつある〉ことが実証的に解明されたというのであるから、サル並みに扱われた若者たちこそいい迷惑。愚書でもいいが、むしろ現代の奇書であろう。

（A／03・12・8）

＊　このへんの曖昧模糊とした言い回しも、『ぎりぎり合格への論文マニュアル』（298ページ参照）を参考に考えると、かなりおもしろい。

『桃尻語訳　百人一首』橋本治

（海竜社・2003年11月・2500円）

平安の貴族もびっくり。「**実際に　やった後から　くらべれば……**」

はるか昔、小学校時代に丸暗記したものが私にはふたつある。ひとつが九九（2年生）で、もうひとつが小倉百人一首（6年生）である。

九九にくらべると百人一首の出番は少なかったものの、その無駄な労苦がやっとむくわれる日が来た。『桃尻語訳　百人一首』。むろん訳者は『桃尻語訳　枕草子』（河出文庫）の橋本治だ。枕草子も悪かないけど、日本人にいちばんなじみのある古文といえば、やはり百人一首だろう。もとの歌に聞き覚えのある人にとって、これほど抱腹絶倒の本はない。
〈秋《あき》の田《た》の　かりほの庵《いほ》の苫《とま》をあらみ　わが衣手《ころもで》は　露《つゆ》にぬれつつ〉という天智天皇のこの歌は〈秋の田の　刈《か》り入れ小屋は　ぼろぼろで　わたしの袖《そで》は　濡《ぬ》れっぱなしさ〉。
〈しのぶれど　色《いろ》に出《い》でにけり　わが恋《こひ》は　ものや思《おも》ふと　人《ひと》の問《と》ふまで〉という平兼盛のあの歌も〈隠《かく》しても　顔《かお》に出ちゃった　僕の恋　「なにかあるの?」と　人が聞くもの〉。

男の歌は男言葉で、女の歌は女言葉で訳してあるのもこの本の特徴で、だから〈夜《よ》もすがらもの思《おも》ふころは　明《あ》けやらで　閨《ねや》のひまさへ　つれなかりけり〉（俊恵法師）の解説には、〈どう見ても、恋に悶々《もんもん》とする女の歌ですが、作者は坊さんです〉という解説がつく。当時の坊さんは女の立場でしばしば恋の歌を詠んだのだ。ちなみに右の歌の訳は、
〈一晩中《ひとばんじゅう》　悶《もだ》える夜は　暗いまま　ベッドの向こうに　無情があるわ〉。

解説者もいうように、まるで〈大昔の演歌やムードコーラス〉だ。

お勉強になることも多い。〈平安時代の「逢う」はただの「逢う」じゃありません。女は、簾の向こうにいます。だから、「逢う」となったら、男はその中へ入って行かなければなりません。つまり、「ベッドルームへ侵入」とおなじことです〉であるから、〈逢《あ》ひ見《み》ての　後《のち》の心《こころ》に　くら

ぶれば　昔《むかし》はものを　思はざりけり〉（権中納言敦忠）という歌もぐっとストレートに、〈実際《じっさい》に　やった後《あと》から　くらべれば　昔はなんにも　知らなかったなー〉

もっとストレートになると

〈セックスが　この世《よ》になければ　絶対《ぜったい》に　こんなにイライラ　しないだろうさ！〉

えーっ、こんな歌あったっけ。原型は〈逢《あ》ふことの　たえてしなくは　なかなかに　人《ひと》をも身をも　恨《うら》みざらまし〉（中納言朝忠）でした。びっくり！

こうしてみると、小学校6年生の私はものすごいものを暗記したんだなと、いまさらながらに感慨深い。意味がわからなくて、よかったのか、悪かったのか。

この本は、バラバラに切り離して、カルタにもなる。本来の百人一首と桃尻語訳の2パターンが、読み札と取り札で、ちゃんと各200枚ずつあるのだ。ただ、お正月にお子さんをまじえて遊ぼうという方は、以上のようなきわどい訳もまじっていることをお忘れなく。で、子どもに何か質問されたら、〈本当に、王朝の貴族社会の人達は「恋」のことばっかり考えて、そう考えるしかないから、平家に全部乗っ取られるんです〉と解説してあげましょう。

（A／03・12・29－04・1・5）

『13歳のハローワーク』村上龍　（幻冬舎・2003年11月・2600円）

政治家の分類項目は「権力が好き」ではなく「人の役に立つのが好き」

そりゃあ、こういう職業ガイドブックがあってもいいとは思いますよ。
だけど、ここまで手放しで誉《ほ》めちぎるのはどーよ。
〈この困難な時に、この本に出会えるかどうかは、その子の一生を決定するだろう。この本に出会えた子は幸運だ。――坂本龍一（音楽家）〉
〈全く新しいアプローチで、働くことをとらえている。人生にとっての仕事の意味が変わる革命的な一冊だ。――石原慎太郎（作家／東京都知事）〉

いずれも幻冬舎の広告（朝日新聞04年2月1日朝刊）からの抜粋である。

問題の本は『13歳のハローワーク』。「花や植物が好き」「メカ・工作が好き」「旅行が好き」「おしゃれが好き」など全部で39の「好き」別に、514の職業を紹介した本である。同じ広告によると〈発売2カ月で48万部突破〉だそうだ*。

この本の特徴、それは「しょせんカタログ」だということである。世の中にはこんなに多くの職業があるのかと知るにはいいが、それ以上でも以下でもない。

たとえば推薦者の坂本龍一を尊敬し、音楽家になりたいと思った子がいたとしよう。「音楽が好き」のページを開くと、こんな記述がとびこんでくる。

〈音楽理論の知識や理解が必要なので、音楽大学や専門学校などで専門の教育を受けることが必要。特にテレビゲームの音楽では、コンピュータを使って作曲した後で、ＭＩＤＩという国際規格のデジタルデータとして納品できる能力が求められる〉（作曲家）

特におもしろいことも書いていない。音楽学校に行けってことでしょ。

推薦者の石原慎太郎みたいな政治家になりたいと思った子はもっと悲惨。

〈権力欲があって、声が大きく、面の皮が厚く（神経が太い）、面倒見がよく、異常に体力があって、権謀術数にも長けている13歳は、最初から政治家を目指すのではなく、ＮＰＯやＮＧＯなどで、知識とスキルを磨き、体験を積むことを勧めたい〉（政治家）

おもしろいことは書いてあるけど、最初から政治家は目指すな、である（ちなみに政治家は「権力が好き」ではなく「人の役に立つのが好き」の項目に入ってたりする）。

仕方がないから、じゃあ推薦者を真似て先に作家を目指そうかなと思うと、今度は〈13歳から「作家になりたいんですが」と相談を受けたら、「作家は人に残された最後の仕事で、本当になろうと思えばいつでもなれるので、とりあえず今はほかのことに目を向けたほうがいいですよ」とアドバイスすべきだろう〉（作家）と釘を刺されるのである。

というわけで、彼は職業に希望を失い、一生フリーターでいいやと考える……かどうかはわからないけど、まあそんなもんでしょう。広告通りに〈この本に出会えるかどうかは、その子の一生を決定する〉ようなカタログがあったら、そのほうが問題だよ。

（Ａ／04・2・16）

＊　その後もこの本は順調に売れ続け、１１１万部に達した。読んでいたのはじつは大人だったとの説もある。

7

本でニュースをふりかえる

停滞する森政権下でウンザリしていた2000年に、本書の元になった連載ははじまった。新世紀に入ると、しかし、景色は一変した。2001年春には小泉政権が誕生し、同じ年の秋にはアメリカで同時多発テロが起き、それからあれよあれよという間にはじまったアフガン攻撃、イラク戦争、自衛隊のイラク派遣……。

雑誌のコラムには2種類の行き方がある。時のニュースにいちいちビビッドに反応する「打てば響く型」と、世間で何が起ころうと意に介さずにわが道を行く「われ関せず型」と。どちらが批評的な態度か、一概には決められない。何か起こったときに言論人はいち早く意見を表明すべきである、というのも一面では事実だが、急ぐばかりが能ではないし、「語らない」という態度の表明の仕方だってあるからだ。

だからというわけでもないけれど、この連載はおおむね「われ関せず型」の方針でやってきた。まあ書評欄でもあるし、みんなの意識がひとつの方向に傾いていくときには、ジャーナリズムの論調もエキセントリックになりやすい。そんなときには香気な話でもして、少し頭を冷やしたほうがいいのである。

とはいえ、ニュースに関連した本も常に出てはいるわけで、ときにはしゃしゃり出たくなることもある。そんなわけでニュースや政治にからんだ本のあれこれ。

『大失言』 失言王認定委員会

（情報センター出版局・２０００年7月・１４００円）

吉田・佐藤から、中曽根・渡辺・石原・森まで。政治家失言55年の集大成

５月の連休中に森喜朗首相がクリントン大統領に会ったとき、「ハウ　アー　ユー（ご機嫌いかが）」というべきところを「フー　アー　ユー（あなたはだれ）」といい、大統領が冗談半分で「私はヒラリーの夫」と答えると、森首相は「ミー　トゥー（私も）」といってしまった。——ネット上だか永田町界隈だかで囁かれている「小話」である。

サミットと相前後して、こんなもっともらしい都市伝説（でしょう、いくらなんでも）が流通するのも、就任以来、話題になったのは失言癖だけ、という現首相のたぐいまれなる人柄ゆえか。ＩＴを「イット」と読んだという話が効いているのかもしれない。

というわけで、『大失言』。政治家の「いってはならぬ発言」を集めた金言集ならぬ失言・暴言・放言集だ。吉田茂首相の「労働争議をするのは不逞の輩」発言（１９４７年）から、まだ記憶に新しい「三国人」発言、「神の国」発言まで、55年の失言史から77本を厳選。発言内容のほか、釈明記者会見での一問一答まで収録。気合いの入った本である。

ただし、ひとつ残念なのは、著者が「失言王認定委員会（委員長・牧野武文）」なのに、本の中では「失言王」が「認定」されていないこと。仕方ないので、自分で数えてみた。巻末の「失言年表」にある３００本余からカウントした結果をお知らせしよう。

▼第3位……佐藤栄作・奥野誠亮（8回）。奥野失言は法相だった1980年に集中している。内容的には「自主憲法の制定は望ましい」ほか改憲論が中心。

▼第2位……渡辺美智雄（14回）。思い出しますねえ。「毛ばりで釣られる魚は知能指数が高くない」「黒人は破産してもアッケラカーのカー」。

▼第1位……中曽根康弘（15回）。1位はやっぱりこの人でした。「米国には黒人やプエルトリコ人がいるから、知識水準が低い」「日本では差別を受けている少数民族はいない」。

中曽根ヤスと渡辺ミッチーは、回数も多いが、表現の濃さでも群を抜いている。その伝でいくと、量と質の両面で次期失言王候補と目されるのは、石原慎太郎（7回）と森喜朗（4回）だろう。「リニアモーターカーはブタ小屋とトリ小屋の間を走っている」（石原）とか、「大阪はたんつぼ」（森）とか、妙におもろい表現が多いのだ。*

歴史認識の古さや差別意識の強さだけでは王にはなれない。王として、もうひとつ重要な資質はオッチョコチョイなことである。レーガンと「ロン&ヤス」コンビを組んでた頃の中曽根なんか、オッチョコチョイの権化だったものね。森首相も似たタイプかも。

（S／00・8・11）

＊ 予想通り、石原・森はその後も失言街道を驀進した。「文明がもたらしたもっとも悪しき有害なものはババァなんだそうだ」（石原・01年11月）、「子どもを1人もつくらない女性が自由を謳歌して、楽しんで、年とって税金で面倒みなさいというのはおかしい」（森・03年6月）など。

『田中眞紀子が天下をとる日』板垣英憲

（KKベストセラーズ・2000年11月・1200円）

首相の条件は主婦感覚？　首相待望論がピークの頃に出た異色の政治家論

　森首相不人気の反動か、自民党支持者・非自民党支持者を問わず田中眞紀子人気が高まっている。[*]首相待望論を受けて『田中眞紀子が天下をとる日』なんて本まで出版された。著者は元毎日新聞政治部記者の政治評論家で板垣英憲氏。

眞紀子（と、この本は田中代議士を呼ぶのである）は〈女性ながら父・田中角栄の元で政治家としてのいわゆる「帝王学」を学ばされてきたので、政治感覚は、すでに総理大臣級である〉と著者はいう。総理大臣に必要な8つの条件のうち、7つまでは充たしていると。

①わかりやすい演説力（早稲田大学演劇部時代から発声法は習得済み）
②国際社会に通ずる語学力（米国留学で培った英語力。父・角栄について世界を回った強み）
③潤沢な資金（越後交通の副社長。国会議員歳費も夫とあわせて年に4、5千万）
④利権政治家でない（父とはちがい、大きな利権に食い込んでいない）
⑤マスコミに友人を持つ（筑紫哲也や久米宏とは特に親しい）
⑥国際社会での広範な人脈（留学時代の知人。角栄訪中が縁で中国指導者層との交流も続行）
⑦日本を代表する政治家としての知名度がある（いわずもがな）
ただし、ひとつだけ足りないのが人心操縦術であるという。一匹狼的に行動してきたので、あ

とは強力な側近とブレーンさえつけば完璧だというのだが……。

改めて眺めると、①演説力、⑤マスコミの友人以外はすべて父の遺産である。

著者はしかし、彼女には欠点を補ってあまりある大きな強みがあるというのだ。それは〈お茶の間から政治を行っている〉ことだ、と。〈眞紀子の発言がわかりやすいのは、一人の女性として、「チャリンコ」に乗ってスーパーに買い物に行く主婦として、夫思いの妻として、朝早くから起きて子供たちに愛情弁当をつくって持たせてきた母としての視線から政治を見ながら、現職の政治家、閣僚として政治を行っているからにほかならない〉

著者の見解にしたがえば、首相の条件は「父の遺産＋主婦経験」なのである！

もしも彼女に政治家としての力があるとしたら、そんなことより演出力だろう。〈「家庭生活を大事にする」という考えから、朝十時か十時半に登庁し、夕方は六時か七時には帰宅するのを原則にしていた〉という科技庁長官時代のエピソードを「美談」ととらえる著者のような人たちがまだ大勢いることを、彼女はよーく知っているのだ。だからこそ、彼女はそれを売り物にするわけで、ってことは人心操縦術にも長けているんじゃないの？

（S／00・11・24）

＊　この半年後の2001年4月、田中眞紀子は小泉内閣の外相に就任し、まさに〈お茶の間から政治を行っている〉ことで絶大な人気を博したものの、人気が失墜するのも早かった。外務官僚との確執から、いろいろあって秘書給与疑惑に発展、02年8月には議員辞職した（03年11月の衆院選で無所属から立候補して当選）。お茶の間感覚だけでは、やはりダメなのだ。

『現代用語の基礎知識　2001』（自由国民社・2000年11月・2524円）

おっはー、IT革命、めっちゃ、Qちゃん。流行語大賞のノーテンキ

毎年この時期になると思うのだが、あの「日本新語・流行語大賞」にはどんな意義があるのだろう。紅白歌合戦と同じで、年末の恒例行事という以上の意味は見いだせなくなっている。今年の大賞が「おっはー」と「IT革命」。特別賞が「最高で金、最低でも金」と「めっちゃ悔し～い」。「Qちゃん」も受賞と聞いて、ますますそう思った。

「おっはー」はなるほど少しは流行したかもしれないけれど、表彰式で香取慎吾くんも「パクリだ」といっていたように、これのネタ元はテレビ東京の早朝子ども番組「おはスタ」で、子どもたちはもう何年も前から「おっはー」とやっていた。「IT」はたしかに今年の流行語だが、下に「革命」をつけるなら、流行《はや》らせたのは森首相だろう。「めっちゃ」も田島寧子選手のオリジナルではなく、関東のチョー、関西のメッチャはすでに若者言葉の定番だし、田村亮子選手の「最高で金、最低でも金」、高橋尚子選手と小出義雄監督の「Qちゃん」にいたっては、そんなのいつどこで「流行」（報道はされたけど）した？　である。

憶測だけど、流行語大賞の主催者である自由国民社は、金屏風がわりに立てた自社の『現代用語の基礎知識』のオブジェの前に人気者をずらっと並べ、派手な表彰式を開きたいだけじゃないのか。言葉の風俗資料的な価値を本気で考えているとは思えないのである。

と考えると『現代用語の基礎知識』自体への信用もゆるぎはじめるが、それでも大賞とはちがい、2000年の記録として残すべき語は収録されていた。「神の国」(森喜朗)、「三国人」(石原慎太郎)、私は寝てないんですよ(雪印社長)、サイコーですか!(法の華の福永法源。類語には「天声」、ライフスペースの「定説」)。ほかにも、てるくはのる、ストーカー、パラサイト・シングル、がんぐろ……。

見出しに立っていない言葉の中にも、印象的な語はいろいろあった。図書券(覚えてますか。新潟県の女性監禁事件で被害者が発見されたとき、県警本部長らが温泉でやってた賭け麻雀)。心のぶつかり合い(「お受験殺人」と話題になった幼女殺人事件の容疑者が発した言葉)。こういうのを全部無視して「Qちゃん」かい。

諸悪の根源は、受賞者を呼んで表彰する、この賞のシステムだ。そんなイベント体質だから、1995年にあれほど流行ったオウム用語を大賞の対象から外すハメになったのだ。ポジティブな語もネガティブな語も等価に流布するのが「世相」ってものだろう。モラルを重視したければ「グッド部門」と「バッド部門」を別個に選ぶ手だってあるわけで、ネガティブな言葉を無視する法はない。言葉の収集家を名乗るなら、そのくらいやって。

(S/00・12・22)

『新・憂国呆談　神戸から長野へ』浅田彰＋田中康夫（小学館・2001年1月・1500円）

スキゾキッズの彼とアーベインの彼が語り合う「政治参加」の意義

先週の「流行語大賞」の話でひとつ書き忘れたことがある。あのイベント作戦に、ひとりだけ乗らなかった人がいる。田中康夫長野県知事である。「官対民」でみごと受賞。となるはずが、「マスコミが作った言葉だから」との理由で辞退したとか。口癖に近い「しなやか」ならともかく「官対民」じゃ、言葉としてもつまんないしね。

さて、その田中康夫の新刊が『神戸から長野へ』。月刊誌で続けている浅田彰氏との対談をまとめた本である。〈やる気マンマンじゃない？（笑）〉と浅田氏がけしかける出馬直前対談、その浅田氏の〈おめでとう！〉ではじまる当選直後の対談なども収録。時宜を得た一冊だ。

田中康夫の著書というと、『なんとなく、クリスタル』『神戸震災日記』『いまどき真っ当な料理店』、そしてこの知事選の間に有名になった『東京ペログリ日記』あたりを思い浮かべる人が多いと思うけれども、同じシリーズの前著『憂国呆談』（幻冬舎）も含め、「政治家・田中康夫」の片鱗がもっともよく見えるのはこの対談集だろう。

浅田〈労働者にビラを配ってストを呼びかけるとか、反戦運動でデモをするとか、それだけがアンガージュマンではなくて、婚姻制度をそのまま認めて正式に結婚するのか、単に同棲のままいくのかっていう、それがすでにひとつのアンガージュマンなんだ、と〉

田中〈まさに構えの問題。（略）1パーセントでも個人としての自分の意識を、あるいは社会参加してみようという意識が持てるかどうかがアンガージュマンということであるんですね〉

「アンガージュマン（社会参加）」なんて言葉、久々に聞きましたです。*

20年前に「スキゾキッズ」で一世を風靡した人と、「たまらなくアーベイン」だった人が「アンガージュマン」で盛り上がるなんて、十数年前には予想もしなかった。

とはいえ、田中氏が知事に当選した意義はやはり大きい。政治的手腕については未知数とはいえ、もっかの最大の意義は、官僚であれ県議であれ、彼と対決した人がみんな「イヤなやつ」に見えてしまうことだろう。日頃はほとんど報道されない地方自治の現場の嫌らしさが、続々と白日のもとにさらされる。目の前で名刺を折り曲げた局長はじめ、「この忌々しいシロウト知事に一泡吹かせてやる」と待ちかまえていた人ほど墓穴を掘る。どの自治体でも大同小異だろうから、それだけでも知事になった価値はあったのではないか。

田中知事には、ぜひこれからもワケのわからぬカタカナ語を連発し、プロ気取りの官僚や県議を煙に巻いてもらいたい。「パブリック・サーヴァント」の次は「アンガージュマン」が使えるかもしれない。

（S／00・12・29）

＊　ちなみにアンガージュマンとは、「【engagement　フランス】（約束・契約・関与の意）第二次大戦後、サルトルにより政治的態度表明に基づく社会的参加の意として使われ、現在一般に意志的実践的参加を指す」（『広辞苑第五版』）のことです。

『日本の歴史01　縄文の生活誌』岡村道雄

（講談社・2002年11月・2200円）

遺跡発掘捏造事件の影響でまさかの回収要求。渦中の一冊となった本

にしても、とんだ災難に巻きこまれたもの。この本については前にも書いたが（174ページ参照）、その後、思いがけない展開になったので、再度とりあげておきたい。講談社「日本の歴史」シリーズの第01巻、岡村道雄『縄文の生活誌』の件である。

経緯を復習しておこう。ことの発端は、藤村新一氏によるくだんの「遺跡発掘捏造事件」である。考古学界も震撼したろうが、激震は読書界にも及んだ。刊行まもない「日本の歴史」第01巻の旧石器時代の記述が藤村氏の「業績」に依拠したものだったからである。

まず立花隆氏が〈講談社は、こんな本は一刻も早く回収して、著者に書き直しを求めるべきだろう〉と書いた（「週刊文春」00年12月14日号）。次にこれを受けた丸谷才一氏が〈版元および編集委員に回収と絶版を勧告する〉（毎日新聞00年12月15日）と書き、さらには天声人語が〈回収と絶版とは、著者、シリーズの編集委員、出版社の責務〉（朝日新聞00年12月19日）と書いた。そして、講談社は販売の打ち切りと、来夏の改訂版発行*を発表した。

迅速な対応といえばいえるけれど、考古学界のあわてふためきぶりと有識者のカサにかかった態度には、ややヘキエキした。あえていうけど、ことは旧石器時代の遺物である。即刻回収すべき毒入りの食品とかじゃないのである。博物館の展示物をあわてて引っ込めたり、本の回収や絶版をそんなに急ぐ必要がある？　いま必要なのは20世紀末の時点ではこれが「考古学の最新成果」だったことを率直に認め、と同時に２０００年11月に上高森遺跡で発覚したことを後世のために記録としてきちんと残しておくことではないのか。

功をあせった結果が「捏造」だったのだとしたら、鬼の首を取ったように回収回収と騒ぐのは、現場をますます追い詰めるだけ。「私は待つからゆっくりでいいよ」と調査の結果を気長に見守る姿勢に人々が転じない限り、学会の自浄も望めないのではないか。近代考古学史上の「捏造」がほかにもないという保証はどこにもない。人間がかかわっている以上、インチキや人的ミスの可能性は常に秘められているわけで。

で、再び『縄文の生活誌』を開くと、私にはやっぱりこの本の随所に挿入された物語的記述が気になる。〈二人の妻と女の子たちは、男たちが仕事をしている間に、ゆでて乾燥してあったドングリをスリ石で粉にする仕事をしていた〉と、現場を見てきたように描くのは「捏造」とはいわない？　解釈上の飛躍は放置、物理的な捏造には過剰反応。そりゃあ捏造は厳しく断罪されても仕方ないけど、どこかアンバランスな気がするのである。

（S／01・1・26）

＊　予定より遅れ、02年11月に発行された改訂版では、旧石器時代の記述が大きく書き改められ、事件の経緯や原因の究明とともに「前期・中期旧石器時代研究」が消えてしまった事実が詳細に記されている。それだけでも、このシリーズの価値は上がったと思う。旧版と新版を比較すれば、捏造の様相がさらによくわかる（あ、でも、物語的叙述は残ってます）。

『米百俵』 山本有三

（長岡市・2001年6月・952円）

新首相が所信表明演説で引用し、一躍脚光を浴びた本

小泉首相が所信表明演説で引用し、突如脚光を浴びることになった本である。山本有三『米百俵』。副題は「小林虎三郎の思想」。出版元は新潟県の長岡市。初版は1975年。この騒ぎで急遽増刷がかかったのか、東京の書店でも平積みになっている。

お話の骨子は、報道などですでにご存じですよね。

〈明治初期、厳しい窮乏の中にあった長岡藩に、救援のための米百俵が届けられました。米百俵は、当座をしのぐために使ったのでは数日でなくなってしまいます。しかし、当時の指導者は、百俵を将来の千俵、万俵として生かすため、明日の人づくりのための学校設立資金に使いました。その結果、設立された国漢学校は、後に多くの人材を育て上げることとなったのです。今の痛みに耐えて明日を良くしようという「米百俵の精神」こそ、改革を進めようとする今日の我々に必要ではないでしょうか。新世紀を迎え、日本が希望に満ちあふれた未来を創造できるか否かは、国民一人ひとりの、改革に立ち向かう志と決意にかかっています〉（朝日新聞01年5月7日）

以上が首相による「米百俵」の要約と、その「こころ」である。

実物を手にしてみると、想像していた本とはだいぶちがった。

『米百俵』は2場で構成された短い戯曲だ。第1場は数人の長岡藩士が酒をくみかわしながら、

政治に対する愚痴をいいあう場面。第2場では、彼らが藩の要職にあった小林虎三郎の家を訪れて談判をし、逆に説得されたところで幕となる。つまりこの本は、最初から最後まで、室内でグチャグチャくっちゃべっているだけの戯曲なのだった。

それだけでもちと白けたのだが、さらに予想外だったのは作者の山本有三による「隠れたる先覚者　小林虎三郎」という解説である。それによると、米百俵を学校の設立資金に使ったという話はフィクション、というか山本有三の推測だったらしいのだ！

巻末に収録されたラジオの講演の中で、山本はこう述べている。

〈小林虎三郎先生は、敗戦後の長岡の人に向かって、「みんなが食えないというから、学校を立てるのだ。人物を養成するのだ。」といいましたが、私は、いま、「日本は勝つのだから、大東亜の指導者になるのだから、人物をたくさん育てあげなければいけない。次の時代に備えなければいけない。」と大きな声で、叫ばずにはいられないのであります〉

この本はそもそも、戦時中の1943年に新潮社から出版された『米百俵』を復刊したものである。戦中には反戦戯曲と見なされて自主回収になったというが、作者は不本意だったのではないか。彼自身は、どう考えても大政翼賛的な文脈でこれを書いている。

〈国民の一部では、米が足りないの、もめんが足りないのなぞ、といっているようでありますが、（略）そんなものは、少しぐらいたりなくとも、我慢ができないことはないと思います〉

この山本の講演と「痛みに耐えて」という小泉演説を重ねると、首相がこれを援用した魂胆が透けて見える。史実かどうかもあやしい『米百俵』。しかも、総力戦のために国民に「痛み」を強いた時代の物語。野党はなぜそこを突かないのだろう。（S／01・7・6）

『「歴史・公民」全教科書を検証する』三浦朱門編著（小学館文庫・2001年7月・619円）

批判本よりよくわかる「扶桑社版歴史教科書」の要点

教科書検定を通ったことで物議をかもした『市販本　新しい歴史教科書』『市販本　新しい公民教科書』（ともに扶桑社）が好調な売れ行きらしい。

同書の問題点を指摘した批判本も続々出版されている。『ここまでひどい！「つくる会」歴史・公民教科書』（明石書店）、『こんな教科書　子どもにわたせますか』（大月書店）、『歴史教科書　何が問題か』（岩波書店）。書名からして戦闘意欲満々だ。

そんなバトルの渦中で異色の1冊を発見した。三浦朱門編著『「歴史・公民」全教科書を検証する』。全8社の教科書を俎上にのせ、学習指導要領に沿っているかどうかを検証しようとの試みである。三浦氏の判定結果から重要な点を抜き出してみよう。

▼国旗・国歌の歴史について……6社の教科書が国旗・国歌について記していないのは信じがたいことである。帝国書院は国歌の記述がある分マシ。扶桑社だけが国旗・国歌の歴史的経緯を

詳しく紹介し、君が代の意味にも言及していて合格点がつく。
▼大和朝廷について……指導要領に反して「大和王権」「大和政権」などと記す教科書が多いのは、皇室の先祖としての大和朝廷に対する認識が足りない。「大和朝廷」と明記しているのは東京書籍と扶桑社のみ。扶桑社だけが天皇の祖先であることを正確に記していて評価できる。
▼秀吉の朝鮮出兵について……多くの教科書が朝鮮側に同情的な記述しかしていないのは奇異なことである。「侵略」と書いているのもどうかしている。日本文教出版は記述が少ないからまだよいが、加藤清正を紹介しているのは扶桑社だけである。
▼百姓一揆について……江戸時代はもっとも平和が長く続いた時代であるのに、百姓一揆の記述が必要以上に多く、江戸時代全体を暗いイメージにしている教科書が多い。清水書院は記述が少ないが説明不足。扶桑社だけが一揆に深入りせず、江戸時代を明るく記していて新鮮である。
▼戦争の呼称について……8社が8社とも「支那事変」ではなく「日中戦争」と記しているのは問題である。大東亜戦争も7社が「太平洋戦争」と記す。扶桑社だけが「大東亜戦争」の呼称を用いていて評価できる。

要するに「扶桑社の教科書だけが評価できる」という話。元文化庁長官で、現在は「教科書改善連絡協議会会長」であるという三浦朱門氏。思想的には「つくる会」より右寄りと見たな。おかげで、たいへん参考になった。この本を読むと、扶桑社の教科書がいかに変か、批判本を読むよりよくわかるのだ。援軍のつもりだったのだろうけれど、旗を振ったおかげで変さがよけい目

立ってしまった。藪をつついて蛇を出す、である。（S／01・7・20）

『知事のセクハラ　私の闘い』田中萌子

（角川oneテーマ21・2001年6月・571円）

事件の被害者が自ら語った、横山セクハラ事件の表と裏

参院選まっただ中だ。セミリタイアとやらをしたはずのあの人も、前東京都知事だったあの人も出馬して、興味津々といったところ。そうだ、もしも「あんなこと」にならなかったら、あの人も出馬していたかもしれない。横山ノック前大阪府知事である。

急にそんなことを思ったのは「あんなこと」の顛末を綴った本を読んでしまったからである。田中萌子『知事のセクハラ　私の闘い』。著者は横山ノック・セクハラ裁判の原告だった女子大生その人で（ただし著者名は仮名）、報道ではもうひとつ明らかになっていなかったセクハラ事件の真相が、かなり詳細に明かされている。

いや、マジメな話、この本はみんな読んだほうがいいと思いました。

裁判中の報道、覚えていますか？　その場で声をあげなかったのに告訴のタイミングが早すぎるのはおかしいとか、知事はハメられただけだとか、対立陣営の選挙妨害だとか、政治的な裏があるにちがいないとか、さまざまな憶測がとびかった。

しかし、この本を読む限り、どう考えても、これは元知事が悪い。選挙カーの中で実際にどんな行為があったのかを知ると、ちょっとあきれます。

この本のもうひとつの価値は、前知事の犯罪行為をつまびらかにしたという以上に、裁判を起こしたことで巻き起こる周囲の態度やメディアの対応、いわば「二次被害」「セカンドレイプ」の実態を明らかにした点だろう。友人は離れ、肉親は激怒し、恋人も去る。弁護団が81人にまで膨れあがり、調整に手間取るなんて笑えぬ話も。

刑事裁判は2000年8月に確定したが、被告は「知事の職を自ら辞し」「齢六十八に達するまで営々と築上げてきたものの、ほとんどすべてを失」い、「公人として社会に復帰できる可能性をほぼ絶たれた」等々の判断から、情状酌量で執行猶予つきの有罪となった。彼女はそれを不服とし、担当検事にあてて手紙を書いている。これがなかなかの迫力。

〈はぁ!? としか言いようがありません。真実を言えないのは人の弱さですか? 女性が恐怖から抵抗ができなかったり、声をあげられなかったという力の差での女性の弱さはなかなか認めないのに、どうして本当のことを言えないのが男の弱さだと簡単に擁護できるんですか!? ふざけるのもいいかげんにしてもらいたいです〉

題して「へたれ裁判官」。整った文章になっていない分、かえってリアルである。

お涙頂戴の告発調に陥っていないこともあり、暑苦しいかなあと思って読みはじめたわりに読後感は爽やか。私たちだっていつ当事者(どっちの立場かはともかく)にならないとも限らない

のだ。いま表を通っている選挙カーの中は大丈夫か。（S／01・8・3）

『KOiZUMi　小泉純一郎写真集』撮影／鴨志田孝一（双葉社・2001年9月・1800円）

ビニ本の封の奥に隠された意外な事実。首相の趣味はポエムと短歌？

気にはなるけど自分では買いたくない本、てのがある。さしずめこれなど、その最たるものだろう。『KOiZUMi　小泉純一郎写真集』（撮影・鴨志田孝一）。書店では平積みされているものの、ビニールで包装され、立ち読みできないようになっている。

不幸中の幸いである。中を見てしまった私は、労働意欲を失って半日寝込んだ。バスローブ姿の写真に当てられた、のではない。このさい写真は些末な問題。この本の見どころは、巻頭に収録された首相自身のメッセージである。短いので全文を引用しよう。

私が総理になってから、皆さんの愛ある応援には、感動した。
日本女性全てが私にとり、ファーストレディだと思う。
私にとり、この愛こそが原動力だ。
恋は心から感動する。

そして、恋はかくも甘く、せつないものだ。
皆さんもおおいに恋をしよう。
私、小泉も愛する皆さんのため、日本を男女共同社会にする。
男も女も仕事、家事、育児を分かち合っていこうと。
男女平等の社会へ、私は必ず変える。

FOREVER　LOVE——愛は永遠である

TO　FIRSTLADY　　小泉純一郎

政治家は基本的に人気商売。写真集が出ること自体はかまわない。かまわないけど、一国の首相でしょ。もうちょっと「らしい」ことをいっているかと思うじゃないの。〈日本女性全てが私にとり、ファーストレディだ〉という臆面もないフレーズ。愛ある応援→せつない恋→男女平等という、うさんくささ全開の不自然な展開（細かいことをいうと、文中の「男女共同」は「男女共同参画」だし）。〈恋は心から感動する〉という主語と述語がとっちらかった一文。そして、とどめの一発が〈TO　FIRSTLADY〉ときたもんだ。国語の不得意な中学生のラブレター？　質の悪い結婚詐欺師の口説き文句？　そんなレベルだ。
石原東京都知事は、定例会見でこの写真集の感想を聞かれ「なんだ、ヌード写真集か？」と応じていたが（それもどうかと思うリアクションだが）、恥ずかしさからいえば、あたらずといえども遠からず。巻末には、身長・体重、血液型、星座、動物占い、好きな女性のタイプ（！）等と並んで、首相自作の短歌も載っている。
〈うるわしき　いとしの君と　デイトする　心ときめく　宵のひととき〉
〈ほほよせて　好きよなんでも　あげるわと　ささやく君の　若さいとしき〉
だれかなんとかいってやってよ。

（S／01・9・28）

『マス・ヒステリーの研究』角間隆

（角川oneテーマ21・2001年8月・571円）

正義の名の下で暴走する米国の熱狂、同調圧力に呑まれて踊る日本の熱狂

『マス・ヒステリーの研究』という本を読んだ。サブタイトルは「民衆の踊らせ方の法則」。著者の角間隆さんは、NHKで海外取材番組などを手がけてきた国際ジャーナリストである。

この本がいわんとしているのは、つまりこういうことである。

群衆の熱狂は、ときとして取り返しのつかない事態を招く。

集団ヒステリーと聞いて思い出すのは、中世ヨーロッパの魔女狩りやナチのホロコースト（ユダヤ人狩り）である。しかし、集団ヒステリーは過去の亡霊ではない、世界はいままた集団ヒステリー化しているのではないか、というのが本書の主張なのである。

たとえばアメリカ合衆国。この国はそもそも集団ヒステリーに陥りやすい体質があると著者はいう。17世紀末、マサチューセッツのセイラムで起こった魔女狩り事件。あるいは「20世紀の魔女狩り」として名高い50年代のマッカーシズム旋風（共産主義者狩り）。アメリカは自浄力のある国だから、直後にはハッと目覚めて「二度と過ちは繰り返しません」という誓いを立てるのだが、懲りずにまた同じことをくり返す。黒人差別にともなう「ニガー狩り」しかり、ベトナム戦争時の「ソンミ事件」しかり。「正義」を重んじるアメリカは、ひとたびそれが正義となれば、目的のためには手段を選ばず、どこまでも徹底的に突っ走る。「カウボーイ政治家」の異名をとるブッシュもその典型であるという。

日本はどうか。日本人は60年周期で集団ヒステリー状態になるというのが著者の主張だ。「恥の文化」に依拠した日本社会は人目を重んじるため、集団主義に流れやすい。よって、漠然とした社会不安があるときには、集団陶酔型の熱狂が突発的に起こる。近世の「おかげまいり」も幕末の「ええじゃないか」も「大政翼賛」も「バブル経済」も集団ヒステリーであり、今日の「小泉フィーバー」も集団ヒステリー現象ではないかというわけだ。

個別の議論には「そうかなあ」と思うところも多いし、話があちこちへ飛ぶので、必ずしもわかりやすい本ではない。しかし、いま読むにはぴったりの本だった。

本書が発売されたのは２００１年8月末。米国同時多発テロ後の日米の状況は射程に入っていないのである。にもかかわらず、正義の名の下に暴走するアメリカ型の熱狂と、同調圧力に呑まれて踊りだす日本型の熱狂をズバリ指摘。未来を予測していたかのようである。

ふとメディアに目をやれば、「これは正義と平和を守る戦いだ」と息巻くアメリカ国民と「国際貢献を」と力む日本の政治家や言論人の姿が目に入ってくる。こういうときは無責任にいってみるのも悪くない。君たちは集団ヒステリーだ！

（S／01・10・19）

『狂牛病』リチャード・W・レーシー著、渕脇耕一訳（緑風出版・1998年10月・2200円）

イギリスのBSE騒動に取材。狂牛病よりコワイのはお役所病？

狂牛病に対する政府の一連の対応に問題があったと思う人＝82パーセント（朝日新聞01年10月17日付）。世論調査の結果である。農林水産省や厚生労働省のドタバタぶりは、たしかに「信用できん」という印象だし、厚生省は薬害エイズ、クロイツフェルト・ヤコブ病、ハンセン病等の「前科」がある役所。いくら安全ですといわれても、ねえ。

役所が信用できないとなれば、情報は自分で集めなくちゃと思っている人もいるだろう。

類書もいろいろ出ているが、コワさの質もいろいろだ。船瀬俊介『早く肉をやめないか？』（三五館）は狂牛病より著者の「狂信病ぶり」がコワかった。『買ってはいけない』の著者だけに（？）相変わらず無意味な恐怖を、あおるあおる。あやしい感じがしたので、感染源をたどって、参考文献のトップにあがっているリチャード・ローズ著、桃井健司&網屋慎哉訳『死の病原体プリオン』（草思社）を読んでみた。これは病気の概要を知るにはいい本だった。が、読んでるうちに狂牛病より大きな問題があるような気がしてきた。

そこで、さらに感染源をたどって行き着いたのがこの本、「イギリスにおける歴史」のサブタイトルがついたリチャード・W・レーシー『狂牛病』である。

著者は狂牛病の危険性をいち早く指摘したイギリスの臨床微生物学者。かの国の狂牛病を告発した中心的な人物である。その彼が本書で暴いているのは、イギリス政府と農漁業食糧省の、いわば「お役所病」である。希望的観測にもとづいて、すぐ「安全宣言」を出すなど、お役所の病理は、どこの国でも似たり寄ったりであるらしい。イギリスではじめて狂牛病が発見された１９８６年から累積発症例が14万件近くに及んだ94年8月まで、10年弱のドタバタ劇を見ていくと、日本の将来が予告されているようでもある。

あと、気になるのはこんな箇所。

〈排除された臓物の範囲の決め方が、理解出来ない。牛の脳、脊髄、脾臓、胸腺、扁桃、そして腸に共通のものは何だろうか？　お分かりかな？　どれも商品としては、ほとんど価値がない。危険かもしれないものを何か排除しなければならないので、これらの器官を排除した。商業的損失がもっとも少ないものだけを、彼らは選び出した。そんなことがあり得るだろうか？　あり得る、と私は考えている〉

日本の狂牛病対策もEUを手本に進められていたはずである。その本家本元がこれなのか……。当初「人には感染しない」といっていたイギリスでは96年で10人、2001年9月の時点では100人強の患者が見つかっている。肉骨粉といっしょに、こんな発想まで輸入しているのではないでしょうね。*

（S／01・11・2）

＊ 2001年10月以降、国産牛肉は全頭検査が実施され、03年12月には米国からの牛肉輸入禁止措置がとられるなど、日本のBSE対策は世界でもっとも厳しい水準になった。早期輸入再開を迫る米国通商省に圧されながらも、政府はぎりぎりのところで輸入解禁を踏みとどまっているが、BSEにはなお未解明の部分が多い。イギリスの轍を踏まないためにも、全頭検査の緩和には慎重であるべきだろう。なお、BSE関連の新しい本としては、04年12月に出た福岡伸一『もう牛を食べても安心か』（文春新書）などがおすすめ。

『文明の衝突』サミュエル・ハンチントン著、鈴木主税訳（集英社・1998年6月・2800円）

「番長国家」とお呼びしたい。同時多発テロ後、再び話題になった本

イラクや北朝鮮を「ならず者国家」と呼ぶアメリカはじゃあ何なのか。

ふと思いついたのが「番長国家」という言葉である。手下を引き連れて学校内を意気揚々とのし歩き、下級生同士の喧嘩にいちいちわが物顔で介入し、国連という生徒会の決議には都合のいいときしか従わない（番長だけに生徒会費も払っていない）。その理屈でいけば、さしずめ日本は「パシリ（使いっ走り）国家」だろう。番長グループの末端で「おいタバコ買ってこい」と命令される係。「おまえんちは親（国民）がうるせえんだろ?」「いえ、家族（国民）はなんとかしますんで」。それで成立したテロ対策法案。まさにパシリ法案。

で、サミュエル・ハンチントン『文明の衝突』である。9月11日のテロに端を発するアメリカの対アフガン攻撃を指して、西欧対イスラムの文明の衝突だ、いや文明の衝突にしてはならないといった議論が飛びかっている。そのネタ元として、再び話題になっているのがこの本だ。

出てすぐ読んだときには、なるほどなあ。おもしろいな、と思ったが、こうなってみると、手前勝手な「番長の論理」を示した本のように思えてくる。

裏番長（ソ連）グループが解散し、東西の2大派閥による学校支配（世界支配）が崩れた後の勢力分布図を描くことから、この本ははじまる。東西冷戦体制の崩壊後、世界は8つの派閥、いや文明（西欧・イスラム・中国・ヒンドゥー・ロシア正教会・日本・ラテンアメリカ・アフリカ）に多元化しているというのである。8つといっても、番長（西欧）の事実上の対抗勢力は「儒教―イスラム・コネクション」らしい。イスラム諸国と儒教文化圏（中国&北朝鮮）には西欧とはまるで異なる偉大な文化の伝統があり、彼らは自分たちの文明が西欧に勝ると考えている。だから両者の間で文明の衝突が起きるのだ、と。

わかりやすい劇画的な図式である。しかし、この本には大きな疑問がある。意図的なのか視界に入っていないのか、南北問題がネグられている点だ。〈人間は敵意を抱く存在なのだ。自己を規定し、動機づけするために、人は敵を必要とする〉って、それはだれの理屈？　民族だ宗教だ文明だというけれど、ジェノバ・サミット時の反グローバリズム運動を見ればわかるように、ポスト冷戦時代に顕在化したのは、経済格差の拡大だった。ラテンアメリカやアフリカへの言及が乏しい点にも、南北問題を隠蔽している気配を感じる。

番長グループは世界の金持ち集団だ。一方、自爆テロや生物テロは、イスラムでもパレスチナでもない「貧者の戦法」である。貧困ないじめられっ子がついに捨て身で反撃に出た。私にはそう見えるんだけど、世界の番長はますます頭に血が上ってっからな。

（S／01・11・9）

『聖書の暗号2』マイクル・ドロズニン著、麻生暁訳

（アーティストハウスパブリッシャーズ・2003年1月・1905円）

世界は2006年で滅亡する!?　同時多発テロも予言した旧約聖書の謎を解読

ノストラダムスの予言でいけば、1999年で世界は滅亡するはずだったのだ。しかし、なぜか恐怖の大王は空から降ってこず、なんとか世界が延命したところへもってきて、今度は2006年に世界は滅びるという説が浮上してきた。

そんな警告を発している怪しげな本がこれ、『聖書の暗号2』である。

世界の滅亡。またかよ～。いったい何度世界を滅ぼせばすむんですか、という感じの、要するにトンデモ本だが、この本の目玉は、なんといっても2001年9月11日の米国同時多発テロも聖書の暗号で予言されていたと述べている点だろう。

〈同時多発テロは、世界が早く聖書の暗号の警告に耳を傾け、〝終わりの日〟がそこまで来ていることを理解するために耐えなければならない恐怖の大惨事だったのかもしれない〉

ここでいう「聖書」とは主に旧約聖書の最初の5書（『創世記』『出エジプト記』『レビ記』『民数記』『申命記』）を指すらしい。また、著者によると、聖書にはクリントン前米大統領とモニカ・ルインスキーの不倫疑惑も予言されていたという。

〈〝クリントン〟と〝弾劾〟がともに暗号化されている箇所には、〝隠された秘密、侍女を愛する者〟というルインスキー事件についての記述もあった〉

さらにまた、ブッシュとゴアが争った大統領選の混乱も予言済みだ。

〈〝アル・ゴア〟という名前に、〝裁判官が決定し、あなたに不正がなされるだろう〟という言葉がつながっているのがわかった〉

そして、テロに関するこの予言。

〈三千年前の文書に、〝双子《ツイン》〟と〝塔《タワーズ》〟という言葉が暗号で埋めこまれていたのだ。〝飛行機〟も同じ箇所にあった。そして〝飛行機〟と〝双子〟と〝塔〟のそばには、〝それは打ち倒した〟という言葉があらわれていた〉

旧約聖書がそんなにとっぽい古文書だったとは、ノストラダムスもビックリだ。

そもそもこの「暗号」はどんな仕組みになっているのかというと、ヘブライ語で書かれた聖書の文字を詰めて1列に並べ、コンピュータで同じ字数ずつ飛ばし読みすると、一定の言葉（事件・人名など）があらわれてくるという。いいかえると、文字を縦横にびっちり並べ、縦、横、斜め、いろんな方向から読んでそれらしい単語を探すわけですな。

テロを予言した部分には〝ブッシュの戦争終わりの日〟などと同時に〝ビンラディン〟〝核兵器〟〝原爆によるホロコースト〟といった文字も出てくるのだそうだ。これらの警告を総合すれば、世界は大量破壊兵器による西欧諸国とイスラムとの戦争に巻き込まれる、と。

古代の文書の、しかもそんなに込み入った暗号に警告されなくても、そのくらいの危機感はだれもが感じているでしょうて。で、どうなの。ブッシュはいつイラクに攻撃を仕掛けるわけ？　予言の書というなら、それを教えてくれなくちゃ。*

（A／03・2・10）

＊　ブッシュ政権が国連決議を待たず、各国の反対も無視してイラクへの空爆を開始したのは2003年3月19日（現地時間）だった。聖書もそこまでは予言できなかったようで。

『「拉致」異論』太田昌国

（太田出版・2003年7月・1700円）

拉致問題と植民地支配。「保守派」にも「進歩派」にも厳しい自己検証の本

日朝首脳会談から1年がたった。だが、2002年10月15日に拉致被害者5人が帰国して以後、大きな進展はみられず、事態は膠着《こうちゃく》したままだ。＊膠着しているのは言論界も同じである。どことなく異論を許さぬ雰囲気。先が見えないことによるイライラ。

で、太田昌国『「拉致」異論』である。「あふれ出る『日本人の物語』から離れて」というサブタイトルのついたこの本は、「9・17」以降の雰囲気を「当然だ」と思っている人も「変ではないか」と感じている人も必読の1冊である。

もっかのメディアの立場には次の2つがあると太田さんは見る。

①は北朝鮮の拉致への関与を早くから指摘し、被害者家族とともに問題化に努めてきたグループ。産経新聞、「正論」「諸君！」「週刊文春」「週刊新潮」「SAPIO」等のメディアと、そこで執筆活動を展開してきた現代コリア研究所のメンバーである。

②は北朝鮮の関与に否定的または懐疑的な立場をとり、拉致報道に消極的だったグループ。ここには放送や新聞などの大メディア（現在これらは横並びの報道をしている）、雑誌「世界」、社民党（旧社会党）、共産党、市民派、左翼諸派などが含まれるという。

〈「拉致」事件の事実の解明と責任追及に関する限り、前者が正しく、後者が間違っていた、あ

るいは不十分であったこと。それが、誰の目にも明らかな、今日の基本的構図である。（略）私（たち）は、待ち受ける課題がどんなに困難でも、ここが私（たち）の出発点だと覚悟するしか、ない〉

著者が「私（たち）」と表現するのは②のいわゆる「進歩的」なグループのこと。著者の（自己）批判は容赦がない。１９５９年にはじまった帰国事業の時点にまで遡り、この40年余の間にだれが何をどう語ったかを厳しく検証していくのだ。高名な「進歩的・革新的知識人」の北朝鮮レポート、金日成との対談、拉致疑惑検証論文などにはたしかに問題点が多い。また、現時点においてなお、彼らが十分な自己批判をしているともいいがたい。

しかし、じゃあ「勝利」した保守派グループの言説はどうだろう。数々の北朝鮮関係記事や関連図書の分析を通じて、著者は①グループの中に「贖罪感からの解放」の匂いをかぎとる。拉致問題が続行中であるように、植民地支配の総括も終わっていない。だが、圧倒的な拉致報道の中でそちら側の言葉はかき消されているというのである。

〈私たちが、日本と朝鮮の関係史をよく知り、見知っている在日朝鮮人や友人や（人によっては韓国や北朝鮮に持つ）権力者ではなく友人・知人の顔を思い浮かべ（略）その具体的な人の結びつきの中で、いま問題になっている植民地支配と拉致の問題を考えることができるなら、事態は変わるだろう〉

左右両派の論調に違和感を感じていた人には腑に落ちるところが多いはず。目的は断罪ではな

く明日への展望。厳しいが、フェアな本である。（A／03・9・29）

＊拉致問題のその後の動きとしては、2004年5月22日、小泉首相が再訪朝し、蓮池さん夫妻・地村さん夫妻の子どもたち5人が帰国。また、同年7月9日には曽我さん一家がジャカルタで再会、12月には一家で佐渡に帰郷した。しかし、拉致問題全体の解決には至っていない。

『さらば外務省！』天木直人

（講談社・2003年10月・1500円）

このまま映画の原作になりそう。前レバノン大使による告発の書

話題の書だから既読の人も多いかもしれない。天木直人『さらば外務省！』は、前駐レバノン特命全権大使による小泉首相と外務省への激烈な批判の書だ。

元官僚による内部告発の本は以前にもあったけれども、ここまで「悪行を暴いてやるぞ感」に満ちた本は、ちょっとないだろう。〈これを人は、私怨による憂さ晴らしと取るだろう。その通りだ。私のはらわたは煮えくり返っている〉と自ら述べてもいるように、上から下まで全部なで切り。それも実名入りの名指し攻撃である。

著者が大使を解任されるまでの経緯を、ざっとふりかえっておくと——。

今年、2003年3月14日、彼は小泉首相と福田官房長官にも供覧してほしい旨書き添えて、

川口外務大臣に意見具申（出先の大使から本国政府にむけて外交政策の意見を述べる文書）を書き送る。タイトルは「対イラク攻撃に対するわが国の立場（意見具申）」。内容は、〈一、国連決議なしの対イラク攻撃は何があっても阻止すべきである〉〈二、中東和平交渉の一日も早い再開が必要である〉の2点であった。しかし、本省からは何の反応もなく、3月20日、米国は対イラク攻撃を開始した。24日、彼は2度目の意見具申を東京にむけて打電する。〈対イラク攻撃が始まってしまった今、日本が全力で取り組むべきは（略）一日も早く戦争を終わらせるべく国連による戦争停止の合意を実現することである〉

3日後、北島外務省官房長から脅しに近い電話が入り、のち竹内外務事務次官から事実上の退職通知が届く。腹をくくった彼は、退職とひきかえに外務省糾弾を決意したという次第。

断片的なエピソードばかりなのが惜しいところだが、これで映画が1本撮れそうである。主役はもちろん正義の味方の元大使。悪役は米国追従しか頭にない無能な首相と、自分の出世しか念頭にない狡猾な外務官僚。端役にはやる気のないノンキャリアたち。

「踊る外務省」。どうでしょう、ひとつ。

冗談でいっているわけではない。もしも外務省が天木前大使が描く通りの場所ならば、あまりにもトンチキで、ほんとにコメディの舞台みたいなのだ。

映画の見どころのひとつとなるのは、田中元外相の失脚劇だろう。この本の中では彼女はちょっとしか登場しない。が、〈田中真紀子がもうしばらく外相の椅子《いす》にとどまっていれば、外務省の伏魔殿《ふくまでん》ぶりはもっと暴露された〉だろうと著者は述べる。

思えば2年前、01年のいまごろ、田中眞紀子と鈴木宗男の攻防でメディアは持ちきりだったのだ。しかし、その嵐が去ったあと、外務省の不祥事にも私たちは慣れ、脱力感の中で、有事三法案、イラク特措法といった重要な法案が、まともな議論もないまま成立した。

傾聴に値する部分の多い本だけど、伏魔殿の体質、ひいては日本の外交政策を変えるのに、本1冊ではあまりに弱い。それがこの本のいちばんのジレンマである。

（A／03・12・1）

『獄窓記』山本譲司

（ポプラ社・2003年12月・1500円）

元民主党代議士が綴った「塀の中」の知られざる真実

獄中記は昔からあるジャンルだが、元国会議員のそれは珍しいのではないか。実刑に処されること自体が少ないし、たとえ実刑判決を受けても、収監中の日々を記録に残して出版しようとはあまり思わないのではないか。面子《メンツ》ってものがありますからね。

『獄窓記』の著者の山本譲司氏は元民主党衆議院議員。秘書給与事件で2001年2月に懲役1年6カ月の実刑判決を受け、同年6月から仮釈放になる翌年8月まで、433日間の服役生活を送った。この本はその間の日々を克明に追った記録である。

と聞くと、ふつう想像されるのは、次のうちのどちらかだろう。
①懺悔録。政治家を志した若き日から、自らが罪に問われるまでの一部始終を告白、読者の情状に訴える（鈴木宗男『反乱』はこのタイプ）。
②暴露本。「本当はみんなやってるんでしょ」という国民感情を頼りに、この際、実名入りで永田町の秘書給与の実態をすっぱ抜く（趣旨はちがうが『さらば外務省！』はこのタイプ）。
この本しかし、懺悔録でも暴露本でもないのだ。企画自体はキワモノっぽく見えるけれども、中身はしごく真っ当で、逆に拍子抜けしてしまったくらいである。

ひとつには、著者の配役先が、いわゆる「塀の中」でもあまり知られていない場所だったことがあろう。著者がいたのは栃木県内の刑務所の中にある「寮内工場」。

〈痴呆症はもちろんのこと、自閉症、知的障害、精神障害、聴覚障害、視覚障害、肢体不自由など、収容者たちが抱える障害は、実に様々だった。（略）目に一丁字もない非識字者、覚醒剤後遺症で廃人同様の者、懲罰常習者、自殺未遂常習者といった人たち、それに、同性愛者もいた〉

こういうくくり方はどうかと思うが、ともあれそんな工場だ。

著者に与えられたのは、ここで障害を持った収容者たちの世話をする「指導補助」。排泄物と格闘しながら、同囚たちの中に人間性を見つけていく、そこが本書の読ませどころだ。元国会議員という肩書は、したがって、この本の中ではあまり大きな意味を持たない。知られざる刑務所の一面を綴ったノンフィクションとして評価すべきだろう。*

もっとも、彼の収監中に発覚した辻元清美元議員の秘書給与問題、とりわけ彼女が釈明のために「山本元議員と自分はちがう」と事実無根の報道をダシにいい出した、そのやり方に対する著者の怒りは激しくて、そこが本書のもうひとつの山場になっている。

〈日本国憲法と監獄法を照らし合わせて読むと、同じ国家に同時に存在する法律とは、とても思えない〉、〈将来的に私は、障害者の授産施設やグループホームを運営することを思い描いている。できれば、出所者を積極的に受け入れる施設にしたい〉とも書く山本さん。もう政界に戻る意思はまったくないそうだ。こういう経験をした人がもう1回立候補したら、いい議員になれるような気もするのだが。

（A／04・1・26）

＊　この年の9月、『獄窓記』は2004年度の新潮ドキュメント賞を受賞した。

『働く男の制服図鑑』桜遼＋制服を愛でる会

（フィールドワイ・2003年12月・1200円）

「制服LOVE」の本を片手にサマワに派遣された自衛隊の装備を考える

連日報道される「サマワに自衛隊派遣」のニュース。

政治的な論議はひとまず棚上げにして、ビジュアル的にインパクトがあったのは、陸自先遣隊隊長・佐藤正久一佐の、あの風貌である。アラブ圏の人々と並んでも遜色のない顔立ち、いかしたヒゲ、柔和な物腰と話し方。ああいう人を隊長に任命したのは、世論を味方につけたい防衛庁の戦略としては、まあ正解でしたね。迷彩服とヘルメットがまた似合うんだ。

でも、イラクでは砂漠用の迷彩服じゃないと保護色にならないはずだ。あんな緑の迷彩では目立って困るのではないか。自衛隊は国外では戦闘しないことになっているから、やっぱり砂漠用の服は持っていないのか。などなど気になること多し。

そこで、こんな本を開いてみた。『働く男の制服図鑑』。『東京女子校制服図鑑』（弓立社）が十数年前にヒットして以来、女子高生の制服図鑑はひとつのジャンルに昇格した感があるが、本書はそれのいわば成人男性版である。警察官、海上保安官、消防士、裁判官等の官関係から、郵便局員、鉄道員、航空関係、航海士、医師、サービス業、はては牧師、神主、僧侶まで、幅広くカバー。制服のほか装備品や徽章なんかもイラストで紹介する。

自衛官のページも当然あります。陸自、海自、空自に分け、常装冬服、常装夏服など、載っているのは全12種類。それによると、先遣隊のあの迷彩服の名称は陸自の「戦闘服」である。戦闘服で行っているんだから、あそこはやっぱり「戦闘地域」なのだろう。政府がいう通り、非戦闘地域で復興支援が目的ならば「作業服」で十分だもんな。

それにしても、これはなんのための本？　帯の惹句にいわく〈「ああ、なんかいい…」〉。そうなんです。これは女の子目線で制服組の男たちを愛でる「制服ＬＯＶＥ」の欲望に貫かれた本なんです。だから、たとえば礼装につきものの白手袋も――。〈形式美―つまり、極限まで個性を消し去ることで表れる美です。そこには、生身を感じさせる隙が存在しません。（略）しかし、人間とは業の深い生き物。（略）「あの純白の手袋に隠された素肌を、あばいてみたい……」〉

不謹慎と思う人もいそうだが、これは女子校制服図鑑を眺める男たちの視線をひっくり返しただけ。大の男が婦女子の鑑賞の対象になってる点が、おもしろいのである。視線がその程度だから、軍事系の制服マニアのような精度をこの本に求めるのは無理なんだけど。

ちなみに先遣隊の迷彩の色については、こんな記事を見つけた。〈陸上部隊の制服は、景色に溶け込みやすい色彩にするのが原則だ。しかし、陸自はあえてその原則を曲げる考えだ。／米軍も採用している砂漠仕様の迷彩服はやめ、緑の迷彩服と無地の作業服とする。作業服には日の丸を胸、袖、背中と、目に付く限り張る。／「米国と一体と見られればテロの対象にされかねない。日本は人道支援だと一目で分かるようにしたい」（陸幕幹部）との判断からだ〉（朝日新聞03年12月3日）。

目立たないための迷彩服を、あえて目立つために着る。こんな倒錯にも自衛隊幹部（あるいはパシリ）の苦悩がうかがえる。（A／04・2・9）

『愛してるって、どう言うの?』高遠菜穂子 (文芸社・2002年7月・1000円)

人質事件の被害者になった彼女の手記は、自分探し+博愛+神秘主義の旅日記

イラク邦人人質事件から1か月。一時の誹謗中傷の嵐が去ったいまも後味の悪さがなお残る。この国のメディアと世論のこらえ性のなさには驚き、あきれた。

〈いったい日本人の美徳はどこへ消えてしまったのか。外務省が退避勧告をしていたイラクで人質になった3人の日本人。その家族は、国民に対するお詫びどころか、当然のように「自衛隊は撤退しろ」と叫び続けた〉(「週刊新潮」04年4月22日号)

なにさ「日本人の美徳」って。お詫びを強要するあんたの美徳は?

この週刊誌記事で取り上げられ、一躍有名になったのが、人質のひとりとなった高遠菜穂子さんの著書『愛してるって、どう言うの?』である。記事では「自伝」と紹介され、「12歳で煙草、15歳で大麻」ってな箇所ばかり強調されたけれども、本書はいわゆる生い立ちの記ではない。2000年9月から2001年11月までインドを中心に南アジア各地を渡り歩いた、これは彼女の自分探しの旅日記。沢木耕太郎『深夜特急』みたいな本に近い。

とはいえ、この自分探しは、並みの自分探しではない。何かにとりつかれたように、彼女は愛、愛とさけび続け、世界の困難が凝縮されたような場所から場所へと、いちいち赴いていくのである。カルカッタにマザー・テレサが開いた施設から、西インドの大地震被災地へ、タイのエイズ

ホスピスへ、カンボジアの孤児の家へ。

〈ここインドでひたすら〝援助とは何か？〟〝私に何ができるのか？〟と考え続けているのは、やっぱり日本に帰ろうと思っているから。（略）その時、今までのようにただ時間を金に変えるような仕事はしたいと思わないから〉

と、これが彼女の基調である。ボランティア活動と、神秘主義への傾倒。マザー・テレサに感化されるのはまだいいとしてサイババにも感化され、あげく不思議な光に包まれる「奇跡」を体験、〈マザーテレサの言う〝傷つくまで愛しなさい〟という言葉の意味を、やっと理解できたような気がしてる〉とかいわれたら……まあ引きますよね、ふつうは。

ただ、こういう博愛の人は昔からいるし、少しはいてくれないと困るのよ。

ナイチンゲールも、マザー・テレサも、赤十字の父デュナンも、密林の聖者シュバイツァーも、若くて血気盛んだったころはたぶん浮いてて、周囲をハラハラさせる存在だったにちがいないのである。みんないい家の子だし、神秘主義に傾倒もしていたわけで、俗人は陰口を叩いたことだろう。「資産家のお嬢さん（お坊っちゃん）はご立派ですこと！」。

人類愛の人はそうなんだって。それに比べたら、どこぞの国の自己責任論など、ケツの穴が小さすぎてちゃんちゃらおかしいくらいのものですよ。自分探しはパリへの語学留学って女ばかりじゃや、先が思いやられるじゃないですか。

高遠さんも、こんなことで潰されないでほしい。将来万一彼女の伝記が書かれる日が来たら、人質事件は武勇伝、彼女を責めた日本政府と国民は悪役扱い必至だろう。その前にこの本のイラク編を希望。*おんなじ調子で書けばいいのだ。お詫びなんかいいから。（A／04・5・17）

＊　というわけで、2004年8月には早くもイラク編が出ました。『戦争と平和』（講談社）。ものすごいタイトルだが、副題は「それでもイラク人を嫌いになれない」。いっしょに拘束された今井紀明さん・郡山総一郎さんとの出会い、ファルージャ近郊で拘束されてからの9日間、解放までの経緯、現地での大使館や警察の対応など、事件の一部始終がかなり詳しく綴られている。報道された週刊誌記事の内容は7～8割がウソだとも。一読をおすすめしたい。

『新お笑い北朝鮮』テリー伊藤

（ダイヤモンド社・2004年4月・1300円）

笑いたいんだけど笑えません。北朝鮮評論家が「10年ぶりの封印を解いた」本

テリー伊藤『新お笑い北朝鮮』は、彼の出世作『お笑い北朝鮮』（コスモの本）のいわば続編である。1993年に正編が出たときには、北朝鮮への注目度がいまほどに高くなかったにもかかわらず、かなり評判になった。もっとも私が覚えているのは「奥様ラーマ状態」（うろ覚えだが、作り笑いをする人々を当時のCMにひっかけて揶揄した表現だったと思う）という言葉だけなんだけど。要するにあまり感心しなかったのだ。

それでも今度の本には期待した。〈いよいよ私が〝お笑い北朝鮮評論家〟として、10年ぶりに封印を解くときがきたようだ〉といわれたら、期待するでしょう、やはり。

つべこべ論評する前に、各コラムの書き出しを拾ってみよう。

〈〝反米ポスター過熱戦争〟。／というのが北朝鮮の美術学校の間で繰り広げられている〉。〈北朝鮮版「チャーリーズ・エンジェル」が活躍しているようだ〉。〈北朝鮮の映画は純愛ばかりである〉。〈北朝鮮軍にハッカー部隊の存在が明らかになった〉。〈いよいよ月光美女劇団が動き出した〉。〈北朝鮮が異種格闘技大会への参戦の機会をうかがっている〉。〈あのパリコレへ北朝鮮が進出しようとしている〉

ううむ、暇ネタばかりやな。「これが北朝鮮の本当の暮らしだ！」という章の書き出しも――。〈ぽっちゃり美人伝説、というのが北朝鮮にある〉。〈北朝鮮でラブホテルが誕生している〉。〈北朝鮮の待ち受け画像ベスト3が判明した〉。〈北朝鮮の婦人警官の制服がモデルチェンジされるようだ〉。〈いよいよピョンヤンにビアガーデンがオープンする〉

かの国の風俗的な一面は垣間見えるけれども、それ以上でも以下でもなく、「だからなんだ」という感じである。こうなると、おもしろくない理由がむしろ気になるほどである。
①刺激的な北朝鮮情報に慣れてしまったために、受け取り側（私）が感情鈍磨に陥っている。
②ヤバそうなことが規制されたために、毒にも薬にもならない話ばかりになった。
③著者がもともとこういう人だった。

現地を見ずにかの国を語る評論家たちを、著者は巻頭で批判している。〈いわばセックスしたことがない者が、女性について論じているのと同じ。「いつも乳首が立っている」「このタイプは夜が激しい」なんて言われても説得力がない。やはり一晩じっくりとベッドをともにしないと。／または、セクシーアイドルの水着グラビアだけを見て「オッパイが柔らかそうだ」と判断しているようなもの。そんなの、実際にもんでみないとわからない〉で、オッパイを実際に「もんでみた」結果がこれ？　要するに一晩ベッドをともにしたって相手の内面には迫れないってことだな（女だってほんとはそうだからな）。

暇ネタでもいいのだ。この本に不足しているのは分析と葛藤だ。ほーら、こんなに変な国、といわれても、動物園のレポートじゃないんだから。

（A／04・5・24）

『アホの壁　in USA』マイケル・ムーア著、松田和也訳（柏書房・2004年3月・1600円）
『おい、ブッシュ、世界を返せ！』マイケル・ムーア著、黒原敏行訳（アーティストハウスパブリッシャーズ・2003年11月・1600円）

ムーア（の日本語訳）を読んでると、口調まで伝染《うつ》っていけねえぜ

カンヌ映画祭ってのはイカシてんな。イカレてるともいうけどよ。マイケル・ムーアにパルムドールをやるくらいだからな。「華氏911」は大統領選前の公開を目指すんだろ。これでケッタクソ悪いアメリカ政治の行方も少しは楽しみになってきたぜ。*

ところで、あんたはムーアの本を読んだかい。『アホでマヌケなアメリカ白人』(柏書房)は読んだ? じゃあこれも読みな。1997年に原本が出たオッサンのデビュー作だ。しっかし、この邦題はどうだろね。『アホの壁 in USA』だってよ。もちろんあのベストセラーのパクリだよパクリ。けど、中身は悪くない。笑っちまうのさ。たとえばココ読んでみな。

〈奴らはそれぞれ、「民主党」「共和党」と名乗っている。でも、チャンチャラおかしいよな? 本当は奴ら、同じコインの表と裏だってのにさ!/奴らはやることも同じ、歩き方も同じ、場合によっちゃ言うことだって同じだ――あんたは仰天するかもしれないけどな――この国の二大政党、ありゃあまるっきり同じだよ〉

どうだい。どこかの国とソックリだろ。〈つまり、「共和民主党」さ!〉とムーアはいってっけど、こっちだって「自民民主党」さ。つうかこっちの野党第一党は自由党と民主党が合体したんだから、最初から「第二自由民主党」といやあよかったのさ。

あとココも笑ったぜ。あのビル・クリントンに説教してるとこだ。

〈ビルよ、あんたは間違った考えを吹き込まれて、道の真ん中を行く保守的な白人なら再選できる、と思い込んじまってる。とんでもない心得違いってもんだ。(略) そいつらにはそいつらの党がある。共和党って党だ。あんたが何を言おうと何をしようと、奴らに気に入られることはないんだぜ。(略) だから、あんたは全力を挙げて、女性、黒人、ヒスパニック、それに俺みたいな

少数派白人男性の要求にフォーカスするしかないんだぜ〉

よう岡田、読んでっか。そうなんだぜ日本だって。年金でコケたあんたのとこの親玉連中にもよくいっとけよ。

おっと、うっかりしてもう1冊紹介するのを忘れてたぜ。『おい、ブッシュ、世界を返せ！』。こいつは9・11とイラク戦争の背景を暴露した本で、映画の「華氏911」とほとんど重なる内容だ。まあ読みな。終わり。って、それじゃ素っ気なさすぎだっ？　そうなんだけどよ、こっちのムーアは訳者が別のせいか性格までちがって見えるのさ。

〈ぼくたちはテロリストに殺されたりしない。そう客観的に見てとる視点を、ぼくたちは失くしてしまった。この状況を利用しているのはテロリストじゃない。ぼくたちに恐怖心《テロライズ》を吹きこむこの国の指導者たちだ〉

松田和也の行儀の悪い訳文に慣れちまうと物足りないぜ。「ぼくたち」っていわれてもよ。でも、上品なのが好きな人にはいいかもな。マイケル・ムーアに上品を求めるのは、ジョージ・ブッシュに知性と寛容を求めるようなものだけどな。


（A／04・6・14）

＊　ジョージ・ブッシュはしかし、大統領に再選された。半ばわかっていたけどよ。

『反乱』鈴木宗男

（ぶんか社・2004年5月・1500円）

437日にわたる勾留を経て保釈された彼が語る政治と人生

有権者のみなさま、お久しぶりでございます。年金の未加入・未納でゆれる政局。政治不信もひとしおかと、心中お察し申し上げます。

いまこそ思い出していただきましょう。こちらは忘れられかけた政治家・鈴木宗男、鈴木宗男でございます。疑惑のデパート、疑惑の総合商社とののしられ、斡旋収賄容疑で逮捕されてから早2年弱。437日の長きにわたる勾留ののち、保釈されて9か月。7月の参院選まではまだ間がありますが、鈴木宗男、一足早く、単行本で戻ってまいりました。

鈴木宗男『反乱』、鈴木宗男『反乱』でございます。

ありがとうございます。鈴木宗男、根っからの政治家でございます。拘置所の中でも刑務官の仕事ぶりに感銘を受け、〈みなさんは本当によくやっていますね〉と励ましました。当時の森山法務大臣に〈法務省関係者により勇気と誇りと感激を与えて〉という請願書まで書きました。ちょうど名古屋で刑務官が事件を起こしたころでした。

ご声援ありがとうございます。鈴木宗男、これまでの半生も、けっして平坦ではございませんでした。故中川一郎先生の秘書として14年、身を粉にして働くも、待っていたのは〈悪いのは秘書の身でありながら、中川先生を死に追い込んだ鈴木だ〉という事実に反する批判でした。しかし、〈真実は一つである。私には何も恥じることはない〉との信念で初の国政選挙を乗りきり、奇跡の当選を果たしたのが1983年12月。以来20年、〈ひたすら国益を考え〉〈常に潔さをモットーとして〉国政に携わってまいりました。

鈴木宗男は弱者の味方。松山千春さんからメッセージが届いています。

〈宗男さん。／覚えていますか一回目の選挙。／あの厳しく 寒く 不利な状況の中／厚岸から釧路に向かう選挙カーの中で宗男さんは俺にこう言いました。／『チー!! 俺を応援してくれてる人達は家に表札のかかっていない／そういうお家に住んでいる人達だ。（略）』／宗男さん。／今こそ、そういう人達に政治が、宗男さんの情熱が必要なんです〉

ありがとうございます、ありがとうございます。鈴木宗男、あきらめておりません。

何度でも申し上げましょう。〈事件として立件できるような犯罪は何もなかった〉のであります。北方領土支援疑惑、ＯＤＡ利権疑惑、外務省職員殴打疑惑、ムルアカ秘書旅券疑惑、ＮＧＯへの恫喝疑惑……「疑惑と真実」のすべてはこの本に書いてございます。

〈私は、これだけ叩かれてきた人間ですから、失うものはない。間違ったこともしていないから、怖いものはない。マスコミの一方的なやり方もよくわかっていますから、これも怖くない〉

鈴木宗男、捨て身でございます。*

〈これまで政治に声を出そうとして出せなかったみなさん、私はみなさんの、声なき声を必ず聞き取って、政治に反映させます。／そのためにも私は前向きに闘ってまいります〉

ご静聴ありがとうございました。　（A／04・5・31）

＊２００４年7月の参院選で鈴木宗男は無所属で立候補するも、復活ならずに落選した。なお、本書はもちろんこんな演説調で書かれているわけではない。内容は演説だけど。

『自省録』中曽根康弘

（新潮社・２００４年6月・１４００円）

沖縄返還も、日中国交回復も、冷戦構造の終結も、みんなみんなワシの功績

ロナルド・レーガンが逝き、鈴木善幸も鬼籍に入り、80年代の大物政治家がぽつぽつ消えてゆく中、いまだご機嫌な中曽根康弘である。

6月に出た話題の著書『自省録』（副題は「歴史法廷の被告として」）も売れている由。ただ、「自省」の「省」の字は「慢」の誤植だろう。中曽根、自慢たらたらである。

たとえば１９８３年のウィリアムズバーグ・サミット。ソ連の中距離核ミサイルに対抗するアメリカのミサイル配備問題をめぐり、英米と独仏で意見が割れ、〈会議の場は、これですっかり白けたムードに支配されてしまい、絶望的な雰囲気が漂っていました〉。

レーガンとサッチャーが協力を求めるも議事は進展せず。〈この問題は決裂か、という冷たい時間が経過してい〉たとき、〈私は発言を求めました〉。

〈「日本はＮＡＴＯの同盟国でもないし、平和憲法と非核三原則を掲げているから、従来の方針では、こういう時は沈黙すべきである。しかし、ここで西側の結束の強さを示してソ連を交渉の場に引きずり出すためにあえて賛成する。決裂して利益を得るのはソ連だけだ」〉

そして中曽根は胸を張る。〈私が話し終えると、みな沈黙してしまった〉。結果的にこのサミットでの〈乱れなき結束と対決の意志が、その後の東欧衛星国の完全独立への行動に励ましを与え、ひいてはソ連の崩壊へのスタートになったことは疑いありません〉。

ワシの演説が冷戦構造を終結に導いたのだ、とまあこの人はゆうているわけである（単に米英に追従しただけじゃん、と客観的には見えたとしてもだ）。

この手の手柄話は枚挙にいとまがなく、佐藤内閣時代の沖縄返還も、田中内閣時代の日中国交回復も、もとをただせばワシの手柄。レーガンはもちろん、サッチャーもミッテランもコールもゴルバチョフも周恩来も鄧小平も胡耀邦もざっくばらんに話せる仲。国鉄分割民営化も税制改革も教育改革も行政改革も手をつけたのはワシ。異様な自己評価の高さである。

とはいえ、そこは元首相である。寝言みたいな多くの政治家本とちがって中身は濃い。固有名詞のきらびやかさだけでも一見の価値ありだ。もっとも、それは当たり前。中曽根個人の手柄ではなく、一国の首相とはそれだけの権力を与えられた存在だからである。

終身比例代表１位から外された腹いせか、小泉政治を「ショーウィンドー内閣」と批判する一方、自らの政治手法を「指令政治＝ディレクティブ・ポリティックス」と称する元首相。

〈総理大臣の一念は「一種の狂気だ」と常々私は言っています。憲法上も事実上もそうなのです。（略）いったんやろうと決心して火の玉のようになれば、おおかたのことはやれる〉

これも本人は自慢話のつもりなのだろうけれど、そんな「火の玉」みたいなポストが、地盤・看板・カバン式の選挙によって転がり込むのだ、と思うと改めて青くなる本である。

（A／04・8・9）

『王様と愛人』サダム・フセイン著、金光仁三郎・山辺雅彦訳

（ブックマン社・2004年8月・1500円）

あの人が書いた「衝撃の小説」はジャンヌ・ダルクの物語だった

書店を探索中にたまたまこの本を見かけ、カバーのコピーに目が釘づけになった。〈サダム・フセインが書いた衝撃の小説〉。だれだって釘づけになるだろう。

原著が発行されたのは2000年。匿名出版ではあったものの、サダムの長男ウダイ氏が発行する新聞も大統領の著作であることをほのめかし、イラク国内では大ベストセラーになったという。もっともその後のイラク情勢の混乱で、オリジナルの版権元は行方不明。本書は03年に発行された仏語版からの重訳とか。そんな話を聞くだけでも興味津々。

タイトルも意味深な『王様と愛人』。〈孤独な王と美しい人妻が織りなす千夜一夜の対話劇〉な

どとある。あの辺は「アラビアンナイト」のお膝元だしな。

舞台はサダムが生まれ育った、チグリス川とユーフラテス川に挟まれた土地。おばあちゃんが子どもたちに語り聞かせる昔話の形式で物語は進む。主人公はザビバという名の民衆の娘。すでに人妻だが、王に見そめられて宮殿への出入りを許され、ふたりは愛し合うようになる。そして彼女は孤独な王に民衆の代弁者としてさまざまな助言を与えるのである。

たとえば、夫とのセックスを嫌い、〈私の立場になってくだされば、想像がおつきになるはずです！〉と訴えるザビバに王は不愉快そうにいう。〈わしがお前の立場になれるのか？　王たるものが、女の立場になりセックスを考えることが、できるというのか？〉。するとザビバ、〈できますわ〉と答えていわく。〈もし王が外国の侵略者に対して防衛しなかったり、あるいは自国を見下し辱める者に対して軍隊を差し向けない場合、それは見知らぬ男と同じベッドで寝ている、ふしだらな女のようなものですわ。近隣の国々の王はそうじゃありませんか？（略）王はふしだらな女になってはならないのです。男が別の戦線で戦っているときに、侵略者を迎え撃つ立派な女になっていただきたいのです〉

セックス談義がいきなり国防論にすりかわる、この展開！

物語全体を眺めれば、もちろん「いい気なもの」という印象は否めない。後半、謀反を起こした王侯の一群と王は戦うことになるのだが、民衆と軍隊はこぞって敬愛する王の側につくのである。ザビバ、なにが「民衆の代弁者」だってのよ。

彼女が賊（じつは夫）にレイプされた日付が1月17日だったりすることでもわかるように、王と民衆が団結して敵と戦うこの物語は、湾岸戦争のアナロジーとして読めなくもない。ただ、サダム率いるバース党も、もとはといえば王権を倒した革命勢力だったわけであり、「フセイン＝王様」と短絡的に考えていいのかどうかはわからない。

でもまあ、あれですね、ザビバって女性はイラクのジャンヌ・ダルクなんですね。フセイン、ジャンヌを待っていたのだろうか。独裁者の心境、測りがたし。

（A／04・8・16－23）

『野中広務　差別と権力』魚住昭

（講談社・2004年6月・1800円）

政界の黒幕にして調停型政治の首領。2つの顔をもつ政治家の半生

政治家の本続きだが、今週は野中広務である。魚住昭『野中広務　差別と権力』が非常におもしろかったのだ。「月刊現代」連載中から楽しみに読んでいた評伝で、「もう政治家はいーよ」なあなたにも「いいから読んでみな」と押しつけたい。

魚住さんのドラマチックな書き方も魅力の要因だが、おもしろいのは野中広務その人だ。

〈野中ほどナゾと矛盾に満ちた政治家はいない。彼には親譲りの資産も学歴もない。そのうえ五十七歳という、会社員なら定年間近の年で代議士になりながら、驚くべきスピードで政界の頂点に駆け上ってきた〉とこの本は書き出される。

「影の総理」「政界の黒幕」の異名をとり、権謀術数のかぎりを尽くして政敵を倒してきた半面、彼のもとには政治に見捨てられた社会的弱者たちが次々と訪れ、たとえば2001年、国を相手に勝訴したハンセン病訴訟で小泉政権が「控訴せず」と決断した背景にも野中の根回しがあるという。この相反する野中の2つの顔は何？　が本書を貫くテーマなのだ。

野中広務が生まれたのは京都府内の町。かつての被差別部落だった地域である。京都は水平社発祥の地であるが、この町は部落解放同盟とは一線を画しながら「融和」の道を選んだ。野中自身も融和、別の言い方をすれば「調停型」の政治を実践してきたといえる。旧制中学を出て国鉄に就職、20代でこの町の町議、33歳の若さで町長に就任。以後、京都府議、京都府副知事と歩む過程でも融和の精神はいかんなく発揮される。

たとえば無所属だった町長時代。京都は蜷川《にながわ》革新府政下にあった。野中は蜷川支持を打ち出して、さまざまな改革に取り組む一方、蜷川の天敵ともいえる京都選出の大物議員・前尾繁三郎や田中角栄らの知己を得て、国の補助金や公共事業を引き出す。

保守と革新を股にかけた敏腕町長ぶりである。これが野中政治の原点だとすれば、後に自社さ連立内閣を成立させたなんてアクロバティックな芸当も、わかる気がするってもの。

本書のキモはしかし、野中広務の栄光ではなく、むしろ挫折、というか彼を取り巻く日本社会の闇を描くことにあるといっていいだろう。野中の転機はいつも出世しすぎたがための嫉妬と差

別によってもたらされるのだ。そこで必ず出てくる台詞《せりふ》。〈「あんなに立派なことを言うても、所詮あの人らは部落やないか」〉

政界引退後に出版された野中自身の回顧録『老兵は死なず』（文藝春秋）に、こんな話は出てこない。書かせない風土自体を、この評伝は問うているともいえる。

〈「君が部落のことを書いたことで、私の家族がどれほど辛い思いをしているか知っているのか」〉と本人にいわれたと魚住氏は書いている。それも含めて2冊を併読する価値あり。〈「あんな部落出身者を日本の総理にはできないわなあ」〉と発言したバカ議員も自民党にはいるのである。それがだれかも評伝を読めばわかります。

（A／04・8・30）

『朝日新聞記者が書いたアメリカ人「アホ・マヌケ」論』（講談社＋α新書・2004年7月・800円）

近藤康太郎

よそ者の目で見たアメリカ、ふりかえって見る日本

原稿をボツにされたというような華々しい武勇伝が、私にはあまりない。書き直しや修正ならしょっちゅうある。なので、こういう本は気になるわけです。

『朝日新聞記者が書いたアメリカ人「アホ・マヌケ」論』。著者は本誌「アエラ」読者にはおな

じみの近藤康太郎記者である。マイケル・ムーアを意識したような、この軽いタイトルはなによと思わないではないものの、帯には〈新聞では全部ボツにした危ない話・本当すぎる話!!〉。版元は朝日新聞社ならぬ講談社。あらぬ期待をしてしまうじゃないの。

読んでみるとしかし、予想したほど過激な本でも不穏当な本でもなかった。本人は〈新聞記事に求められる、バランスのとれた見方とか冷静な分析、品位を保った文体とかいう、逆にいえばある種の「制約」は、はなっから捨てた〉と豪語するも、いたって真っ当なコラム集である。近藤記者、もしかしてボブ・グリーンを目指してる？

この本が単なる街ネタの集積で終わっていないのは、著者の行動力と観察眼もさることながら、彼がアメリカにいた時期も関係していよう。

１９９９年にニューヨーク特派員となった近藤記者は、ブッシュ対ゴアの大統領選を間近で取材し、９・11同時多発テロの際には自転車で世界貿易センタービルに駆けつけ、その後の過剰な愛国心に染まったアメリカを体験する。そこで感じた「よそ者」としての違和感。

同時多発テロ後、街中に星条旗があふれた理由は３つあったと著者はいう。第１に、国難に立ち向かう団結心。第２に、自己防衛（中東系の人などが自分もアメリカを愛していると誇示する「お守り」としての機能）。第３に「無分別な愛国主義者にこの国を独占させない」というリベラルな人々の意思表示。著者がそこに嗅ぎつけるのは「細かいことはとりあえず脇へ置いて」の心情である。ったくアメリカ人てやつぁ、である。

しかし、ことは対岸の火事ではなく、わが身に跳ね返ってくる。何か起きると「細かいことはとりあえず脇へ置いて」、当面の「団結」や「自己防衛」に走る感覚は、北朝鮮拉致報道でも同じだった。私のようなちんぴらライターでさえ「書きにくくなったなあ」と感じたほどだから、組織内のジャーナリストはもっとだろう。

〈僕らは、アメリカを、アメリカ人を笑ったはずだった。（略）しかし、日本に「ムーア」はいただろうか。絶対的な少数者であることを引き受ける、「ナイーブな蛮勇《ばんゆう》」をもった表現者がいただろうか〉という近藤記者の問いかけは、だから見かけ以上に重い。

〈僕は、アメリカ白人を、アホでマヌケとはとても呼べない〉

まったくである。私も呼べない。だれも呼べまい。「それでも俺はあきらめないぞ」という声が、この本の行間にコダマする。作法はムーアと逆ながら、こっちはこっちでわが道を行くプロの仕事だ。

（A／04・9・6）

『誤読日記』斎藤美奈子

(朝日新聞社・2005年7月・1500円)

市場原理に無駄な抵抗を試みる「本のワイドショー」の舞台裏

途中1年間のブランクを挟んで足かけ5年(正味3年半)、「週刊朝日」と「アエラ」で連載されたコラムが、本書には収められている。計162回分、175冊。質はともかく量だけはたっぷり、飽きるほどあるというべきだろう。

そもそもの「誤読日記」は2000年4月末から「週刊朝日」の読書欄「週刊図書館」の片隅でスタートした息抜き的なコラムだった。万一どこからか苦情が来たら、「あれは誤読ですから」といって逃げてしまおう、それがコラム名の由来である。おっと、いやいや、それだけではない。「週刊図書館」は全部で8ページあり、主だった新刊は名だたる書評家の先生方がメインの記事で取り上げる。そのため、この小さな欄では一般的な書評欄には載りにくそうな本を優先し、あえて「誤読」にこだわったのである。

「週刊図書館」のリニューアルにともなって、わが「誤読日記」も2001年いっぱいで「週刊朝日」から消えたのだが、捨てる神あれば拾う神あり、2003年1月から同じ朝日新聞社の週刊紙「アエラ」上で復活することになった。心機一転につき、タイトルも「誤読日記」から「ほんのご挨拶」という、ますますワケのわからないものとなった。

それはよいのだが、この雑誌「アエラ」には、読書欄がないのである。結果的に「ほんのご挨拶」というこいかげんなコーナーが、読書欄の機能を期待されることになってしまった。つまり「週刊朝日」時代は読書長屋の隅でご近所の人々を笑わせていればよかった与太郎が、いきなり社会人として独り立ちさせられたのと同じ。と気がついたのはしばらくたってからのことで、日増しに「コラ、おもしろくないぞ。いつになったら、ちゃんとした書評を書くんだい」の声があちこちから聞こえてくるようになったのだった。

だからさあ、「ちゃんと」って何。「ちゃんと」がいい人は、日曜日の朝日新聞の読書欄を読めばいいじゃない。などと泣きそうになりつつも、そこは正直者の与太郎のこと、ときにはご要望にお応えしようと、柄にもない本に手を出してみたり、書評らしい顔をしようと頑張ってみたりした結果、もっとチグハグになってしまった。

本書が書評集とも時評集とも雑文集ともつかぬものになったのは、右のような事情による。

いまここにいたり、取り上げた170冊あまりの本のリストを眺めて、われながら感心した。もちろん、ここに出てくる本がどれもすばらしいという意味ではない。選書の方向がいかにもたこにもミーハーで、それこそ新聞の読書欄で見るような「ちゃんとした選書」とは、あまりにかけ離れていたからである。

芸能レポーターよろしくタレント本を追いかけ、なぜ売れているのかわからないベストセラーを相手に七転八倒し、自己啓発書や実用書にまで無節操に手を広げ、文芸書を取り上げるときでも、メジャーな文学賞の受賞作だったり、テレビドラマの原作だったりする。この本の性格をひと言でいえば、それは「本のワイドショー」であろう。

そんな仕事はエネルギーの消耗だという人もいるけれど、私はそうは思わない。どんなに低めに見積もっても、本書に出てくる本の4分の3は商業的に成功した本、つまりよく売れた本である。本書『誤読日記』など、足もとにも及ばないのである（たぶん。いや絶対）。その伝でいけば、『誤読日記』は出版業界の市場原理に（無駄な）抵抗を試みた書ともいえるし、あらゆる本を平等に扱っている点では、たいへん民主的な本、なのだ。

斎藤美奈子には『読者は踊る』『趣味は読書。』といった類書もあって、そのころから何の進歩も進展も見られないのはまことに遺憾だが、まあ本人も「誤読だ」と断っているのである。それに免じて多少の論理の飛躍や強引さは大目に見てやってほしい。


（書き下ろし）

あとがき

いまでも興味深い本を見つけると「あの欄があったらなあ」と思うことがたまにあります。連載中にはさまざまなハプニングもありましたが、毎週1・2冊の本を選び、ああでもないこうでもないと考えるのは、とても楽しい仕事でした。

「週刊朝日」の連載当時、私は朝日新聞の読書欄でも原稿を書いていましたし、「アエラ」の連載中にも他のいくつかのメディアで本の紹介をしていました。こんなことは書評家と呼ばれる人ならだれでもやっていることで、べつだん自慢にも同情にも値しないのですが、常に苦労したのは本の割りふりでした。どの媒体でどの本を紹介するかが思案のしどころ。また、いかに人気の本でも、同じ本は何度も扱えません。それでも編集部の希望や欄の性格上、同じ本を重複して取り上げなければならない場合もある。

今回、単行本にまとめるにあたり、たとえば『趣味は読書。』とダブる本は落とそうかなあとも思ったのですが、あれはあれ、これはこれ、あくまでドキュメントということで、1回を除いたすべての回を収録することにしました（除いた1回は「週刊朝日」連載の最終回＝2001年

12月28日号で、この年の年間ベストセラーをふりかえる総集編のようなものです)。同じ本の話でも視点はちがえてございます。「この本、どこかで見たぞ」と気づいた方も、そんなわけですので、どうか気にせず別のものとしてお読みください。

連載中は「週刊朝日」および「アエラ」編集部(当時)の中村正史さん、矢部万紀子さん、三島恵美子さんのお世話になりました。「来週は何にしましょうか」と週に1度、定期便のように電話で語り合った日々が懐かしく思い出されます。私の何倍も読書家であるかれらのサポートがなかったら、連載はとても続かなかったでしょう。単行本化にあたっては、朝日新聞社の大宮司弥生さん、宇佐美貴子さんのお手をわずらわせました。

連載終了から1年近くも時間がたってしまったのは、ひとえに私の怠慢によるもので、いまとなっては「古い!」といわざるを得ない話題もあります。そんな項目には新しく註を書き足し、また、各章の巻頭にはこの数年をふりかえっての所感などを記しました。ご判断は読者のみなさまにお任せします。煮るなり焼くなり、ご自由に「誤読」してください。

2005年6月10日
斎藤美奈子

著者名索引

な～の

は～ほ

ま～も

や～よ

ら～ろ

わ

書名索引

あ〜お

か〜こ

さ～そ

た〜と

な〜の

は〜ほ

お取り扱い上の注意

・本書は「週刊朝日」連載「誤読日記」(2000年４月28日号～2001年12月28日号)、および「アエラ」連載「ほんのご挨拶」(2002年12月30日–2003年１月６日号～2004年９月６日号) をまとめたものです。
・書誌データは初出時のものと最新のものを併記しました。ただし、文中に出てくる本については手に入りやすい最新のデータ (文庫など) のみとしました。価格は本体価格を表示しました。
・各項目の文末に (Ｓ／00・７・４) などとあるのは、この項目の初出誌です。Ｓは「週刊朝日」を、Ａは「アエラ」を指します。年月日は初出誌の号数です。実際の発売日はこの数字から７を引いた、これよりさらに１週間前になります。
・＊印は2005年６月に書き加えた註です。部数などの数字もこの時点でのものです。
・いずれの項目も必要に応じて加筆訂正してあります。

斎藤美奈子

一九五六年新潟県生まれ。成城大学経済学部卒業。文芸評論家。

著書に『妊娠小説』『紅一点論』（ちくま文庫）、『読者は踊る』『モダンガール論』（文春文庫）、『あほらし屋の鐘が鳴る』『男性誌探訪』（朝日新聞社）、『文章読本さん江』（筑摩書房、二〇〇二年第一回小林秀雄賞受賞）、『文壇アイドル論』『戦下のレシピ』（岩波書店）、『趣味は読書。』『物は言いよう』（平凡社）、『文学的商品学』（紀伊國屋書店）などがある。

誤《ご》読《どく》日《にっ》記《き》

二〇〇五年七月三十日　第一刷発行

著　者　斎《さい》藤《とう》美《み》奈《な》子《こ》
発行者　花井正和
発行所　朝日新聞社
編集・文芸編集部　販売・出版販売部
〒一〇四―八〇一一　東京都中央区築地五―三―二
電話・〇三―三五四五―〇一三一（代表）
振替　〇〇一九〇―〇―一五五四一四
印刷所　図書印刷

ISBN4-02-250032-8
定価はカバーに表示してあります